马克思主义理论研究和建设工程重点教材

新闻学概论

（第二版）

《新闻学概论》编写组

高等教育出版社·北京

人民出版社

二维码资源访问

使用微信扫描本书内的二维码,输入封底防伪二维码下的 20 位数字,进行微信绑定,即可免费访问相关资源。注意:微信绑定只可操作一次,为避免不必要的损失,请您刮开防伪码后立即进行绑定操作!

教学课件下载

本书有配套教学课件,供教师免费下载使用,请访问 xuanshu.hep.com.cn,经注册认证后,搜索书名进入具体图书页面,即可下载。

图书在版编目(CIP)数据

新闻学概论/《新闻学概论》编写组编.--2 版
. -- 北京:高等教育出版社,2020.8(2024.12 重印)
马克思主义理论研究和建设工程重点教材
ISBN 978-7-04-053367-5

Ⅰ.①新… Ⅱ.①新… Ⅲ.①新闻学-概论-高等学校-教材 Ⅳ.①G210

中国版本图书馆 CIP 数据核字(2020)第 017796 号

责任编辑　武　黎　　　封面设计　王　洋　　　版式设计　于　婕　　　　　　责任校对　高　歌
责任印制　赵义民

出版发行	高等教育出版社	网　　址	http://www.hep.edu.cn	
社　　址	北京市西城区德外大街 4 号		http://www.hep.com.cn	
邮政编码	100120	网上订购	http://www.hepmall.com.cn	
印　　刷	北京市白帆印务有限公司		http://www.hepmall.com	
开　　本	787mm×1092mm 1/16		http://www.hepmall.cn	
印　　张	17	版　　次	2009 年 9 月第 1 版	
			2020 年 8 月第 2 版	
字　　数	270 千字			
购书热线	010-58581118	印　　次	2024 年 12 月第 28 次印刷	
咨询电话	400-810-0598	定　　价	33.80 元	

● 马克思主义理论研究和建设工程重点教材 ●

马克思主义理论研究和建设工程咨询委员会委员、审议专家

（以姓氏笔画为序）

《新闻学概论》教材编写课题组

首席专家　　何梓华　　　徐心华　　　尹韵公　　　雷跃捷

主要成员　（以姓氏笔画为序）

　　　　　　　成　美　　　吴高福　　　张西明　　　张研农
　　　　　　　郑保卫　　　胡占凡　　　胡孝汉　　　南振中

《新闻学概论》教材修订课题组（第二版）

首席专家　明立志　　　高晓虹　　　王润泽　　　季为民
主要成员　（以姓氏笔画为序）

　　　　　　　丁　丁　　　皮树义　　　刘光牛　　　张　垒
　　　　　　　张洪忠

目　录

绪　论

当今的人类社会已进入世界多极化、经济全球化、社会信息化、文化多样化的发展阶段。信息传播使人与人之间、人与社会之间、世界各国之间的联系和交流日益紧密。报刊、通讯社、广播、电视、网络和多种形式的新兴媒体，深刻地影响着人们的思想观念和社会生活，成为人们获取信息和知识、及时了解国内外新近发生的重大事件、了解客观世界变化和社会发展趋势的主要途径，新闻传播以其巨大的影响力越来越受到人们普遍关注和重视。

中国特色社会主义进入新时代，这是我国发展新的历史方位。新闻舆论工作面临着更为紧迫的时代要求，肩负着更为艰巨的历史使命。国际形势复杂多变，国际话语权竞争激烈，各种思想文化交流、交融、交锋纷繁频仍。作为国家文化软实力的重要组成部分，新闻舆论工作担负着对内凝聚国家力量、对外塑造国家形象的重任，其地位和作用日益彰显。

做好新时代新闻舆论工作，要求我们以马克思主义新闻观为指导，加强新闻理论的学习研究，培养大批立足中国、放眼世界、政治坚定、业务过硬的新闻人才。学习新闻学，了解这门学科产生和发展的历史脉络，掌握它的基本知识、基本概念和基本理论，掌握马克思主义新闻学的理论基础、研究对象和学习方法，掌握新闻舆论工作的方针、原则和实践要求，对于做好新闻舆论工作有着重要意义。

一、新闻学的产生和发展

新闻传播活动是人类特有的一种有意识的社会性的信息传播活动，是人类生产实践和社会实践的产物。新闻传播活动的产生和演化取决于多种社会因素。从文字出现、活字印刷术发明，到电视首播、计算机问世，现代新闻传播业随着媒介信息技术的发展有了巨大演进，铅字、数字、算法都被人类文明赋予新闻使命和社会责任。传统媒体和新兴媒体融合发展，大数据和人工智能应用日渐广泛，万物皆可实现互联，人人皆能参与传播，新闻史翻开了辉煌的一页，谱写着人类社会发展的新篇章。

（一）新闻学的产生

新闻学的产生来自新闻传播活动和新闻业的实践发展需要。

早在远古时代，人类就开始了原始形态的信息传递。早期人类在共同的生产和生活中，已经能够使用手势、图形、器物和声音传递信息、相互联络和交流思想情感。使用语言进行口头交流是人类使用最多的信息传递形式，并经历了漫长的时期。文字出现以后，信息的保真度大幅提高，文字交流成为信息传递的主要手段。造纸、印刷等传播技术的推广应用，为文字的传播提供了便利条件。国家产生以后，以文字为载体的宫廷指令和布告是古代报刊的萌芽。随着电报、广播、电视、网络、手机等媒介相继出现，现代化的有声语言、图示符号、声光符号等迅速发展起来，与文字符号一起，共同构成人类现代新闻信息传播的载体，新闻传播活动由此发生了根本性变化。

新闻事业是指传播新闻信息的有组织的新闻机构及其活动的总称。新闻事业作为人类的一种社会性新闻传播活动，是在一定的社会条件下进行的，其发展不仅与信息传播技术发展水平有关，更与社会变革紧密联系在一起，社会的经济基础和政治制度对新闻事业发展有着直接影响。

近代新闻事业的萌芽和发展与资产阶级反对封建专制的斗争密不可分。资本主义新闻事业是在资产阶级报纸的基础上发展起来的，一开始就和资产阶级的商业活动相联系。15世纪初萌芽状态的资产阶级报纸最早出现在地中海沿岸的一些城市，它以手抄的方式提供有关航海、贸易等方面的信息。经过几个世纪的发展，资本主义新闻事业已经成为拥有先进的科技手段、由资本主义国家或垄断财团控制、维护资产阶级经济利益、表达资产阶级政治主张的重要工具。

随着19世纪无产阶级革命运动的发展以及20世纪社会主义在一些国家的胜利，无产阶级和社会主义新闻事业开始登上人类历史舞台。马克思、恩格斯创立的辩证唯物主义和历史唯物主义，奠定了无产阶级科学世界观的基础。在马克思主义理论的指导下，无产阶级明确自身所担负的历史使命，提出独立的政治纲领，并且组成工人阶级政党，从"自在"的阶级成长为"自为"的阶级。在这一历史进程中，产生了马克思主义的报刊，开创了无产阶级报刊历史和新闻事业新纪元。

新闻事业发展的客观现实提出了开展新闻学研究的要求。经济基础和政治制度不同，新闻事业的基本立场和工作方针也就不同，从而产生不同立场、观点和内容的新闻理论。我们要以马克思主义为指导，科学看待各种新闻理论，结合中国特色社会主义新闻工作实践，实事求是地加以分析和借鉴，汲取其中有益成果，为我所用。

（二）新闻学的发展

新闻学是随着新闻业的实践总结发展而来的。资产阶级早期的新闻理论集中体现为新闻出版领域的自由主义理论。它是在资产阶级反对封建专制的斗争中产生的，至今仍然是资产阶级新闻理论的基石。这一理论是 17 世纪由英国人约翰·弥尔顿首先提出，18 世纪美国人托马斯·杰弗逊以及 19 世纪英国人约翰·密尔等人进一步丰富和发展起来的。自由主义理论代表新兴资产阶级的经济利益，反映资产阶级争取政治权利、建立资本主义经济制度和政治制度的要求。在资本主义上升时期，这一理论促进资本主义新闻事业的发展，推动资产阶级反对封建专制制度的斗争。但是，由于这一理论是以抽象的"人性""理性"作为出发点，在实践过程中必然产生许多问题和矛盾。在资本主义制度下，报刊不可能不受金钱的支配和资本的控制，所谓任何人都可以拥有报刊、都可以在报刊上发表意见，对穷人来说实际上是句空话。自由主义的新闻理论提倡"观点的自由市场"，而现实却是报业的自由竞争必然导致垄断，报业垄断又限制了表达观点的"自由"。自由主义新闻理论陷入自身无法克服的矛盾之中。

为了修正传统自由主义理论的缺陷和矛盾，20 世纪 20 年代，社会责任理论出现。1923 年，美国报纸主编协会制定《报业法规》，提出报纸的责任问题。1924 年，美国报纸主编协会主席卡斯珀·约斯特在《新闻学原理》一书中提出，报业要对社会负责，在必要的情况下，可以运用法律限制出版自由。1947 年，美国芝加哥大学校长罗伯特·梅纳德·哈钦斯主持新闻自由委员会，发表《一个自由而负责任的新闻界》等报告，提出社会责任理论。这一理论主张实行"有限制的新闻自由"，政府可以"干预和控制"新闻活动。此后，西方新闻学研究还出现了多种理论和学派。随着电子媒体的兴起和信息理论研究的深入，产生了传播学及其各种流派，对新闻学研究产生一定影响。1980 年，联合国教科文组织发表题为《多种声音，一个世界》的研究报告，提出建立国际信息传播新秩序的理念。

自 1848 年以来，随着无产阶级革命事业的蓬勃兴起和社会主义建设事业的发展，无产阶级和社会主义新闻事业创立并发展。在马克思主义的指导下，无产阶级及其政党创办马克思主义报刊，开创无产阶级新闻事业，建立并发展社会主义新闻事业。以马克思主义为指导，服务于无产阶级及其政党的马克思主义新闻观逐步形成并不断发展。以辩证唯物主义和历史唯物主义为理论基础，以无产阶级革命新闻活动和社会主义新闻活动为实践依据，马克思主义新闻观为新闻学的发展提供了科学的理论指导，成为马克思主义的重要组成部分。在中国特色社会主义建设的历史进程中，随着中国特色社会主义新闻实践的探索，社会主义新闻理论始终以马克思主义新闻观为理论基础，与时俱进，不断创新发展，逐步形成中国特色社会主义新闻理论。

二、马克思主义新闻观实现了新闻思想发展史上的革命

（一）马克思主义新闻观的创立和发展

马克思主义新闻观，是马克思主义对新闻现象和新闻传播活动的总的看法和规律性认识，是马克思主义政党在革命、建设和改革时期指导新闻实践的过程中形成和发展起来的，是马克思主义关于无产阶级及其政党新闻事业和社会主义新闻事业根本性质、工作原则及运行规律的一系列基本观点和理论。

随着马克思主义的诞生，马克思主义经典作家在无产阶级新闻实践中创立

拓展资源

马克思、恩格斯工作图和《共产党宣言》中译本第一版封面

马克思主义新闻观。在辩证唯物主义和历史唯物主义的科学世界观和方法论基础上，马克思主义新闻观第一次提出创办工人阶级报刊的宗旨是为了工人阶级的解放，同时也是为了全人类的解放。从此，人类历史上出现完全新型的新闻事业。它不再是为少数人服务，而是为多数人服务的工具；它代表广大人民的根本利益，是无产阶级政党领导人民、团结人民、组织人民、服务人民进行革命斗争的有力武器。从这个意义上说，马克思主义新闻观实现了新闻思想发展史上的革命。

马克思主义新闻观的创立是无产阶级新闻事业发展的必然产物。无产阶级新闻事业一开始就是作为资本主义制度的对立物出现的。萌芽状态的无产阶级报纸产生于19世纪初，大多由联谊会、互助会等早期工人组织创办，主要内容是呼吁保障工人生活，改善劳动条件，用改良的方法进行经济斗争。19世纪30年代前后出现大量宣传空想社会主义的报刊，19世纪三四十年代，英、法、德等欧洲各主要国家的无产阶级开始登上政治舞台，

开展大规模的反对资本主义制度的政治斗争。在英国宪章运动中诞生的《北极星报》和《人民报》是当时无产阶级报刊的杰出代表，马克思、恩格斯曾给予高度评价。社会主义新闻事业是从无产阶级革命新闻事业发展而来的。在取得政权以前，无产阶级革命新闻事业的基本形式是马克思主义政党的机关报；无产阶级取得政权以后，新闻事业成为由社会主义国家掌握的文化事业的组成部分。

马克思主义新闻观实现了新闻思想史上的革命，其代表理论就是马克思和恩格斯的新闻思想。这一思想内涵十分丰富，以辩证唯物主义和历史唯物主义的观点观察社会生活、分析新闻现象是贯穿其中的一条主线。马克思用精辟的语言告诉我们："物质生活的生产方式制约着整个社会生活、政治生活和精神生活的过程。"① 这一科学论断深刻揭示了新闻事业的性质，提供了研究分析各种新闻现象的基本原则。

马克思和恩格斯毕生都在从事和指导无产阶级新闻工作。从 19 世纪无产阶级革命时期开始，他们在创立革命理论的过程中，先后创办、主编或参与编辑《莱茵报》《德法年鉴》《前进报》《社会明镜》等报刊。1848 年 6 月 1 日，由马克思担任主编的《新莱茵报》在德国问世，这是世界上第一份马克思主义报纸。该报作为世界上第一个无产阶级政党——共产主义者同盟的机关报，在 1848 年欧洲革命风暴中成为无产阶级革命的旗帜和号角。此后，马克思和恩格斯主编或领导的报刊更多，如《寄语人民》周刊、英文《人民报》、德文《人民报》、英文《工人辩护士报》、《共和国》周报、《国际先驱报》等。1864 年第一国际成立以后，欧美各国无产阶级政党相继创办的机关报达 70 多种，成为当时世界上不可轻视的社会舆论力量。马克思和恩格斯作为第一国际的领导人为此作出巨大贡献。他们提出的办报方针和工作原则，为无产阶级新闻工作所普遍遵循，成为无产阶级新闻事业的传统。

马克思和恩格斯的新闻思想主要是围绕无产阶级革命报刊的性质，报刊在革命斗争或活动中的地位、作用和任务，报刊和无产阶级政党、人民群众的关系，以及新闻工作者的素质等问题展开的。主要包括：无产阶级报刊是组织群众进行革命斗争的思想武器；党报是党的旗帜，党的政治性机关报必须由党来

---

① 《马克思恩格斯文集》第 2 卷，人民出版社 2009 年版，第 597 页。

领导，党的政治纲领是党报宣传的最高准则；无产阶级政党的机关报和党的出版物应当真实地反映实际，正确地阐明党的立场，贯彻党的路线和政策；报纸是社会舆论的纸币，在舆论形成和传播过程中具有流通和中介作用；人民的信任是报刊赖以生存的条件，没有这种条件，报刊就会完全萎靡不振，新闻工作者应当忠实地报道和反映人民的呼声；报刊工作具有自身的规律，要根据事实来描写事实，而不能根据希望来描写事实，要在报刊循环往复的有机运动过程中，完整地揭示事实的真相；党报党刊应当真正代表和捍卫无产阶级和人民大众的利益。

列宁在领导俄国无产阶级革命的过程中，结合俄国革命实际和特点，继承和发展马克思和恩格斯的新闻思想，形成列宁新闻思想。列宁新闻思想的形成同样与其丰富的新闻工作实践联系在一起。列宁一生中创办和编辑的报刊有 40 多种，他还曾担任苏维埃新闻工作者工会名誉主席。他是俄国社会民主工党机关报——《火星报》的主要创办者，并领导创建了第一家布尔什维克的机关报《前进报》和党中央机关报《无产者报》《社会民主党人报》。在主持第一张公开出版的布尔什维克日报《新生活报》时期，他阐述了无产阶级在第一次俄国民主主义革命中的任务，论述了党的出版物的党性问题，发表了著名的《党的组织和党的出版物》等文献。他还亲自指导过在俄国十月革命中发挥重要作用的《真理报》《明星报》以及党的理论刊物《思想》的编辑出版工作。

列宁新闻思想集中论述了无产阶级政党党报党刊的宣传、鼓动和组织作用，强调党的报刊应当成为党的思想中心，是党这一伟大集体的宣传员、鼓动员和组织者；明确提出并论述无产阶级新闻事业的党性原则；大力提倡专业新闻工作者和非专业新闻工作者结合；深刻阐明马克思主义的新闻出版自由观，揭露资产阶级新闻自由的虚伪性。俄国十月革命胜利后，列宁提出党的报刊应当成为社会主义建设的工具，初步提出社会主义建设时期新闻宣传的原则和方法；特别强调接受人民群众监督对于执政党防止官僚主义复活的重要性，要求通过报刊实现舆论监督。列宁新闻思想对后来其他国家无产阶级的新闻事业影响很大，对中国共产党的新闻工作实践和新闻理论的形成与发展具有重要的指导作用。

（二）中国共产党新闻理论的形成和发展

中国共产党新闻理论是以马克思列宁主义为指导，紧密结合中国实际，总结党在各个不同历史时期领导新闻工作的实践经验，吸收世界其他国家新闻事业的有益成果，并经过不断发展创新而形成的。

早在 1919 年五四运动前后，以李大钊、陈独秀为代表的马克思主义者就开始通过报刊宣传马克思主义；以《新青年》为代表的一批马克思主义报刊迅速发展起来，为 1921 年中国共产党成立做了大量思想上的准备。20 世纪三四十年代，在极其艰苦的物质条件下和极其残酷的斗争环境中，党领导的革命新闻事业不断发展壮大，不仅在革命根据地而且在全国都产生了巨大影响，推动了革命事业发展。党在抗战时期创办的《新华日报》和《解放日报》是光辉的典范。革命时期，党的新闻事业所体现的崇高的革命精神、高超的斗争艺术、与人民群众密切联系的作风和丰富的业务经验，是新闻学研究的重要内容和宝贵资源。

以毛泽东为主要代表的中国共产党人，在领导中国革命和建设的过程中丰富和发展了马克思主义新闻观。毛泽东一贯把新闻宣传看作革命工作的重要组成部分，早年就明确提出办报"为了革命"①，并于 1919 年创办《湘江评论》等报刊。建党初期，毛泽东先在长沙创办湖南自修大学校刊《新时代》，为党的机关刊《向导》撰稿，继而担任《政治周报》主编，在《红色中华》《斗争》《红星报》等报刊上发表文章。抗日战争和解放战争时期，毛泽东领导《共产党人》《中国工人》《八路军军政杂志》《解放日报》等报刊的创办和出版，为它们撰写发刊词，拟定出版方针，指导新华社的日常编辑和播发新闻的工作，并就新闻与宣传工作发表《对晋绥日报编辑人员的谈话》等重要论述、指示和谈话。在不同时期，毛泽东在日理万机的同时坚持指导新闻宣传工作，还经常撰写新闻稿件和评论，修改和审定大量重要的新闻文稿，被誉为"新华社首席记者"。他撰写的《人民解放军百万大军横渡长江》《别了，司徒雷登》《将革命进行到底》《丢掉幻想，准备斗争》《唯心历史观的破产》等著名篇章被广泛传颂。

毛泽东把马克思主义基本原理与中国革命的伟大实践相结合，在长期的革命新闻实践和理论创新过程中不断探索，逐步形成了内容丰富的毛泽东新闻思想。主要包括：强调新闻工作必须坚持党性原则，党报要无条件地宣传党的纲领、路线、方针、政策，成为党联系群众的纽带；要求新闻工作者深

---

① 《毛泽东文集》第 1 卷，人民出版社 1993 年版，第 21 页。

入实际，深入群众，实事求是，调查研究，用事实讲话，反对虚假报道；要求在新闻工作中坚持群众路线，开展全党办报、群众办报；提倡准确、鲜明、生动的文风，讲求宣传艺术，倡导用生动活泼、通俗易懂、群众喜闻乐见的形式宣传党的主张，反对"党八股"。社会主义建设时期，毛泽东明确提出党的新闻事业要坚持为人民服务的宗旨，坚持为社会主义服务的政治方向，提倡"政治家办报"。他指出新闻事业是一定社会的经济基础通过新闻手段的反映，揭示了社会主义新闻事业与资本主义新闻事业的根本区别。毛泽东新闻思想继承、发展和创新了马克思主义新闻观，为中国特色社会主义新闻理论奠定了基础。

改革开放以来，我国社会主义新闻事业和新闻理论进入新的发展时期。党中央历届领导集体，在领导我国改革开放的历史进程中都十分重视新闻工作，对中国特色社会主义新闻实践作出全面总结，对党的新闻舆论工作作出一系列重要指示和科学论断。

邓小平关于新闻工作的论述主要包括：强调新闻宣传工作的极端重要性，把宣传思想工作者视为人类灵魂的工程师；强调党的新闻宣传工作必须坚持党性原则，坚持党的领导，党报党刊一定要无条件地宣传党的主张；新闻工作应当把工作重点转移到社会主义经济建设的宣传上来，在服务社会主义现代化建设方面发挥积极作用；党的新闻事业应当坚持四项基本原则，成为全国安定团结的思想上的中心；新闻宣传要以社会效益为最高准则；党的组织和共产党员必须接受党的监督和群众监督，报刊监督是其中有效的实施途径；应该进行建设性批评，让群众能经常表达自己的意见；党的新闻宣传工作者要坚持讲大局；党的新闻宣传工作要坚持实事求是的原则，反对形式主义，要调查研究，少说空话。

江泽民关于新闻工作的论述主要包括：党的新闻事业是党的生命的一部分，是党和国家的前途和命运所系的工作；社会主义新闻事业是党和人民的喉舌；新闻工作要坚持为人民服务、为社会主义服务、为党和国家大局服务的基本方针；坚持正确的舆论导向，舆论导向正确，是党和人民之福，舆论导向错误，是党和人民之祸；新闻工作必须讲政治，坚持鲜明的党性原则，坚持正面宣传为主的方针；新闻工作要坚持新闻的真实性，力求从总体上、本质上以及发展趋势上把握事物的真实性；新闻媒体要进行正确的新闻批评和舆论监督；批判和警惕资产阶级所谓的"新闻自由"；

在改革创新中推进新闻事业发展，坚持把社会效益放在首位；新闻工作要讲究宣传艺术，注意宣传效果；新闻工作要唱响主旋律，打好主动仗，同时又提倡多样性；新闻战线要加强队伍建设，培养政治强、业务精、纪律严、作风正的新闻工作者。

胡锦涛关于新闻工作的论述主要包括：新闻舆论处在意识形态领域的前沿，对社会精神生活和人们思想意识有着重大影响；新闻工作要高举旗帜，坚持鲜明的党性原则，坚持正确的政治方向和舆论导向；舆论引导正确，利党利国利民，舆论引导错误，误党误国误民；舆论引导能力建设是党的执政能力建设的重要内容；要尊重舆论宣传的规律，讲究宣传艺术；新闻工作要深入实际、深入生活、深入群众，新闻报道要贴近实际、贴近生活、贴近群众；要坚持讲真话、报实情，实事求是地反映情况；新闻工作要统筹国内国际两个方面，做好国内和国际报道，形成与我国国际地位相称的外宣舆论力量；新闻媒体要从社会舆论多层次的实际出发，把握媒体分众化、对象化的新趋势；新闻工作要以党报党刊、电台电视台为主，整合都市类媒体、网络媒体等多种宣传资源，努力构建定位明确、特色鲜明、功能互补、覆盖广泛的舆论引导新格局，形成网上正面舆论强势。

以马克思主义为指导的新闻事业已有 170 多年的历史，中国共产党领导的新闻事业已历经 90 多年，新中国成立后的新闻实践和理论的发展也历经 70 多个春秋。在革命、建设和改革各个历史时期，中国共产党始终坚持马克思主义新闻观的指导和新闻理论创新，形成了内容丰富的中国特色社会主义新闻理论，主要内容有：新闻媒体是党和人民的喉舌，是党和国家重要的思想文化阵地和舆论阵地，具有鲜明的阶级性和意识形态属性；党性原则是社会主义新闻工作的根本原则，是马克思主义新闻观的精髓；坚持为人民服务、为社会主义服务、为党和国家工作大局服务；坚持贴近实际、贴近生活、贴近群众；坚持实事求是，维护新闻的真实性；坚持正确的舆论导向，坚持团结稳定鼓劲、正面宣传为主，唱响主旋律、打好主动仗；坚持把提高舆论引导能力放在突出位置，增强舆论引导的针对性和实效性，提高舆论引导的权威性、公信力、影响力；坚持把社会效益放在首位，努力使经济效益同社会效益相统一；坚持解放思想、改革创新，增强生机和活力；切实加强新闻工作队伍建设。这些重要观点是对马克思主义新闻观的坚持和发展，是对中国共产党新闻理论创新的集中概括。

三、习近平关于新闻舆论工作的重要论述是中国特色社会主义新闻理论的重大发展

党的十八大以来，中国特色社会主义进入新时代。以习近平同志为核心的党中央总揽战略全局，把握时代脉搏，紧密结合新的时代条件和实践要求，创造性地继承和发展马克思主义，创立了习近平新时代中国特色社会主义思想。习近平从党和国家事业发展全局的战略高度，结合新闻舆论工作实践经验和理论创新，对党的新闻舆论工作的定位、性质、职责、使命、方针、原则、任务及队伍建设、媒体发展、国际传播能力建设等作出全面科学总结，形成了习近平关于新闻舆论工作的重要论述，丰富和发展了中国特色社会主义新闻理论。

拓展资源
《习近平在党的新闻舆论工作座谈会上强调 坚持正确方向创新方法手段 提高新闻舆论传播力引导力》

习近平关于新闻舆论工作的重要论述，是新时代以习近平同志为核心的党中央关于新闻舆论工作的理论总结和智慧结晶，是习近平新时代中国特色社会主义思想的重要组成部分。习近平关于新闻舆论工作的重要论述内容丰富，涵盖新闻舆论工作的各个领域，主要内容有：

第一，关于新闻舆论工作的地位作用。新闻舆论工作是极端重要的意识形态工作，是治国理政、定国安邦的大事，必须坚持正确的政治方向。

新闻舆论是意识形态的重要组成部分，党的新闻舆论工作是党的一项重要工作。做好党的新闻舆论工作，事关旗帜和道路，事关贯彻落实党的理论和路线方针政策，事关顺利推进党和国家各项事业，事关全党全国各族人民凝聚力和向心力，事关党和国家前途命运。要巩固马克思主义在意识形态领域的指导地位，巩固全党全国人民团结奋斗的共同思想基础，新闻舆论工作就要坚持正确的政治方向这个根本前提，从党和国家的工作全局出发，深刻把握新闻舆论工作面临的形势任务，维护党中央权威和集中统一领导，推动党中央决策部署落到实处。

第二，关于新闻舆论工作的党性原则。党的新闻舆论工作坚持党性原则，坚持党性和人民性相统一，最根本的是坚持党对新闻舆论工作的领导，坚持党管媒体。

党性原则是中国特色社会主义新闻舆论工作的根本原则，是马克思主义新闻观的精髓。党的新闻舆论媒体的所有工作，都要体现党的意志、反映党的主张，维护党中央的权威、维护党的团结。要坚持党性和人民性相统一，把党的

理论和路线方针政策变成人民群众的自觉行动，及时把人民群众创造的经验和面临的实际情况反映出来，丰富人民精神世界，增强人民精神力量。坚持党性，核心就是坚持正确政治方向，站稳政治立场；坚持人民性，就是要把实现好、维护好、发展好最广大人民根本利益作为出发点和落脚点，树立以人民为中心的工作导向。党和政府主办的媒体是党和政府的宣传阵地，必须姓党。坚持党管媒体原则是新闻舆论工作坚持党性原则和正确政治方向的重要体现，是确保党对媒体的主导权、管理权的重要保证，是加强和改善党对新闻舆论工作领导的必然要求。

第三，关于新闻舆论工作的正确导向。新闻舆论工作各个方面、各个环节都要坚持正确舆论导向，坚持团结稳定鼓劲、正面宣传为主的方针，重视发挥舆论监督的作用，加快构建舆论引导新格局。

正确舆论导向是新闻舆论工作的生命线。要牢牢坚持党性原则，牢牢坚持马克思主义新闻观，牢牢坚持正确舆论导向，牢牢坚持正面宣传为主。新闻舆论工作各个方面、各个环节都要坚持正确舆论导向。各类媒体、各类新闻报道都要讲导向。坚持正确舆论导向，就要遵循团结稳定鼓劲、正面宣传为主的基本方针，增强吸引力和感染力，巩固壮大主流思想舆论，适应分众化、差异化传播趋势，加快构建舆论引导新格局，把握舆论引导的主动权。舆论监督和正面宣传是统一的。新闻媒体要直面工作中存在的问题，直面社会丑恶现象，激浊扬清、针砭时弊，同时，发表批评性报道要事实准确、分析客观。

第四，关于新闻舆论工作的职责使命。做好党的新闻舆论工作和宣传思想工作要明确职责、使命、任务，在服务大局中履职尽责，做细做实新时代的新闻舆论和宣传思想工作。

在新的时代条件下，党的新闻舆论工作的职责和使命是：高举旗帜、引领导向，围绕中心、服务大局，团结人民、鼓舞士气，成风化人、凝心聚力，澄清谬误、明辨是非，联接中外、沟通世界。同时要自觉承担起举旗帜、聚民心、育新人、兴文化、展形象的使命任务。新闻舆论工作者要深刻理解这一使命的时代内涵和历史要求，新闻舆论工作者要增强政治家

> **拓展资源**
>
> 《习近平在全国宣传思想工作会议上强调举旗帜聚民心育新人兴文化展形象　更好完成新形势下宣传思想工作使命任务》

办报意识，在围绕中心、服务大局中找准坐标定位，牢记社会责任，不断解决好"为了谁、依靠谁、我是谁"这个根本问题。

第五，关于新闻舆论工作的发展规律。做好新闻舆论工作，要坚持实事求是，尊重新闻传播规律，把握时度效，坚持把社会效益放在首位。

党的新闻舆论工作是一门科学，必须按照规律办事。尊重新闻传播规律，

尊重互联网规律，尊重新兴媒体发展规律。坚持真实性原则，根据事实来描述事实，既准确报道个别事实，又从宏观上把握和反映事件或事物的全貌。把时度效作为检验新闻舆论工作水平的标尺，准确理解和把握时度效要求的科学内涵，抓住时机、把握节奏、讲究策略，不管是主题宣传、典型宣传、成就宣传还是突发事件报道、热点引导、舆论监督，都要从时度效着力，体现时度效要求。把握好意识形态属性和产业属性、社会效益和经济效益的关系，始终把社会效益放在首位，在实践中深化对新闻舆论工作的规律性认识。

第六，关于推动媒体融合发展。做好新闻舆论工作，要强化互联网思维和一体化发展理念，推动传统媒体和新兴媒体融合发展，打造一批具有强大影响力、竞争力的新型主流媒体。

在传播新技术迅速发展的今天，媒体融合已成为大势所趋。这就要求推动传统媒体和新兴媒体融合发展，要强化互联网思维，坚持传统媒体和新兴媒体优势互补、一体发展，坚持先进技术为支撑、内容建设为根本，推动传统媒体和新兴媒体在内容、渠道、平台、经营、管理等方面的深度融合，实现信息内容、技术应用、平台终端、管理手段共融互通。改进宣传报道，构建全媒体传播格局，着力打造一批形态多样、手段先进、具有竞争力的新型主流媒体，建设拥有强大实力和传播力、公信力、影响力的新型媒体集团，形成立体多样、融合发展的现代传播体系。

第七，关于新闻舆论工作的改进创新。做好新闻舆论工作，要坚持发展改革创新，通过全方位创新改进，切实提高新闻舆论传播力、引导力、影响力、公信力。

做好宣传思想工作和新闻舆论工作，比以往任何时候都更加需要创新。新闻宣传是否善于创新，是否能够做到常做常新，是其发展壮大、保持强大生命力的关键。把创新作为永恒主题，挖掘新材料、发现新问题、提出新观点、构建新理论。重点抓好理念创新、手段创新、基层工作创新。新闻宣传创新，要体现在拓宽工作思路，更新办报理念，丰富办报手段，突出办报特色，增强发

展活力，提高新闻宣传的吸引力、感召力、战斗力上。精心做好对外宣传工作，创新对外宣传方式。提高议题设置能力，掌握主导权、话语权。随着形势发展，党的新闻舆论工作必须创新理念、内容、体裁、形式、方法、手段、业态、体制、机制，全面提升新闻舆论工作的水平。

第八，关于国际传播能力和话语体系建设。做好新闻舆论工作，要加强国际传播能力和对外话语体系建设，讲好中国故事、传播好中国声音，展现真实、立体、全面的中国，共同打造人类命运共同体。

随着综合国力的增强与国际地位的提升，中国已走近世界舞台中央。需要不断推进国际传播能力建设，提高国家文化软实力，精心构建对外话语体系，发挥好新兴媒体作用，增强对外话语的创造力、感召力、公信力。创新对外宣传方式，加强话语体系建设，着力打造融通中外的新概念、新范畴、新表述，增强在国际上的话语权。用好国际化传播平台，客观、真实、生动报道中国经济社会发展情况，传播中国文化，促进外国受众更多更好了解中国。讲好中国故事，传播好中国声音，向世界展现真实、立体、全面的中国，提高国家文化软实力和中华文化影响力，从而为构建人类命运共同体凝聚文化共识。

第九，关于全力做好网络舆论工作。做好新闻舆论工作，要提高互联网建设水平，做强网上舆论工作，营造风清气正的网络空间，建立多边、民主、透明的全球互联网治理体系。

做好网上舆论工作是一项长期任务，要创新改进网上宣传，运用网络传播规律，弘扬主旋律，激发正能量，大力培育和践行社会主义核心价值观。把网上舆论工作作为宣传思想工作的重中之重来抓，掌握好网上舆论引导权，使网络空间清朗起来。依法加强网络社会管理，加强网络新技术新应用的管理，确保互联网可管可控。加强互联网内容建设，做强网上正面宣传，培育积极健康、向上向善的网络文化，用社会主义核心价值观和人类优秀文明成果滋养人心、滋养社会，做到正能量充沛、主旋律高昂。大力实施网络强国战略，保障网络安全，促进有序发展，构建互联网治理体系。加强沟通、扩大共识、深化合作，共同构建网络空间命运共同体。

第十，关于加强新闻人才与队伍建设。做好新闻舆论工作，要重视新闻舆论人才队伍建设，践行"四向四做"，全面增强"四力"，培养党和人民信赖的新闻工作者。

新闻媒体竞争的关键是人才竞争。做好新闻舆论工作，必须加强新闻人才教育和新闻队伍建设。新闻工作者要努力成为全媒型、专家型人才，坚持正确政治方向，做政治坚定的新闻工作者；坚持正确舆论导向，做引领时代的新闻工作者；坚持正确新闻志向，做业务精湛的新闻工作者；坚持正确工作取向，做作风优良的新闻工作者。要不断掌握新知识、熟悉新领域、开拓新视野，增强本领能力，加强调查研究，不断增强脚力、眼力、脑力、笔力。新闻观是新闻舆论工作的灵魂，培养新时代党的新闻工作者，就要坚持马克思主义新闻观，肩负起新时代新闻舆论工作的使命和责任，造就一支政治坚定、业务精湛、作风优良、党和人民放心的新闻舆论工作队伍。

以上几方面内容相互联系、融会贯通，构成完整的科学体系，充分体现时代性、创新性，具有鲜明的理论品格和实践特色。习近平关于新闻舆论工作的重要论述是对马克思主义新闻观的坚持和发展，是中国共产党新闻理论创新的集中概括，是中国特色社会主义新闻理论的重大发展，是进一步繁荣发展中国特色社会主义新闻事业的强大思想武器。在中国特色社会主义新时代，学习和研究新闻学，就要学习掌握马克思主义新闻观的历史发展和丰富内涵，学习掌握习近平关于新闻舆论工作的重要论述。

四、新闻学的研究对象、学习方法和意义

新闻学是新闻专业课程体系中的重要基础理论课程。学习这门课程，首先要了解新闻学的研究对象、学习方法和学习意义。

（一）新闻学的研究对象

新闻学的学科定义有狭义和广义之分。狭义的新闻学是指理论新闻学，也叫新闻理论，是研究新闻传播活动、新闻事业以及新闻工作规律的科学。它通过对大量的新闻实践经验进行科学的抽象和概括，由一系列基本概念和原理构成。广义的新闻学是指新闻学学科体系，包括理论新闻学、历史新闻学、应用新闻学以及新闻学相关交叉学科等，它们相互联系，互为补充。理论新闻学，是新闻学学科体系的基础学科，是新闻学的基础理论部分（即狭义的新闻学）。历史新闻学，也称新闻事业史，通过研究新闻传播历史发展的自然进程，揭示新闻事业发展的内在逻辑和脉络。应用新闻学，也称新闻实务，包括新闻采访、新闻写作、新闻编辑、新闻评论等内容，着重研究新闻传播业务的具体运作规律和操作方法。新闻学相关交叉学科则包括新闻心理学、传媒经济学、新闻伦理学、新闻社会学等。随着经济社会和信息技术的发展，网络与新媒体等

一些新的交叉学科应运而生，不断健全丰富新闻学学科体系。

新闻理论在新闻学学科体系中起统领作用，为其他分支学科的建立和发展提供理论依据。它着重研究新闻与新闻传播活动、新闻事业产生和发展的原理，从宏观的角度阐释新闻、舆论、宣传、新闻出版等方面的基本理念，研究新闻事业与社会生活诸方面的关系，研究新闻工作的基本原则以及新闻事业的管理和新闻队伍的建设等具有本质性的问题。新闻理论的形成，是新闻学成为独立学科体系的重要标志。每当新闻理论有重大创新，都会带动新闻学的全面发展。

本书是一本中国特色社会主义新闻理论教材。中国共产党自成立以来，就一直十分重视对马克思主义新闻理论的探索。新中国成立后，特别是改革开放以来，在我国新闻事业大发展的背景下，在借鉴中外新闻理论研究成果的基础上，形成了以马克思主义新闻观为指导，结合中国国情和新闻事业发展实际的新闻思想和新闻理论。中国特色社会主义进入新时代，习近平关于新闻舆论工作的重要论述是中国特色社会主义新闻理论体系的重大发展，为新闻学的理论创新注入新动力新活力，必将引领中国特色社会主义新闻理论实现更大的创新发展。

（二）学习新闻学的方法

新闻学是一门政治性、理论性和实践性都很强的人文社会科学。学习新闻学的基本方法，就是理论联系实际。要用马克思主义的立场、观点和方法分析各种新闻现象，结合新闻实践经验，取得规律性认识。

打好扎实的理论根底，要求我们全面学习马克思列宁主义、毛泽东思想、邓小平理论、"三个代表"重要思想、科学发展观、习近平新时代中国特色社会主义思想，认真学习马克思主义新闻观。学习这些理论，不仅要掌握其基本原理和分析方法，而且要掌握其工作原则和实践要求。

联系实际，重在把握规律。新闻理论中的一系列基本观点都是在新闻实践中总结出来的具有规律性的认识。随着经济社会快速发展，信息新技术新应用不断涌现，信息传播格局发生深刻变化，信息传播形态和内容日益丰富多样，人们对新闻信息的要求越来越高。这给新闻学研究提出了新课题，提供了新机遇，需要我们在学习中深入思考，付出更大努力。

（三）学习新闻学的意义

学习新闻学对全面提高新闻人才的政治素质、理论素养和业务能力，推动我国新闻事业发展，具有重要意义。

学习新闻学有助于新闻人才提高政治素质。"新闻学作为一门科学，与政治的关系很密切。"① 新闻工作者不仅报道事实，而且表达观点；不仅传播新闻，而且传播真理。通过系统学习新闻理论，新闻工作者能够深刻认识马克思主义新闻观的核心要义，深刻认识社会的经济基础和政治制度对新闻事业的影响，从而自觉坚持正确的政治方向和舆论导向，自觉用中国特色社会主义新闻理论指导新闻实践。

学习新闻学有助于新闻人才提高理论素养。新闻理论在总结古今中外新闻实践的基础上，揭示新闻传播活动的本质和规律。新闻工作不仅要传播信息，而且要揭示事件的本质，展示事件发展的趋势。要做到在纷繁复杂的社会现象中真实、全面、深刻、精彩地发现和报道新闻，就需要熟练掌握和运用新闻传播规律，按照新闻规律做好舆论引导。通过学习新闻理论，提高理论素养，有助于新闻工作者不断提高舆论引导能力和工作水平，更好地开展新闻舆论工作。

学习新闻学有助于新闻人才提高业务能力。国内新闻传播面临重大变革，国际新闻传播竞争日益激烈。"全媒体不断发展，出现了全程媒体、全息媒体、全员媒体、全效媒体，信息无处不在、无所不及、无人不用，导致舆论生态、媒体格局、传播方式发生深刻变化，新闻舆论工作面临新的挑战。"② 做好新闻舆论工作，赢得竞争的关键就是人才竞争，因此需要培养一批具有较高理论水平和业务素质的新闻工作者。学习新闻学，获得规律性的认识，打好理论基础，对于掌握业务技能，提高工作能力，正确高效开展新闻舆论工作具有重要作用。

学习思考题：

1. 什么是新闻学？
2. 简述新闻学的产生和发展历程。
3. 简述马克思主义新闻观的形成和历史脉络。

---

① 习近平：《把握好新闻工作的基点》，《摆脱贫困》，福建人民出版社 1992 年版，第 64 页。
② 《习近平在中共中央政治局第十二次集体学习时强调　推动媒体融合向纵深发展 巩固全党全国人民共同思想基础》，《人民日报》2019 年 1 月 26 日。

4. 简述习近平关于新闻舆论工作重要论述的主要内容。

5. 学习新闻学的基本方法有哪些?

6. 结合具体实际,谈谈学习新闻理论的意义。

第一章 新闻本源

　　新闻是什么？我们每天从报纸、广播、电视、互联网上读到、听到、看到的各种新闻因何产生？它们的源头在哪里？有哪些基本特征？对这些问题给予科学的解释和阐述，是新闻学研究的起点。

第一节　新闻的起源和定义

一、新闻的起源

　　新闻传播活动是怎样产生的？新闻产生的社会动因是什么？围绕上述问题，学者们做了广泛研究，认为新闻产生于社会交往和信息需求。在原始社会，生产力水平低下，单个的人根本无法抗拒恶劣的自然条件，抵御不了凶猛野兽的侵袭。为了生存和繁衍生息，原始人必须群聚而居，结伴而行，共同觅食，共同劳作。在最简单的生产活动维系下，人们形成最原始的相互依存的社会关系。原始社会中的每一个成员，各尽所能地从事狩猎、渔牧、农耕等生产劳动，并以各种方式传递外界信息，通报各种情况，交流劳动经验。正是原始社会成员这种共同活动和社会联系，促使他们产生对信息交流的迫切要求，这就是原始社会中"新闻"（实际上是一种十分简单的信息交流）产生的社会动因。原始社会的信息交流与人类的生产劳动和生存发展息息相关。人们把自己在生产劳动实践中所看到的、听到的和认识到的各种事物和信息，用最简单的方式传递给他人，进而达到沟通和协调的目的。这种传递信息的方式虽然十分原始，但已包含新闻传播活动必备的一些基本因素。也就是说，新闻活动不是抽象的，它是在人类社会的物质交往和社会交往中产生的。

　　原始社会中的信息传播活动，内容、形式和手段都十分简单，传播范围也很有限。早期的信息传播主要是关于渔猎农牧方面的内容，此外，对原始人类生产生活的其他活动也有所反映。特别是火的发现和使用，对人类自身的进化、对社会的发展，都具有极为重大的意义。据考证，先民们用各种不同的符号和图画，留下了不少关于获取火、使用火、祭祀火神、保存火种的记载。这说明，即使原始社会的新闻传播活动，也是人类一种有目的的、自觉的传播行为。随着社会的发展，氏族和部落出现了，围绕生产资料和生活资源的争夺和占有，人们之间展开了斗争，除了人与自然的矛盾外，又增加了新的社会矛盾。社会分工促使生产力进一步发展，剩余产品的增加和财富的积累，导致私有财产的出现，人类开始进入阶级社会，进而产生国家。生产的发展、产品的交换，使社会成员之间的联系和交往日益密切，人们对信息的需求量随之增多。人们不仅要解决人与自然的矛盾，还要面对和解决现实的社会矛盾，因此，信息传播的内容日益多样，传播的范围日渐宽广，促使新闻传播活动在内容上不断丰富和拓宽，形式上不断更新和发展。新闻产生于人类社会物质生产的一定阶段，因受科技进步、生产方式和交往方式变革的巨大影响而不断丰富和拓展。

新闻产生以后，随着社会的发展，传播工具、手段和媒介形态的演进，逐渐成为社会意识形态的重要组成部分。从蒙昧时代到野蛮时代，直到今日的文明时代和信息时代，新闻传播的内容经历了从单一到多样、从狭窄到广泛的扩展过程，由早期与生产活动直接相关的渔猎、农牧、占卜、祭祀等，逐渐拓宽到政治、经济、军事、文化、科技等领域，不仅服务于人类物质生产和日常生活的需要，还满足人类精神生活的多样化需求。新闻在成为社会意识形态重要组成部分后，一方面有相对独立性，另一方面又受到生产力、生产关系和经济基础的制约，受到科技进步、生产方式和交往方式变革的影响，受到包括阶级关系、思想观念、文化传统等社会因素的制约和影响。这也导致对同一新闻，东方与西方、不同阶级、不同阶层会有不同的解读。

同时，新闻传播的工具和手段也在不断演进。远古人类在还不能使用语言之前，只能依靠简单的声音，运用手势和形体姿态或使用绘画符号传递信息，通常被称作手势语言、形体语言或符号语言。萌芽时期的新闻传播方式是原始的、落后的，石器、兽骨、棍棒等既是劳动工具，又是战斗武器，同时也是传递信息的媒介。随着社会的发展，新闻传播经历了语言使用、文字出现、造纸术和印刷术发明以及电子技术广泛应用的几次伟大飞跃，已进入现代传播的新时代。各种传播媒介把触角伸向社会的各个领域、各个角落，无处不在，无所不包，无人不需，天涯若比邻，谁也不可能在完全封闭的环境中生活，整个世界正在成为"地球村"。

新闻来自客观事实。在漫长的历史长河中，人类通过信息交流和沟通，不断拓宽自己认识世界的视野，提升自己改造世界的能力，推动社会的发展。新闻传播活动正是在这样的基础上，由低级到高级，由原始到文明，逐步发展起来的。作为新闻来源的客观事实本身因其见证人所处的立场、教育程度、社会地位、社会背景等不同，会有不同的解读和判断。但有的学者却把新闻这样一种社会现象的产生简单地归结为特定的生理现象和心理现象，脱离社会的物质生产活动和人的劳动实践去分析新闻的起源。他们认为，人一生下来就有两只耳朵、一张嘴，就要听要说，因而就有了新闻传播活动。这种观点完全无视新闻传播活动是人类社会实践的产物，颠倒了物质和精神、社会存在和社会意识的关系，混淆了人类的新闻传播活动和动物本能的信息传递的本质区别，是在新闻起源问题上的一种错误认识。

二、新闻的定义

由于新闻现象的丰富性和新闻传播活动的复杂性，长期以来，人们对什么是新闻有着不同的认识和理解。

（一）"新闻"一词的由来与含义

"新闻"一词最早见于何时？在我国，"新闻"出现在日常口语里和文字记载中，其历史已超过千年。南朝宋人朱昭之（生卒不详，约生活于420—502年）在《难顾道士夷夏论》中写道："圣道弥纶……欣所新闻，革面从和，精义复兴。"[①] 唐中宗神龙年间（705—707年），文人孙处玄因对大臣拒绝他的条陈不满，抱怨说："恨天下无书以广新闻。"（《旧唐书·孙处玄传》）晚唐诗人李咸用在《披沙集》之《春日喜逢乡人刘松》一诗中有"旧业久抛耕钓侣，新闻多说战争功"等诗句。段成式的《锦里新闻》、尉迟枢的《南楚新闻》，皆成书于晚唐，是目前所知最早在书名中使用"新闻"一词的。

到了明清时代，"新闻"一词就用得更多了。如古典文学名著《红楼梦》，仅第一、二回就有四处提到"新闻"："当下哄动街坊，众人当作一件新闻来传说。""敢问街市上有什么新闻么？""近日都中可有新闻没有？""你道是新闻不是？"这里所说的"新闻"主要是指新鲜事、奇闻逸事等，虽然含有一定的时事报道之意，但和报纸还没有联系。

中国最早的报纸雏形始见于唐朝，但将报纸称作"新闻"则迟至宋代才出现。宋朝赵升在《朝野类要·文书》中说："……皆衷私小报，率有漏泄之禁，

---

① 严可均：《全上古三代秦汉三国六朝文》（全宋文卷五十七），中华书局1958年版。

故隐而号之曰新闻。"① 这里之所以把流行于民间的非官方小报称为"新闻"，主要是因为和当时占统治地位的官报——邸报相比，小报有两个特点：第一，它所发表的大多是封建统治者不予公开的"朝廷机事"，是一般人无法知道的内部消息；第二，报道及时迅速，"命令未行，差除未定，即时誊播"，"以先得者为功"。② 可见，传播消息又新又快，是小报被称为"新闻"的原因。人们把这种报道社会动态、官方政事的小报称为新闻，这也是中国历史上首次将新闻与报纸联系在一起。

在西方，德语中的"新闻"一词系由德国北部俗语"报道"演变而来，大致是指由口头或用简单的文字所传播的新鲜事情。至于英文中的"新闻"一词News，《牛津词典》将其解释为"新鲜报道"。15 世纪，苏格兰詹姆士一世发布的敕书中使用了"新闻"一词。到 16 世纪，新闻则被用作印刷物的代名词，作"报纸"解。③

从"新闻"一词的使用情况看，我国和西方对新闻基本含义的认识和理解大体一致，最初都是指新鲜事情、新奇见闻，后来才逐渐地和报业发生联系，指登载这些内容的印刷物之类。近现代以来，随着定期印刷报纸的日益增多，"新闻"一词和新闻现象、新闻传播活动的关系越来越密切，其含义也逐渐拓宽，主要有：

一是指新近发生的新鲜事情、现象和奇闻逸事。

二是指"报纸"。在国际新闻界，用"新闻"作为报名相当普遍。例如，1615 年创办于德意志的世界早期报纸之一《法兰克福新闻》，日本最早公开发行的官方报纸《官版·巴达维亚新闻》（1862 年创刊），现在如日本的《读卖新闻》《朝日新闻》、美国的《纽约新闻》、朝鲜的《劳动新闻》等，这些报名中的"新闻"都指报纸。

三是指新闻事业，如《美国大百科全书》和《苏联大百科全书》中，对"新闻"的解释都有"新闻业"的意思。至于"新闻单位""新闻机构""新闻传媒业"等，以"新闻"二字冠名就更普遍了。

四是指新闻报道，既可专指报纸、通讯社、广播、电视、网络媒体等每天发布的消息，也可指包括消息、通讯、特写、录音报道、电视报道、新闻纪录

① 赵升：《朝野类要》，王瑞来校注，中华书局 2007 年版，第 88 页。
② 徐松辑：《宋会要辑稿》刑法二之一二三，中华书局影印本 1957 年版。
③ 《中国大百科全书·新闻出版卷》，中国大百科全书出版社 1990 年版，第 396 页。

片等在内的各种体裁和形式的广义新闻报道。

可见,"新闻"是一个多义词,以上列举的含义均和新闻传播活动、新闻现象相关,但又相互不同,而且在日常生活中经常使用,有时候甚至交替使用。它们作为一种口头或文字语言使用是可以的,甚至在一定程度上有助于我们认识新闻现象的丰富性和新闻传播活动的复杂性,但如果把这些含义都作为新闻学的细胞——新闻的定义来使用,则是不严谨的,不仅无法帮助我们认识新闻的本质,而且会导致新闻定义的混乱。

(二)新闻的定义及分类

对于新闻的定义,中外有很多种,比较典型的可以概括为四类:

"事实说",如"新闻是新近发生的、能引人兴味的事实","新闻是一种新的重要事实","新闻就是广大群众欲知应知而未知的重要事实"等。这类定义强调新闻是事实,作为新闻的事实必须是重要的、人们关注的。

"报道说",如"新闻是对事实的报道(传播、记录)","新闻是新近变动的事实的传布","新闻指最近发生的事情,……关于这起事件的报道就构成了新闻"等。这类定义把事实作为新闻的依据,事实只有经过报道、传播,才能成为新闻。

"功能说",即把新闻归结为一种实现某种目标或功能、达到某种目的的手段,如"新闻是报道或评述最新的重要事实以影响舆论的特殊手段"等。这一类定义着眼于新闻的传播效果和社会功能。

"信息说",即从信息论角度对新闻定义进行探讨,如"新闻是经报道(或传播)的新近事实的信息","新闻是及时公开传播的非指令性信息","新闻是公众关注的最新事实信息的报道","新闻所传播的是事实最新变动状态的信息"等。"信息说"强调新闻的信息属性,有助于加深人们对新闻的认识。需要指出的是,新闻和信息是两个既相互联系,又相互区别的概念。新闻是信息的传播,但信息并不完全等同于新闻。信息是一个包容量极大的概念,它的外延比新闻大得多。信息并不都具有成为新闻的必要条件,在浩瀚的信息海洋中,新闻所传播的只是那些具有新闻价值的信息。

上述种种新闻定义,有的立足事实,有的着眼报道,有的侧重功能,有的强调信息,各自从不同角度、不同方面,对新闻这一复杂现象的某些基本特征进行探索。首先,它们都肯定事实的重要性,认为新闻是事实也好,新闻是事实的报道也好,新闻是事实信息的传播也好,总之,新闻离不开事实,事实是新闻的基础。其次，它们都强调新闻要新，事实要近，陈年旧事不能成为新闻。这些定义是人们对新闻长期进行研究取得的成果，有助于拓宽研究视野，丰富人们对新闻的认识。

此外，在西方国家，还有一些形形色色的新闻"定义"，如"性质说"与"兴趣说"，即从新闻内容的趣味性、新奇性、反常性等角度概括新闻定义，如"凡能让女人大喊一声'哎呀！我的天哪'的东西就是新闻"，"新闻就是同读者常态的、司空见惯的观念相差悬殊的一种事件的报道"，"新闻乃是女人、金钱和罪恶的记录"，"狗咬人不是新闻，人咬狗才是新闻"等。这些"定义"都片面地强调事实的个别特征，迎合受众的某种低级趣味，容易产生负面的社会效应。

关于新闻的定义，还有其他一些概括，这反映出人们在认识新闻现象、探索新闻本质过程中的思考和理解。这种探索是很正常的。客观事物是不断发展变化的，人们对客观事物的认识也在不断深化，随着新闻传播事业的发展，人们对新闻定义的认识必将与时俱进。

拓展资源

更多新闻定义

（三）新闻是新近发生的事实的报道

那么，新闻的定义究竟是什么呢？我们认为，新闻的定义是：新闻是新近发生的事实的报道。这个定义是时任中共中央机关报延安《解放日报》总编辑陆定一于1943年9月1日在《解放日报》发表的《我们对于新闻学的基本观点》一文中提出来的。这个定义有三个关键词：事实、新近发生、报道。

首先，它肯定事实是新闻的本源，是第一性的，新闻是事实的报道，是第二性的，从根本上划清了唯物主义新闻本源观和唯心主义新闻本源观的界限。新闻是事实的报道，这意味着，新闻一定要符合客观事实，不符合客观事实的就不是新闻。

其次，它明确指出，事实要成为新闻，必须通过一个中间环节，这个环节就是报道。不经过报道的事实，就不能成为新闻，它或者默默无闻地自我生息消长，或者成为秘闻而不为外人所知晓。"报道"二字，还有一层含义，即新闻对事实的反映不是机械地有闻必录，在反映过程中，报道者具有主观能动作用，要对事实进行选择、分析和整理。还要指出的是，本定义对报道的主体没有做明确的规定，其外延是广泛的，这就大大拓宽了定义的适用范围，不仅通讯社、报刊、广播、电视等媒体机构所发布的新闻可以用这个定义，个人通过微博、微信、网络论坛、手机、社交媒体等媒体形式发布的新闻也同样适用。

最后，它强调，新闻所报道的事实是新近发生的。在无穷无尽的客观事实中，只有那些新近发生、发现的或正在发生的，具有新意的事实或事实的新变动，才有可能成为新闻。报道者在衡量一个事实可不可以报道时，除时间因素外，还必须考虑它具有哪些构成新闻的特殊要素，能在多大范围内引起受众的关注，在多大程度上可以满足受众未知、欲知、应知的信息需求。

"新近"是一个相对的时间概念，不同时期、不同地区、不同媒体有着不同的理解和要求。我们既不能简单地以绝对的时间概念来衡量，同时又必须看到，随着经济社会快速发展和科技不断进步，信息传递和获取越来越快捷，对新闻时效性提出了更高要求。报道者在采制新闻时，着力点应放在"新"字上，努力将新近发生、发现和正在发生的事实及时准确地传播出去，适应时代的要求。

"发生的"三字，强调新闻所报道的是已经发生了的事实，明确界定事实与新闻在时间上的先后次序，体现事实在前、新闻在后的唯物主义新闻本源观。尽管随着卫星新闻采集技术以及信息技术的发展，信息在传送时间上可以达到"直播"或"同步"，但是，无论信息传输速度有多快，即使快到可以基本忽略时间，从绝对的时间概念上说，所有经过媒介传播的信息一定是已经发生了的。

这一定义坚持辩证唯物主义新闻本源观，揭示新闻的本质属性，对新闻的内涵和外延作出确切界定，肯定新闻的真实、及时、新鲜和公开传播等基本特征，从思想上和理论上影响当时和以后我国几代新闻工作者，对坚持马克思主义新闻观，坚持新闻工作的党性原则和真实性原则，指导我国新闻工作实践，推动新闻学研究，都起到了十分重要的作用。这一定义经过长期的实践检验，半个多世纪以来，一直为我国广大新闻工作者所沿用。

第二节　新闻的本源是事实

新闻的本源是什么？人类长期的新闻传播实践证明，客观存在的事实是新闻的本源，新闻是对客观事实的反映。事实在前，新闻（报道）在后。事实是第一性的，是不以人的意志为转移的客观存在；新闻（报道）是第二性的，是人对客观存在的反映。

一、新闻内容以事实为依据

在唯物主义者看来，自然界和人类社会中发生的种种客观事实是一切新闻报道的源泉和基础。在新闻传播活动中，任何新闻都是对客观事实的报道，先有某种事实发生，之后才有各种媒体对这一事实的报道。事实如果没有发生，就根本不可能有新闻，否则就是凭空捏造。客观存在的众多事实是新闻的本源，任何新闻都不过是对客观事实的反映、描述或摹写。新闻报道只能根据事实描述事实，而不能根据个人的观念和想法捏造或歪曲事实，事实对新闻具有决定性作用。

马克思、恩格斯对新闻的本源问题有着深刻的论述。马克思说："究竟哪一种报刊，'好'报刊还是'坏'报刊，才是'真正的'报刊！哪一种报刊说的是事实，哪一种报刊说的是希望出现的事实！"[①] 马克思说的"真正的"报刊，是根据事实来描写事实，而不是根据"希望"来描写事实的。记者当然可以对所报道的新闻事实做出评价、分析、解释，但所作出的评价、分析、解释都必须是所报道的事实本身所蕴含的。恩格斯把这个意思讲得十分透彻，他说："杂志将完全立足于事实，只引用事实和直接以事实为根据的判断，——由这样的判断进一步得出的结论本身仍然是明显的事实。"[②]

作为新闻本源的事实大致可以分为两大类：一类是在人类社会实践中发生的事实，诸如政治、经济、思想文化、军事外交等领域发生的事实，自然科学领域发生的重大事件，人与自然界作斗争所取得的成就、科技成果、发明创造等；另一类是纯粹的自然现象，如日月运行、四季更替、寒来暑往、斗转星移、江海消涨、草木荣枯等。这些包罗万象、无穷无尽的事实，为新闻提供了永不枯竭的源泉。

事实通常具有三个明显的特点，即事实是客观的、事实是可认知的、事

---

① 《马克思恩格斯全集》第 1 卷，人民出版社 1995 年版，第 398 页。
② 《马克思恩格斯全集》第 42 卷，人民出版社 1979 年版，第 413 页。

实是可反映的。各种事实的存在形态，它的外延和内涵，它产生、发展、变化的时间、地点、原因和结果，都有其运动变化的规律。事实是不以人的意志为转移的、具有确定性的客观存在，但人们可以通过发挥主观能动性去感知它、认识它。正如列宁所说："这种客观实在是人通过感觉感知的，它不依赖于我们的感觉而存在，为我们的感觉所复写、摄影、反映。"[①] 当然，对于比较复杂的事实，我们需要经过反复深入的调查研究、分析比较，由此及彼、由表及里，才能了解其真相，揭示其本质，认识其规律。正因为事实具有客观性和可认知性，所以人们可以借助不同的手段和方式，诸如语言、文字、声音、图像等来描述它、表现它、反映它。事实的可反映性，是新闻传播活动得以进行的必要条件，同时为新闻传播手段和形式的丰富多彩、不断创新，开辟广阔天地。

对于新闻本源问题的认识，存在着许多唯心主义的错误观点。比如，有的遵循"从思想感觉到物"的唯心主义认识路线，把新闻看成个人主观认识、感觉和判断的产物；还有的提出所谓的"性质说"，认为新闻既不是"事件之自身"也不是"事件之报告"，而是某种性质之自身，称"新闻乃是时宜性与一般性之自身"，后又有所谓的"普遍性""公告性""文艺性""趣味性"，等等。初看起来，"性质说"似乎也有一定的道理，因为不论哪一条新闻，都或多或少具有某种性质，如有些新闻有重要性，有些新闻有趣味性。但"性质说"回避了一个根本问题，即新闻的"性质"从何而来？由什么决定的？我们认为，是事实决定新闻和新闻的性质，而不是性质决定事实和新闻。新闻对于客观存在的事实有着绝对的依赖性。唯心主义的新闻本源观无视或不承认新闻的本源是事实，把附属当作根本，把派生当作本质，把主观感受当作客观存在，根本颠倒和混淆事实和新闻两者之间的关系，因而是错误的。这种本源观在新闻实践中是有害的，必将导致不尊重事实，不面对事实，甚至臆想捏造事实来炮制假新闻。

二、新闻事实是经过选择的事实

事实是新闻的原生材料，新闻是对事实的反映。这种反映是主观对客观、精神对物质的反映。正如毛泽东所说："人的正确思想是从哪里来的？是从天

---

① 《列宁全集》第 18 卷，人民出版社 2017 年版，第 130 页。

上掉下来的吗？不是。是自己头脑里固有的吗？不是。人的正确思想，只能从社会实践中来，只能从社会的生产斗争、阶级斗争和科学实验这三项实践中来。"① 新闻既不是从天上掉下来的，也不是人头脑里固有的，而是人们对外部客观世界的认识和反映。事实是反映的对象，新闻是反映的产物。也就是说，新闻是一种源于客观事实，依附客观事实，为客观事实所决定、所派生的，同时又是经过选择、提炼、加工后的精神产品。所以，报道者在采集、制作、报道新闻的时候，对事实的选择是必然的。

报道者对事实的选择之所以是必然的，首先是由事实的无限性和报道的有限性决定的。事实是新闻的本源，但并不是所有的事实都能成为新闻，新闻所报道的只是无数事实中极为有限的一部分。通常情况下，经过报道的事实称作新闻事实，未经报道的事实称作一般事实。面对纷纭繁杂的事实，世界上任何一家媒体都不可能有闻必录。一般而言，能够成为新闻的事实，大都是人类在社会实践和认识、改造自然过程中所发生的重要的、受人关注的事实，诸如政治、经济、思想文化、军事外交、科学技术等领域所发生的重大事件，以及特别的自然现象等。其次，每家媒体都有自己特殊的定位、选择新闻的标准和感兴趣的重点领域。新闻事实是报道者根据客观事实本身所包含的新闻价值、人们的关注程度和自己的报道意图，通过对一般事实的不断筛选、比较和取舍而选用的事实，它常常体现着报道者的立场、认识和评价。

对事实进行选择绝不意味着可以歪曲事实、背离事实、随心所欲地改变事实。新闻反映客观事实的根本目的，是为了让接受者通过新闻如实地感知事实、认识事实。因此，报道者在从事新闻报道时，一定要按照事实的本来面目，力求全面、准确、深入地反映事实，以求更接近事实本身。检验新闻是否真实的标准，只能是事实和实践。如果被事实和实践证明它背离甚至歪曲了事实，这样的新闻就是"虚假新闻"。

新闻本源问题是新闻理论和新闻实践中一个根本性的问题。是否承认事实第一性、新闻第二性，是区分唯物主义新闻本源观和唯心主义新闻本源观的分水岭。社会主义新闻工作者必须坚持唯物主义的新闻本源观，以此作为认识新闻的定义、新闻的本源、新闻的特征，以及新闻学基本概念和新闻工作基本原

---

① 《毛泽东文集》第 8 卷，人民出版社 1999 年版，第 320 页。

则的立足点。

第三节　新闻的基本特征

新闻的基本特征，是对新闻定义所规定的新闻内涵的更具体的描述，是新闻的本质规定性。一般来说，新闻具有真实准确、内容新鲜、报道及时、传播公开四个基本特征。

一、真实准确

事实是新闻的本源，新闻是对事实的报道。新闻就其内容和形式来说都离不开事实。在内容上，新闻必须以事实为依据，否则就是无源之水、无本之木；在表现形式上，新闻必须用其独特的语言——事实来说话。新闻是为了满足社会的信息需求而存在的，社会需要的是真实的新闻，虚假的新闻会误导人们的思想和行动，严重的还将危及社会的发展和人类的生存。所以，新闻必须

拓展资源

徐宝璜与《新闻学》

完全忠于事实，真实准确是新闻的第一个基本特征。报道者只能按照事物的本来面目作真实的报道，不允许虚构想象、粉饰夸张，更不能无中生有、凭空捏造。新闻一旦失实，就会失去存在的价值。由此可见，真实是新闻的生命，是新闻最根本的属性和最基本的特征，这在中外新闻理论和实践中都获得最广泛的认同。1919 年，我国新闻学家徐宝璜在《新闻学》一书中明确指出："新闻者，乃多数阅者所注意之最近之事实也，故第一须确实，凡闭门捏造，以讹传讹，或颠倒事实之消息，均非新闻。"[①]

对新闻来说，真实准确包括三层含义：一是指新闻所报道的事实必须是客观存在的。新闻报道一般要具备五要素（又称"五个 W"），即何时（When）、何地（Where）、何人（Who）、何事（What）、何因（Why）。其中，何事（What）处于核心地位，其他几个"W"都是围绕它展开的。事实发生的时间、地点、情节、过程和结果，事实涉及的人物以及他们的语言、容貌等，

---

① 徐宝璜：《新闻学》，中国人民大学出版社 1994 年版，第 4 页。

都必须是可以查考和证实的，不能搞真真假假、若有若无，更不能主观臆想、随意杜撰。二是指新闻对事实的报道必须准确无误，真实可信。事实具有什么性质新闻就具有什么性质，不夸大，不缩小，不粉饰，不歪曲。事实不真，是为虚假；报道不准，是为失实。虚假和失实，都是对新闻真实准确这一基本特征的践踏和背离。三是指新闻不仅要求对具体事实的报道真实准确，而且在事实的整体和相互联系上也应客观全面、符合实际，力求在整体上真实客观地展现社会生活的面貌。

真实准确地反映事实是新闻区别于文学的显著标志。文学也讲究真实，但新闻真实与文学真实是两个不同的概念。文学的真实是艺术的真实，是指通过塑造的艺术形象反映社会生活所达到的准确与深刻的程度。文学作品中所写的人和事，不要求在生活中实有，可以是作家根据自己的生活积累和对生活的认识，按照自己的审美价值观，运用集中概括、虚构想象等艺术手法创作出来的。只有如此，文艺创作才能源于生活而又比实际生活更高、更集中、更强烈、更典型、更理想，因而更具有普遍性。鲁迅曾说过："艺术的真实非即历史上的真实，我们是听到过的，因为后者须有其事，而创作则可以缀合，抒写，只要逼真，不必实有其事也。"[①] 这里所说的"实有其事"指的就是事实，这既是历史与文学的分野，也是新闻与文学的根本区别所在。《西游记》中的孙悟空、《红楼梦》中的贾宝玉等人物，其人其事都是虚构的，但一经作家的塑造，其形象栩栩如生，具有巨大的艺术感染力，几乎家喻户晓，这就是艺术真实。而新闻必须实有其事，不折不扣地忠于事实，排除一切塑造、缀合、想象和虚构。例如，对刘胡兰、董存瑞、雷锋、焦裕禄、任长霞、罗阳、黄大年、廖俊波、张富清等英雄模范人物的新闻报道莫不如此，都是确有其人其事的。只有以事实为根据的报道，才能经得住历史的检验。

二、内容新鲜

人们常说新闻姓"新"，意指时间新近、内容新鲜。如果说真实是新闻的生命，那么，新鲜则是新闻的天性。

新闻以其强大的传播优势，迅速、广泛地反映日新月异发展变化的客观世界。它记录新事物的产生出现、生息消长，揭示事物发展变化的外部条件和内

---

① 鲁迅：《致徐懋庸》，《鲁迅全集》（第十二卷），人民文学出版社 2005 年版，第 526 页。

在规律，展示新事物的发展趋势。呈现在受众面前的新闻，应当具有新鲜的内容、新颖的面孔和清新的生活气息。正如马克思所说："如同生活本身一样，报刊总是常变常新，永远也不会老成持重。"① 所以，常变常新是新闻的又一个基本特征。

新闻要新，也是由新闻本身的功能和社会需要决定的。人们之所以需要新闻，就是为了及时获知有关社会实践的新信息，了解外部世界的新事物、新情况、新变化、新动向，逐步减少和消除认识上的不确定性因素，以便更好地认识世界、改造世界。这是新闻产生和存在的基础，也是当今新闻业成为社会须臾不可离开的重要事业的根本原因。

新闻之新，取决于事实之新。新闻虽然是事实的报道，但并非任何事实、任何信息都能成为新闻。构成新闻的事实必须具有新意，是人们关心、欲知而未知的事实，是能满足人们的知晓需要或引起人们兴趣的事实。事实不新，时过境迁，就不具备新闻价值。

内容新鲜，一是指事实是新近发生或发现的。2017 年 7 月 30 日，中国人民解放军以一场气势磅礴的沙场阅兵庆祝建军 90 周年。这是一件举世瞩目的大事，中央电视台进行了全程现场直播，新华社也在第一时间报道了这一最新发生的事实。又如，2015 年 11 月 9 日新华社报道南昌西汉海昏侯墓考古发现。这座古墓距今有 2000 多年历史，墓中出土金器、青铜器、玉器、竹简、木牍等珍贵文物 1 万余件。这则消息中的海昏侯墓葬虽然早已存在，但因为当时才被发现、被探明、被确认的，对于广大受众来说，仍是前所未知的、新鲜的，所以同样引起人们的普遍关注。二是指事物的新变动。世界上的万事万物，每时每刻都处在变化发展之中，静止是相对的，运动是绝对的。新闻总是和事物的某种变化相联系，它所要捕捉、反映的，正是事物在发展过程中呈现出来的种种新变化、新状态。地球围绕太阳运行，月亮围绕地球运行，这是常识，人们久已知之，若无变化，成不了新闻。如果一旦发生日食、月食，或太阳黑子爆发，便成为新闻。所以说，事物的变化，是事实成为新闻的前提。新闻是不断发展变化的客观世界的记录，没有变化就没有新闻；变化是永不停息的，因而新闻是层出不穷的；变化的程度是不相同的，因此新闻也就表现出不同的层次和差异。变化的社会效果和受众关注的程度，决定新闻价值的大小。

---

① 《马克思恩格斯全集》第 1 卷，人民出版社 1995 年版，第 352 页。

除上述两点外，还需要指出的是，新闻语言的时代性、现实感，对新闻内容的新鲜与否也有着直接影响。尽管新闻所报道的事实是新近发生的，如果新闻语言陈旧、脱离时代，也只能给人以暮气沉沉、了无新意的印象。当然，在事实内容和语言形式二者之间，起决定作用的仍然是事实本身。

在某些情况下，"旧事"也可能成为新闻。但是，现实生活中这种新与旧的辩证转化，必须具备一定的条件，即要有充足的新闻由头，找准旧事与现实生活、与时代的结合点，赋予旧事以新意，服务现实生活。

内容新鲜这一特征，使新闻与现实生活保持着最为密切的关系。新闻是现实生活最迅速、最直接、最真实的报道和记录，它永远以常新的面貌出现在受众面前。因此，新闻就其个体而言，是易逝的，是"易碎品"，它只有不断新陈代谢，弃旧取新，才能永葆生机和活力，更好地满足人们日益增长的信息需求。

内容新鲜，使新闻和历史区别开来。新闻与历史都要以事实为依据，都要求真实、准确，完全根据事实描写事实，并且根据事实作出判断。但在对事实材料的选择取舍上，两者有着完全不同的时间取向。新闻着眼于现在，一般情况下，越是新鲜的事实越为人们所关注，越有新闻价值；历史则着眼于过去，用诚实不欺的史实鉴古观今，昭示后人。今天的新闻将成为明天的历史，今天知道的历史是经过筛选提炼的昨天的事实。

三、报道及时

报道及时与内容新鲜是紧密联系在一起的。最新发生发现的事实、事实的新变动，如果不能及时加以传播，转瞬间新闻也就成了旧闻。所以，新闻必须注意时效，力求用最快的速度，在最短的时间内，把刚刚发生和正在发生的新事实、新变动传播给广大受众。报道及时，是新闻求新的必然要求，也是新闻必须具备的时间条件，这是新闻的又一个基本特征。

什么是"及时"？这很难规定一个确切的时间标准。一般情况下，新闻要尽最大可能发挥迅速、快捷的优势，尽量缩短事实发生与公开传播之间的时间距离。这一距离越短，时效性越强，新闻价值就相对越大，传播效果就越好。在一定条件下，时效决定成效。新闻实践证明，首发信息形成的"第一印象"是深刻的、难忘的。正是基于这一点，有实力的媒体才不惜一切代价抢夺新闻的首发权。随着科学技术的发展，传播手段越来越先进，人们对报道及时的要求也越来越高。在过去"铅火印刷"时代，十天半月前、甚至几个月前的事实，也能当"新闻"发表，对新闻时效性的要求比较宽松。但在互联网时代，对新闻的时效性要求如果还停留在旧观念上，这样的"新闻"受关注的机会就会越来越少。例如，在 15 世纪，哥伦布发现新大陆，消息传回西班牙，几乎用了半年时间，但这对于当时的人们来说仍然是及时的。19 世纪 60 年代，美国总统林肯遇刺身亡，三周后消息才传到欧洲。到了 20 世纪 80 年代，美国总统里根遇刺，仅 8 分钟消息就传遍全世界。而今天，新闻报道已不再是以天来计算，媒体传播新闻真正是在争分夺秒。报纸为了缩短"时差"，早已不满足于一天出版一次，有的出版两次甚至三次。广播、电视充分发挥其速度优势，24 小时滚动播出，现场直播能将新闻与事件的发展变化同步地呈现在受众面前。对于时效性问题，我国媒体在观念上、认识上也有长足进步。对重大事件的报道，在坚持真实准确的前提下，努力做到争分夺秒，迅速及时。2008 年 5 月 12 日，新华社在汶川地震发生后 17 分钟就发出第一条快讯，中央电视台新闻频道 54 分钟后就进入直播，发挥了很好的舆论引导作用。2016 年 10 月，我国"神舟十一号"载人航天飞行，对这一举世瞩目的新闻事件，我国电视媒体现场直播发射升空、空中飞行、返回地面的全过程。通过即时直播的声音和画面，将"神舟十一号"冲天而起的刹那、航天员太空出舱等情景，第一时间传遍全世界。在重大突发事件的报道中，近年来我国媒体突出一个"快"字，第一时间发布权威信息，努力抢占报道先机。2018 年，全国两会报道技术手段再度升级，人工智能、大数据、AR 表现抢眼，全媒体移动直播大量运用。"人民视频"客户端充分发挥了融媒体特色，在现场直播视频、重量级嘉宾访谈视频、原创视频等众多领域发力，产生较大影响。同时，中央广播电视总台也以"央视新闻"客户端、央视网、CGTN 新媒体为主力平台，优选报道角度，拓展报道深度，打造优质移动直播和微视频报道品牌，形成全媒体直播报道绝对优势。2018 年 3 月 3—10 日，央视新闻中心微博"@央视新闻"及其矩阵账号共发布 400 余条短视频，播放量近 5 亿。人类新闻传播的历史表明，求新求快，缩短报道时差，提高传播速度，是新闻事业发展的基本趋势，同时也是新闻工作者永远追求的目标。

当然，报道及时并不是唯快是求，不问情况盲目抢快。对已发生的事件，报道什么、不报道什么、什么时候报道，新闻媒体都要作出选择，分出轻重缓急。社会主义新闻事业，必须从人民的利益出发，从大局着眼，适应当时的形势（包括政治形势、方针政策、工作部署等）；必须遵循新闻传播规律，讲究策略，抓准最有利的报道时机，把新闻的"快"与社会效果统一起来，牢牢掌握新闻报道的话语权、主动权。

求真求新求快，是人们对新闻的必然要求，是新闻的基本特性。所谓新闻报道中的"慢闻"与"不闻"，毕竟只是针对特殊情况所作的特殊处理。我们既要反对无原则地抢先抢快，也要防止任意扩大"慢闻"与"不闻"的范围，否则，不仅会使新闻媒体失去生机与活力，也有损其影响力和公信力。

四、传播公开

新闻不同于内部情况和秘密情报，也不同于私人信函，它必须面向社会，公开传播，这是新闻固有的特性。藏于密室，秘而不宣，或只能让少数人知道的东西，即使再新鲜、再及时，也只能算作秘闻或是情报，而不能成为新闻。

新闻以满足社会信息需求、为社会提供信息服务为目的，是人们进行社会交往的桥梁和纽带，也是人们了解外部世界的窗口，而公开传播则是满足社会信息需求的前提。所以，新闻一经产生，就必然是公开的，而且具有天然的扩散性。公开传播既是新闻的基本特征，也是新闻传播活动必须遵守的基本要求。

传播公开这一特征使新闻具有一种强大的张力。新闻必须把触角伸向大千世界的每个角落，最迅速、最广泛地面向社会公众，力求最大限度地让社会闻知，为尽可能多的受众所接受和共享。受众面愈广，关注程度愈高，就愈能实现其新闻价值，传播效果也就愈显著。

改革开放以来，随着我国社会主义民主政治建设的深化，对政务、党务、社会重要事务以及重大突发性事件的报道日益公开透明，人民的知情权愈来愈受到尊重，新闻报道的公开度和公信力日益提高。在 2008 年汶川抗震救灾和 2020 年抗击新冠肺炎疫情斗争报道中，我国新闻媒体以前所未有的时效性和透明度及时报道党和政府的重大举措、抗震救灾和抗击疫情的最新进展，大力弘扬抗震救灾和抗击疫情的伟大精神，为鼓舞广大干部群众做好抗震救灾和抗击疫情工作发挥了重要作用，赢得了广大干部群众的高度评价和国际社会的好评。越来越多的事实证明，对于重大突发性事件的报道，必须不断提高公开度和透明度，充分尊重人民的知情权，满足人们的信息需求。越是及时准确、公开透明，越能使人们了解事实真相，就越能获得群众的理解和支持，越有利于问题的解决，越能在道义上、舆论上占据有利地位，实现及时有效的舆论引导。

随着新媒体的兴起，新闻传播公开的特征表现得更加明显。这些新媒体由于其操作使用的广泛性、便捷性，几乎可以全方位、全天候地传播信息，表现出巨大的传播优势。例如，在 2017 年 10 月 18 日党的十九大开幕当天，人民日报"两微一端"（微信、微博和客户端）对开幕式和"党代表通道"进行全程直播，短短 4 小时内，观看量达 3 639 万次，收到留言 11 万条，人民网直播新闻点击量 4 070 万次，视频播放量 1 019 万次；① 新华社海外社交媒体账号在海外主要社交媒体平台上以 19 种语言播发十九大相关报道超过 2 600 条，总浏览量超过 2.2 亿次，总互动量约 450 万次，带动粉丝量增长近百万；新媒体报道全网单个作品最高浏览量超过 30 亿，创下主流媒体新媒体报道网络浏览量之最。网络新媒体的报道展现了独特的吸引力、冲击力、感染力、影响力。②

新闻报道要做到公开、透明、开放，但绝不意味着放任自流。越是公开透明，就越要加强管理，把公开透明和有效管理统一起来。在军事、外交、政治、经济、科技等方面，都有一些内容属于国家机密，不能见诸报纸、广播、电视、网络等媒体。这在任何国家都是如此。什么事能报道、能公开，什么事不宜报道、不宜公开，必须考虑传播后的社会效果，必须把人民利益放在首位。既不能把本应公开传播的新闻当作内部情况加以限制，也不能违背法律、政策和党的宣传纪律，泄露党和国家的机密；既要做到重大情况让人民知道，但也不能要求事事公开、处处透明。总之，什么可以公开，什么不能公开，公开到什么范围和层次，要以国家利益、民族利益、人民利益为标准，要看是否有利于社会的稳定、经济的安全、人心的安定。

学习思考题：

1. 简述新闻的本源。

① 《讲述一个开放自信的中国共产党——党的十九大新闻宣传报道创新和亮点综述》，《人民日报》2017 年 10 月 27 日。
② 《新华社：浓墨重彩 吸引力感染力传播力强》，中国记协网 2017 年 11 月 21 日。

2. 如何认识事实和新闻的关系?

3. 新闻的定义是什么? 请结合新闻实例,分析比较有关新闻的几类定义, 谈谈你的看法。

4. 简述新闻的基本特征。

5. 举例说明真实准确是新闻最基本的特征。

第二章　新闻真实

　　新闻必须真实，这是新闻报道的基本要求。坚持新闻报道的真实性，是新闻事业必须始终遵循的一条基本原则。新闻报道要以辩证唯物主义为指导，深刻把握新闻真实性的科学内涵，把新闻真实性原则落实到新闻工作的各个环节中，不断提高媒体公信力。

第一节　真实是新闻的生命

一、新闻真实的定义

　　新闻真实是指新闻报道要与客观事实相一致，能够真实反映客观现实需要。可以从具体真实和整体真实两个层面认识新闻真实的含义。

　　具体真实要求新闻对事实的报道准确无误，新闻中的信息有根据、有来源，能够做到与事实完全相符。具体真实需要保证报道事件的时间、地点、人物、过程、原因、结果等要素都是准确的，事件细节的描写和事件的概括都要保证客观并且符合实际。在新闻报道中，文学性和艺术性应该给真实性让位，真实性是新闻报道的第一原则。凡是新闻中出现的内容都应该是有事实依据而不是凭空编造的。具体真实是新闻真实最基础的要求。

　　整体真实要求新闻能够从总体上、本质上和发展趋势上反映事实。媒体的信息容量有限，新闻媒体并不能完整报道所有的社会事实，也无法实现对某一社会事件事无巨细的再现。即使所有新闻都能做到具体真实，所有报道呈现的信息都与现实相符，也不一定能真实、全面地反映社会整体情况。有些事件可能还处于变化之中，每次报道只能是呈现当前状态；有些事件真相隐藏较深，每次报道就像剥竹笋，有一个逐渐呈现的过程。记者在对报道对象、采访对象以及新闻素材进行选择时需要权衡考量，报道的集合应该能反映社会的整体状况和变化趋势。比如，如果对极端少数事件过度报道，就可能会使大众对现实社会产生理解偏差。整体真实要求新闻全面、客观地反映社会现实，多视角、多维度深层挖掘社会事实。马克思、恩格斯提出许多关于新闻真实的重要思想和观点。他们认为，真实之所以作为报刊报道的基本要求和普遍原则，就在于

"报刊的本质总是真实的和纯洁的"①。真实是新闻报道质的规定，是新闻媒体报道活动的内在规律，且新闻报道只能完全立足于事实。

真实是新闻的生命。无论是具体真实还是整体真实，都是从不同视角描述新闻真实与客观事实之间无法分割的联系。准确地报道社会事实、真实反映客观世界变化，就是新闻真实的内在要求。

二、真实是新闻存在的根本条件

马克思主义新闻观认为，事实是第一性的，是新闻的本源；新闻是第二性的，是对客观事实的如实报道。这里所说的事实，是指已经发生并且确实存在的客观事实，是不以人的意志为转移的，但对它的认识却是可以逐步深化的。从第一性的事实转换成第二性的新闻，其间需要通过新闻报道者这个中介。新闻是否真实，关键在于新闻报道者对客观事实的取舍究竟采取什么样的态度，其观察、分析、评价是否准确、客观。

对待事实有两种截然相反的态度。一种态度是尊重事实，对事实采取老老实实的科学态度。它以事实为依据，如实地、准确地描述客观事实的原貌及其变动过程，做到主观与客观的统一。另一种态度是不尊重事实，任意歪曲甚至凭空捏造事实。尽管所写新闻中的"五W"（何时、何地、何人、何事、何因）个个俱全且都貌似真实，但由于它所依据的是歪曲的或虚构的事件，不具备新闻存在的前提和条件，其结果只能是主观背离客观。这样的新闻报道就是虚假新闻，一旦被人们揭穿，媒体的公信力就会受到严重损害，甚至会影响到媒体的生存和发展。

新闻是人们认识客观世界和改造客观世界的产物。随着社会的发展，新闻媒体在现代社会生活中，其传播、交流、沟通的作用越来越重要，已成为人们获取信息的主要渠道。如果新闻媒体传播的新闻不能真实地反映社会生活中最新发生的变动事实，那它就会失去存在价值。

我国的社会主义新闻事业是党和政府与人民群众相互联系的重要纽带，是上情下达、下情上达的重要渠道。人民群众通过新闻媒体了解党和政府的决策和工作部署；党和政府也通过新闻媒体了解社会动态以及政策的执行情况。新闻是否真实，直接关系到人民群众能否及时准确地理解和把握党和政府的政策

① 《马克思恩格斯全集》第 1 卷，人民出版社 1995 年版，第 353 页。

精神，关系到党和政府能否作出正确的判断和决策。正如刘少奇在《对华北记

拓展资源

"客里空"

者团的谈话》中所说："你们的报道一定要真实"，"你们做得好，对党对人民的帮助就大；做不好，帮助就不大；如做错，来个'客里空'，故意夸大，反映得不真实，就害死人了。"① 因此，新闻必须真实地报道客观事实，如实地反映社会生活实际。

新闻是否真实，最终还要接受人民群众、社会实践和历史的检验。事实是新闻的本源，新闻只能是对客观事实的报道。真实是新闻赖以存在的根本条件，是新闻的生命。

三、真实是新闻报道的基本要求

在长期的革命、建设和改革过程中，中国社会主义新闻事业始终坚持新闻必须真实这一基本要求，结合新闻传播实际，继承和发展马克思主义新闻观，并将之确立为新闻报道的一条重要原则。具体来说，新闻报道必须坚持事实第一性，新闻第二性，新闻报道应以事实为基础，依据事实进行报道。新闻一定要真实、忠实地报道事实，实事求是地反映情况，讲实情，说实话，反对弄虚作假。

新闻报道真实，是对新闻媒体的基本要求，也是一条普遍的原则。新闻媒体不论是社会主义的还是资本主义的，是发展中国家的还是发达国家的，都必须遵循这一原则，并受这一原则的制约和检验。1948 年通过的《联合国国际新闻信条》第一条就规定：报业及其他新闻媒介的工作人员，应尽一切努力，确保公众所接受的信息绝对准确，不能任意歪曲事实，也不可以故意删除任何重要的事实。

西方资产阶级新闻媒体也声称新闻必须真实，但是受其社会制度、政治立场及价值观念等因素影响，在许多重大问题上以及对他国诸多事件的报道中，违背新闻报道真实性的情况屡见不鲜。例如，从西方一些媒体对 2008 年 3 月 14 日发生在西藏拉萨的打砸抢烧暴力犯罪事件的报道中，可以清楚地看出其"真实"的虚伪性。拉萨"3·14 事件"发生后，他们用虚假报道和充满偏见的评论误导受众，把公安干警武警官兵解救伤员谎称是警察在抓捕藏族民众，

---

① 《刘少奇选集》上卷，人民出版社 1981 年版，第 399 页。

把照片中的救护车故意标注成中国军车，用尼泊尔警察驱散游行者的照片谎称中国警察在镇压抗议者等。

第二节　新闻真实是新闻媒体获得公信力的前提

一、人民群众的信任是新闻媒体生存和发展的基础

媒体公信力是指在公众与媒体的相互关系中，媒体赢得公众信任的能力。信任是媒体公信力的逻辑起点，是公众对新闻媒体的一种预期，这种预期影响公众对新闻媒体的进一步选择。媒体公信力的概念外延包括媒体总体公信力、媒体渠道公信力、消息来源公信力、媒体组织机构公信力、新闻从业者公信力等。

人民群众是历史的创造者。人民群众的实践和创造，为新闻媒体的生存和发展提供最充分的条件和广阔空间。人民群众在改造客观世界的社会实践活动中，创造多姿多彩的生活，为新闻媒体提供取之不尽、用之不竭的信息源泉。人民群众是新闻传播活动的出发点和落脚点，若没有人民群众，新闻传播活动也就失去意义。新闻媒体的生存和发展，最终要取决于人民群众的信任。人民群众越信任，新闻媒体的公信力就越高。

人民群众的信任始终是新闻媒体追求的最高价值目标。新闻媒体每日每时都在传播大量的新闻信息，新闻媒体只有把人民群众的需要内化为自身的要求，选择新闻信息时才能有的放矢。新闻媒体还需要在报道内容和形式上不断改革创新，如报纸版面的变化，广播、电视栏目的调整和新媒体技术的应用等，其价值目标追求，都是为了向人民群众提供真实有用的新闻信息，最终赢得人民群众的满意和信任。

长期的新闻传播实践证明，什么时候得到人民群众的信任，新闻事业就发展得快，新闻媒体的正面社会功能就发挥得好；反之，新闻媒体的功能就难以很好地发挥。20世纪50年代末，"大跃进"中曾出现过"浮夸新闻"，新闻失实的情况十分严重。改革开放以来，我国的新闻媒体遵循为人民服务的宗旨，真诚地为广大人民群众服务，赢得人民群众的信任。新闻事业飞速发展，报纸、广播、电视、网络媒体的数量迅速增加，传播质量不断提高；传播内容丰富多彩，形式生动活泼；人民群众的参与度大为提高，舆论监督的力度得到加

强；重大的专题报道、主题报道和先进人物典型报道，受到人民群众的普遍欢迎；新闻媒体的经济实力和竞争力明显增强，传播的技术水平迅猛提升。人民群众通过新闻真实地了解到国内外发生的各种大事，获得各种各样的知识，得到精神上和文化上的满足。新闻不仅日益成为人民群众不可缺少的精神食粮，而且为建设中国特色社会主义提供强有力的舆论支持。

二、新闻真实是评价新闻媒体公信力的首要标准

一般来说，人们把公信力作为衡量新闻媒体的尺度，但对公信力的评价不是单一的，而是多样的。对于某个新闻媒体的评价，既有对报道内容的信任问题，也有对报道形式的喜好问题，还有对新闻媒体整体美誉度的衡量问题。也就是说，对新闻媒体公信力的评价不是单一维度的，而是多维度的。除了新闻真实之外，通常的评价维度还有公平、公正、完整、全面、可靠等指标。

新闻媒体的公信力是以新闻真实作为前提的，如果不能提供真实的信息，就谈不上什么公信力。因此，评价新闻媒体的公信力时，新闻真实理所当然成为它的首要标准。新闻真实不仅是衡量新闻媒体公信力最直接、最重要的要素，也是其他一切构成要素的前提和基础。新闻媒体只要能为人民群众提供真实的信息，有助于人民群众认识客观世界，并引导人们朝着正确的目标前进，就会具有公信力。反之，即使只出现一则虚假新闻也会让新闻媒体的信誉度大打折扣，倘若这家媒体的虚假新闻接连出现，人民群众就会逐渐失去对它的信任。

虚假失实新闻具有违背事实、歪曲事实、虚构事实的特征，新闻报道部分或全部失实，必然使新闻媒体丧失公信力。产生信任是一个时间累积的过程，一家媒体想赢得受众的高度信任就需要付出长时间的努力，通过一篇篇真实可靠的新闻报道逐步建立媒体的权威。一旦出现虚假失实的新闻报道，哪怕只有一两篇，多年的口碑和信用就容易毁于一旦，受众就可能会因为不再信任而抛弃这家媒体。

第三节 在新闻工作中坚持真实性原则

新闻必须以事实为基础、为依据，对客观事实作如实描述，使之与事实、

实际相符，并从总体上、本质上和发展趋势上把握事实的真实性。

一、对事实的报道必须准确无误

新闻报道要真实，需要在具体工作中做到下面四点：

第一，构成新闻的"五 W"要素要准确无误。也就是说，新闻中的事实无论是时间、地点、人物还是事件发生、变化的原因，都应当实实在在、确凿有据，不能有半点误差。

第二，事实的细节描述要有根有据。比如事实表现出来的特征、状态及数量，人物的语言、外貌、动作等，都必须完全真实，不能是想当然地"笔下生花"或"合理想象"。

第三，新闻中使用的背景材料要真实可靠。背景材料应与事实直接相关，而不是牵强附会随意选取的。背景材料所涉及的时间、地点、人物、数字、语言、引文，都应当可查可考，不能任意编造。

第四，新闻中所概括的事实要符合客观实际。概括的事实常常具有归纳、综合的特点，目的是为了更好地描述事实的总体特征和整体面貌。但它必须真实、准确，符合实际，绝不能以点代面，以偏概全。

二、对事实的报道必须全面客观公正

全面是指新闻报道选择事实时，应从事实的全部总和中去把握事实，从事实的相互联系中准确地描述事实。一是对事实发生、发展及变化过程的来龙去脉，对其中重要细节的描述，要力求完整详尽，防止仅从局部或片段来说明事实。二是对事实不能孤立地只看到其中的某一个侧面，应以多维度的视角观察事实的各个层面和侧面，并作出客观的分析，防止片面性，避免绝对化。三是要从事实的总和以及事实的相互联系和发展中把握事实，准确了解所报道的事实在相关事实及整个事件中所处的地位和特征，不能任意选取事实局部或片段。

客观是相对主观而言的。新闻报道应从客观实际出发，客观地描述事实的状态、特征、变化、内在的因果关系及事物之间的联系，从而使报道的事实符合实际；而不应从主观意愿出发，以主观意见代替客观事实。在报道事实时，应如实呈现事实的原貌，即对客观存在的事实，报道者应忠实记录并如实描述，用事实说话，尽可能说清事实的原委和根据，特别是当事人的话语、相关数字等材料,都要原原本本、有据可查。报道事实时,还应交代事实出处和消息来源,遇到消息提供者不愿或不便吐露姓名时,也一定要做到确有其人,实有其事,有据可查,绝不能以传言为依据,甚至无中生有。

公正是指新闻报道应秉持公平、平等态度。报道事实时,不能以一己之利或一己之见决定取舍,不能凭报道者的主观意愿去报道。当人民群众对报道的事实及对事实的解释有不同意见时,要认真地、耐心地听取不同意见,尊重他们发表意见的权利,尽可能采取平衡报道的方式反映不同意见,充分反映民情民意。新闻报道者掌握着新闻传播的资源,在选择事实、解释事实和发表意见时,不能忘记自己的社会责任和人民的利益。要正确处理报道者和受众之间、受众和受众之间出现的矛盾,始终坚持新闻报道的公正立场和态度。

新闻报道要全面客观公正,这是新闻传播内在规律的要求。不同的新闻观对如何把握和理解客观公正有不同的看法,这集中表现在对新闻事实的选择和评论上。马克思主义新闻观公开申明,新闻报道的客观公正,必须站在最大多数人民利益的基础上,并把是否符合最大多数人民利益作为评价新闻报道是否客观公正的根本标准。西方媒体新闻报道的立场是由其阶级利益或财团利益决定的。资产阶级的新闻观标榜的"超阶级""超党派"和纯粹的"客观公正",实际上从来没有,也不可能做到。比如,2008年4月1日至5月3日,北京2008年奥运会火炬在境外传递,所到之处受到当地民众特别是海外华人的热烈欢迎。然而,在西方一些主流媒体上,却很难看到这些热烈欢迎奥运圣火场面的报道以及为奥运精神欢呼的人群。4月6日,英国广播公司(BBC)在直播伦敦圣火传递时,画面里充斥着"藏独"分子攻击中国政府和中国人民的言行;4月7日,圣火在巴黎传递,法国《解放报》不仅对"藏独"分子企图暴力抢夺中国残疾运动员手中的火炬视而不见,反而发表言论大肆攻击中国。

三、坚持新闻报道客观真实和主观认知的统一

客观真实是指事实是客观存在的,不以人的意志为转移。主观认知是指新闻真实不是客观事实的完全再现,而是新闻工作者和新闻媒体对客观事实在头脑中加工后的反映。

客观真实是主观认知的基础。新闻报道者不能凭主观意愿任意增删或曲解客观事实,否则,事实失真,新闻就违背真实性原则。新闻工作者要广泛采集事实,并以客观事实作为报道的依据,事实的客观性决定新闻客观性。新闻报

道者主观意图以及对事实的选择、解释和评论，必须与客观事实的性质、特征及发展规律相符合，这样才能把主观对事实的正确认识转换成客观的真实报道。

主观认知反映新闻的时代性。人都存在于一定社会历史中，不可能脱离身处的社会存在，社会存在决定社会意识。新闻工作者的认知框架取决于所处的时代，认知框架包括价值观、伦理观、政治理念等。在反映客观社会生活过程中，新闻工作者通过自己的认知框架进行新闻价值判断，这种判断贯穿在如何选择事实和报道事实的整个传播过程。

客观真实和主观认知是统一的，只有两者统一，才能保障新闻报道客观、全面地再现事实。马克思和恩格斯当年所说的"根据事实来描写事实"而不是"根据希望来描写事实"，强调的正是客观真实和主观认知的统一。在这个过程中，并不是说新闻工作者要像镜子那样机械地映射报道对象，更不是要否认或者否定新闻工作者在新闻报道活动中的能动性和创造性，而是强调新闻工作者坚守现代新闻报道核心理念，始终把呈现世界的真实面貌作为报道目标，反对各种形式的夸大事实或者制造虚假报道。新闻工作者的主观认知要与客观事实的性质、特征及发展规律相符合。社会主义新闻事业要坚持以事实作为依据，努力反映全面的新闻真实，最大程度上将客观真实和主观认知统一起来。

四、从总体上、本质上和发展趋势上反映事实

新闻媒体不能仅仅满足于准确报道事实，还必须注意和善于从总体上、本质上和发展趋势上把握事实的真实性。这是对新闻真实性提出的更高层次的要求。

从总体上反映事实要求每一则新闻所反映的局部情况都是真实的，它们的总和所反映的整体情况也是真实的。在新闻传播活动中，常常以连续报道的方式，通过一条条新闻反映客观事物，但是绝不能"有闻必录"，必须考虑这一条条的新闻是偶然的个别事件，还是事物总体面貌的局部反映。离开对客观事物总体面貌的把握，或者说不是从总体上把握事实，就不可能真实地反映客观社会的生活实际。社会主义新闻事业要努力做到从客观实际的总体出发，全面、辩证地去审视和考量各种事实，舍去那些偶然或个别的事实，选择那些足以反映事物总体面貌的事实进行报道，真实地反映客观社会生活。正如列宁所指出的："如果不是从整体上、不是从联系中去掌握事实，如果事实是零碎的

和随意挑出来的，那么它们就只能是一种儿戏，或者连儿戏也不如。"[①]

从本质上和发展趋势上反映事实，要求在真实、准确报道事实的基础上，透过事实以及事实本身与事实之间的内在联系，准确把握其发展趋势，使整个新闻报道与事实的发展规律和发展趋势相符合，与社会生活的本质相符合。新闻媒体不能仅仅停留在对事实的表面认识上，还要善于通过事实的表象挖掘事实的本质，揭示事实与事实之间客观存在的内在联系及其发展趋势。一个优秀的新闻记者在从事新闻报道时，既要有老实态度，又要深入观察问题，深入了解事物的发展规律，看到事物的本质。

在新闻传播过程中，客观事物是不断运动变化的。辩证唯物主义反映论认为，任何反映都是一种认识。反映的过程，就是不断透过事物的表象，去把握事物运动变化规律和本质的认识过程。正如马克思所说："只要报刊生气勃勃地采取行动，全部事实就会被揭示出来。"[②] 新闻真实表现为一个动态的过程，是一个以接近真相为目标的持续过程。新闻工作者只有不断深入实际调查研究，系统地了解和观察变动中的事物，并把自己对事物的总体把握和对内在联系的认识连续地报道出来，才能真实、正确地反映社会生活的本质和发展趋势。

第四节　杜绝虚假新闻

要做到新闻真实，一方面要坚持新闻真实性原则；另一方面，还要通过了解虚假新闻类型及其产生原因，在实际工作中杜绝各类虚假新闻。

一、虚假新闻违背新闻真实性原则

虚假新闻可以从新闻理念、新闻道德、新闻操作三个层面辨析。在新闻理念层面，虚假新闻是指新闻工作者不顾具体新闻事实和客观环境，凭借个人主观意识或者依据他人意志报道的新闻。在新闻道德层面，虚假新闻是指新闻工作者为了牟取不正当利益，违反职业道德和违背新闻真实性原则，在新闻报道

① 《列宁全集》第 28 卷，人民出版社 2017 年版，第 364 页。
② 《马克思恩格斯全集》第 1 卷，人民出版社 1995 年版，第 358 页。

中故意捏造、歪曲、夸大新闻事实。在新闻操作层面，虚假新闻是由于新闻采编流程不完善或者记者编辑自身专业水平限制等因素造成的与客观事实不相符的报道，常常表现为新闻要素（时间、地点、人物、起因、经过、结果等）或新闻细节（事件细节、人物语言等）与客观事实不一致。

新闻真实性原则要求新闻在细节和总体上均能反映客观现实，尤其强调报道的所有事实都是真实的，既不能凭空编造，也不能主观隐瞒。虚假新闻报道的内容在不同程度上与客观事实不符，违背新闻真实性原则的基本要求，这使得媒体无法正常履行其传播信息、引导舆论等社会功能。一些新闻工作者出于对不正当利益的追求，不惜违反职业规范故意制造虚假新闻；还有一些新闻工作者由于自身业务能力有限，刊发一些虚假新闻，造成不良社会影响。

二、虚假新闻的类型

（一）新闻理念层面的虚假新闻

新闻理念层面的虚假新闻表现在主观上放弃新闻的真实性、客观性原则而"创作""炮制"报道。虚假新闻在新闻理念层面主要表现为以下六种形式：

1. 无中生有

无中生有是指记者在完全没有任何信息来源，也没有现场采访和任何事实根据的情况下，仅仅凭借个人直觉凭空捏造新闻，完全通过想象力"闭门造车"，生产虚假新闻。如 2016 年 2 月 14 日，一则描述东北某乡村"礼崩乐坏"的"返乡日记"在某杂志微信公众号发布，多家媒体未经核实就转载，最后引发社会热议。新华社记者调查发现这是一篇假消息，报道中的时间、地点、人物均为虚构。

2. 道听途说

道听途说是指记者在进行事件采访和调查过程中没有切身实地追寻事实真相，只是在一些听闻基础上主观臆断和"合理想象"，在未经证实的情况下将传闻当作事实进行报道。有的媒体使用传说、据说、据知情人透露、据可靠消息等字样进行报道，模糊信息源。如 2011 年 7 月，广东、北京等多地媒体报道了"河北一区长办公室被杀"的事件，在未核实信息源的情况下记者采用"据说""据知情人透露"等字眼详细推测了死亡经过与原因，将精神疾患造成的自杀错误报道成涉及拆迁问题的他杀，造成恶劣的社会影响，也伤害了死者家属。

3. 网络拼料

网络拼料是指记者直接将网络上的信息作为素材,不核实、不采访就形成新闻稿件,主观上放弃新闻报道应该来源于事实的原则。在微博、微信等社交媒体普及的时代,网民可以在网上随时随地发布最新信息,利用网络信息源也已经成为记者采访与写作常用的辅助手段之一。然而网络上的信息纷繁复杂、真假难辨,不能简单将个人在网络上发布的信息直接作为新闻报道内容,必须经过进一步的核实,才能作为正确的信息出现在新闻稿件中。如2016年2月的"上海姑娘逃离江西农村"事件,网络社区"篱笆网"上一名"上海女孩"发帖讲述自己因江西男友家年夜饭太寒酸而选择分手并逃离江西的经历。微博传播此事后,引发网民广泛讨论,个别媒体也根据网络材料进行报道。后经江西有关部门调查,该事件从头至尾均为虚假内容。

4. 数据造假

数字真实是新闻真实的基本组成部分。由于数字能够直观而科学地反映客观现实,往往能够增强新闻报道的可信度。在新闻报道中,记者应选用权威、新鲜、正确的数据作为新闻素材。如2009年一篇名为《国家公务员报名首日最热岗位报录4 723∶1》的报道,错误地将前一年的数据当作最新的数据使用,这种新闻数据造假也是一种对新闻真实性原则的违背。

5. 图片造假

图片造假包含两方面内容:一是故意摆拍,破坏新闻发生的真实情景,捏造事实;二是使用技术处理图片进行造假。数码摄影技术和电脑图像处理软件的发展,在带来创作便利的同时,也对新闻图片的真实性提出挑战。如2019年一媒体记者拍摄的一位技术员在显微镜下对小麦进行细胞分裂检测的图片,观察的不是切片或培养皿,而是将一束小麦苗放在显微镜下摆拍,这是明显的图片造假。

6. 旧闻翻新

旧闻翻新是指将以前已经报道或者发生过的事再次以即时新闻的形式报道。随着媒体竞争越来越激烈,个别记者在寻找新闻时,不是从身边的生活入手,而是把目光向后看,炒冷饭,将旧闻重新装扮作为即时新闻推出。甚至有些已经被贴上"虚假新闻"标签的旧闻,也被修改一下时间重新"包装"后作为新闻发布。如2013年有媒体报道称,为了节俭办晚会,央视带头将有着13

年辉煌的金牌节目《同一首歌》正式取消播出。经核实,《同一首歌》5 年前就已经退出央视,该媒体把 5 年前的旧闻当新闻。

(二)新闻道德层面的虚假新闻

新闻道德层面的虚假新闻是新闻工作者主观上的责任缺失,是在利益诱惑下放弃基本专业操守。随着媒体生态的多样化和市场化进程的推进,利益驱动下造成的虚假新闻也呈现出更多新特征。新闻道德层面的虚假新闻主要表现为以下几种形式。

1. 商业炒作编造新闻

个别媒体机构或记者个人为了利益而不惜牺牲新闻的真实性,刻意制造虚假新闻事件,通过夸大炒作制造社会话题,以引起社会关注,进而达到某种目的。如 2008 年 2 月,一地方电视台记者在县旅游局局长介绍下,认识一风景区投资商,并同意按照他们的意思拍摄风景区有老虎的影像资料,以提高景区知名度。老虎由投资商安排运到景区,记者配合投资商制造一条"景区发现华南虎"的假新闻。该记者的这种做法严重违背了新闻工作者的职业道德。

2. 追名逐利虚构新闻

在新闻采访报道过程中,有些记者个人主观思想出现偏差,为了追逐名利和成绩而全然不顾职业道德和社会责任,编造或者策划虚假新闻。如 2007 年,一电视台记者为个人业绩自行导演一出发现无良商家生产"纸馅包子"的戏码,并在电视节目中进行报道,制造话题,造成不良社会影响。

3. 任意拔高制造典型

典型报道承担着重要的社会引导功能,也是媒体报道的重点。然而个别媒体为追求典型而随意夸大事实,以制造轰动效应,吸引受众眼球,导致典型报道反而成了虚假新闻。如 2007 年某杂志发表关于"兵妈妈认了 176 个兵儿子"的典型报道。报道为了拔高形象,夸大报道对象捐助金额和资助人数,并将普通的工薪阶层刻画成退休又打工的贫苦家庭,给报道对象及其家人带来困扰。最终该杂志有关负责人专程赶到当地,就刊发失实文章一事向报道对象登门致歉。

4. 新闻敲诈谋取私利

媒体机构或记者在新闻采编过程中,利用职务之便谋求不正当利益是导致新闻道德层面产生虚假新闻的又一重要原因。个别记者收取钱财,更有甚者不惜铤而走险,犯下敲诈勒索的罪行。如 2014 年央视报道某报甘肃记者站站长和山西记者站站长利用新闻采访工作之便，为己谋利，以曝光地方干部违规、企业涉嫌违法等问题相要挟，进行敲诈勒索，谋取非法利益，构成敲诈勒索罪。

（三）新闻操作层面的虚假新闻

新闻操作层面的虚假新闻主要是由采编流程管理的疏漏以及新闻采编人员专业水准的局限和工作态度的不端造成的。主要表现形式有：

1. 采访不实

在新闻采写的实际操作中，一些记者对新闻专业性要求理解不到位，业务实践能力不强，采访不深入，考虑不全面，懒惰怠工，得到的新闻素材不扎实，最后形成的报道也是虚假的。如 2007 年一电视台报道一则后母虐待继女的新闻，报道中只采用小女孩的话，没有采访后母及其他家庭成员，在采编过程中记者和编辑都没有经过多求证，后经医生鉴定，发现小女孩身上的伤痕是由于自身凝血功能障碍造成的。如此虚假新闻损害了报道对象的正当权益。

2. 缺乏核实

为了拓宽新闻信息来源的途径，掌握全面及时的社会资讯，大多数媒体机构都开通多种信息接收渠道。新闻来源增多了，线索密集了，但有的记者在利用这些新闻资源时缺乏认真严谨的核实。虽然从互联网平台上获取新闻线索的确方便快捷，但由于一些媒体缺乏严格把关，互联网也成为虚假新闻滋生的新土壤。如 2010 年 12 月 6 日，某周刊官方微博刊载了"金庸由于中脑炎合并胼胝体积水于 2010 年 12 月 6 日 19 点 07 分，在香港尖沙咀圣玛利亚医院去世"的消息，后被证实为虚假新闻。这条新闻是该周刊新媒体编辑在未作核实也没有注明是转发的情况下，通过该周刊的官方微博以"即时新闻"的形式发布的，从而使网民误认为是该网站官方权威信息。事实上，当时金庸尚健在，香港也并没有一家名为圣玛利亚的医院。

3. 断章取义

对新闻信息源提供的信息内容断章取义、错误解读是媒体从业人员易犯的错误之一。个别记者编辑或由于自身业务能力不足，或由于理解失误，或由于缺乏有关方面的专业知识，或为了夸大效果有意为之，只选取部分内容报道，导致虚假新闻的产生。如 2018 年 8 月，某报微信公众号发布《〈读者〉快发不出工资了》一文，在出版传媒界引起热议。有其他媒体新闻记者联系《读者》杂志社相关负责人后发现事实并非如此。这篇报道是对上市公司读者出版传媒股份有限公司发布的 2018 年中报的错误解读，该文标题与事实不符。

4. 理解错误

新闻会对受众的认知产生影响，因此刊登新闻必须确保知识性内容准确无误，这就要求新闻工作者具有丰富的知识，不能出现常识性、原则性错误。如2014年10月28日，某新闻网站刊发《中国城市"退出"世界空气最差20城之列》。报道称，在世界卫生组织"2014年城市户外空气污染数据库"的排名中，中国"落榜"空气最差20城。此新闻很快就被发现是假的。世界卫生组织并没有做过"世界空气最差20城排名"，只是有一个"城市户外空气污染数据库"，记录一些城市某年的PM10和PM2.5测量值（或估算值），而且数据整体上残缺不全，没有可比性，也没有作出排名。

5. 信源造假

新闻采写必须依赖一定的消息来源，消息来源的准确性是保证新闻真实、准确、可靠的前提。如果作为新闻产品首要环节的信息来源出现错误，那么整个新闻生产过程都将出错。如2016年3月，一篇报道称，一保安八年来资助四川从未谋面的贫困女孩。在报道产生广泛社会影响之后，经查，贫困女孩实为该保安的非婚生女，该女孩也向记者亲口讲述谎言背后的全部真相。在最初报道时，记者没有识别出当事人说了谎，使得这种虚假新闻得以扩散。

6. 编辑失误

编辑作为新闻把关与过滤的终端环节，决定着什么样的新闻与受众见面，这就要求编辑具有甄别信息真伪的能力，并时刻保持对自己专业素养的高要求。编辑一味抢时效性而疏于职责是造成虚假新闻的一个因素。2004年希腊奥运会期间某门户网站由于编辑误操作，在女排决赛未结束时就发布错误比赛结果，误导时刻关注比赛结果的观众，也损害网站的公信力。

三、坚决杜绝虚假新闻

虚假新闻对报道对象、媒体、社会都会产生负面影响，如何防止虚假新闻是新闻媒体面临的一个现实命题。具体来说，需要从新闻记者个体层面和媒体机构层面进行防范，媒体机构层面包括管理和采编流程两个方面。

（一）新闻记者个体层面

一是培养专业精神。新闻工作中会遇到经济利益、人际关系等外界因素对新闻采编的干涉，这也是导致报道难以保证真实、客观的一个原因。新闻工作者需要有独立判断意识，客观地反映事实，不应根据个人偏好，而是按照新闻价值的原则进行判断。

二是加强职业自律。职业自律是新闻工作者内在的、非强制性的自我约束行为，要求新闻工作者不仅为自己负责，更要为新闻报道、为社会和公众负责，把新闻职业道德内化为一种由内而外、自觉遵守的习惯。

三是提高综合素养。信息化进程的加速发展对新闻工作者的综合素养提出更高要求，越是重大或者有深度的报道任务，对新闻工作者综合素养的要求就越高。综合素养不仅要求掌握新闻专业领域的知识，并形成多元化的知识结构，如法律法规素养、人文知识素养、科学素养等，还要根据报道内容需要补充相应的专业知识。新闻工作者具备这些综合素养，才能更准确、全面地报道事实。

（二）媒体机构管理方面

一是完善新闻工作者的聘用制度。建立严格的人员准入、退出机制。把好从业人员进出关，严格考核其政治品格、业务能力和职业道德水平。

二是建立新闻工作者的培训、学习机制。重视记者、编辑等新闻工作者的新闻理论学习，结合新闻媒体出现的虚假新闻案例，通过定期举办培训班、座谈会等方式进行新闻真实性培训，增强从业人员的政治意识、责任意识和大局意识。

三是坚持采编、经营分开的管理制度。新闻单位要坚持采编、经营分开制度，防止经营活动影响和干预新闻报道，保持新闻采编活动的独立性；防止媒体卷入商业竞争，用报道换广告、换发行；防止采编人员以采访为名向报道对象索要钱物。

四是建立完善的考核、奖惩机制。新闻机构要以制度化确保对虚假新闻的"零容忍"，建立杜绝虚假新闻一把手负责制，建立常态化的工作机制，将虚假新闻作为考核的重要指标，与绩效直接挂钩。对于制造虚假新闻的记者、编辑要予以严肃查处，对于在预防虚假新闻方面表现优秀的新闻工作者给予奖励，形成良好的示范效应。

五是建立记者编辑信用记录体系。为了遏制新闻造假活动，在媒体机构内部建立信用记录体系，对专业信用进行记录，形成约束，将该体系与考核、奖惩制度挂钩。

六是健全社会监督机制。在强化自律的同时，还要建立多层次的监督体系。譬如推行新闻行业评议制度，定期曝光虚假新闻；聘请专家或行业资深人士担任媒体内部监察员；公开处理虚假新闻，形成强大舆论压力。

（三）媒体采编流程方面

一是加强采访环节管理。采访是获取新闻素材的直接手段和首要方式，严谨细致的采访是防止虚假新闻的第一道防线。媒体机构既要保护记者采访权，也要约束记者滥用采访权。

二是对消息来源严格把关。对不明信息来源的采纳要有严格的把关机制，需要确认消息来源的可靠性，对不明信源要通过专业采访流程确认后才能采用。如对来自论坛、社交媒体个人发布的消息未经核实不能直接使用。

三是建立新闻求证机制。对消息内容要有求证机制，尤其是一些敏感内容或者重大内容，需要有硬性求证机制。求证内容包括事实是否真实，人名、地名、时间等新闻要素是否准确。不能简单为了追求时效性而放弃新闻真实性要求。

四是严守新闻内容编辑规范。要遵循专业流程要求，不能以"标题党"方式博眼球，应保证标题、内容与事实相符，不出偏差，避免以偏概全，确保新闻报道准确真实、客观公正。

学习思考题：

1. 为什么说真实是新闻的生命？
2. 在新闻报道中，对事实真实的要求是什么？
3. 如何正确理解新闻真实性的内涵？
4. 如何实现新闻的局部真实与整体真实的统一？
5. 结合案例，谈谈如何杜绝虚假新闻及预防对策。

第三章 新闻价值

新闻价值是事实所具有的、满足社会与公众对新闻需要的要素总和，这些要素通常指新鲜性、重要性、显著性、接近性和趣味性等。新闻价值的实现过程包括发现、呈现和检验三个阶段。新闻价值取向受多种因素制约，社会主义新闻媒体应坚持社会主义核心价值观，坚持马克思主义新闻观。

第一节　新闻价值的内涵

一、新闻价值的定义

新闻价值影响选择新闻的标准。自新闻事业产生以来，新闻媒体就面临着这样的矛盾：一是无限的事实与有限的传播能力的矛盾。大千世界每时每刻都在发生着无数的事实，但在一定时间和空间中，新闻传播的渠道和容量是有限的，新闻媒体只能选择部分事实公开传播，这就有一个按什么标准选择事实的问题。二是新闻媒体的选择怎样才能同社会与公众的需要相吻合，为人们所接受。新闻媒体的一个基本特征就是要面向社会与公众，要求争取尽可能多的人作为自己的传播对象，以便获得生存和发展的条件。但是，受众情况是复杂多样的，分属不同社会阶层的受众，社会角色、文化水平、性别、年龄和爱好等都有较大差别，需求也是多元的。在众口不一的情况下，新闻媒体只能挑选那些能满足社会与公众共同需要的事实进行报道传播，才能吸引更多的受众，发挥新闻媒体的影响力。新闻工作者根据长期工作实践所积累的经验，总结出选择什么样的事实才能成为新闻的具体标准，并将这些具体标准进行概括提炼，逐渐形成据以衡量、取舍事实的新闻价值观。

1690 年，德国人托比亚斯·朴瑟提出判断新闻价值的标准。他认为，应该把那些值得记忆和知晓的事件，如新奇的征兆、怪异的事物、政府的更替、战争的发生与和平的实现等，单独挑选出来公开报道，以吸引读者。19 世纪 30 年代，在西方国家，大众化报纸蓬勃兴起，新闻被当作赚取利润的商品，因此，业界和学界都开始着力研究什么样的新闻最能吸引读者，并可能带来更多利润。美国学者兰特·赫德总结了判断新闻价值的基本要素，如死伤者众多、有名人出现、罕见的珍闻、非常可笑或可悲的事情。20 世纪初，西方国家的新闻工作者对新闻价值已初步形成共识，一些新闻学者对构成新闻价值的要素也进行深入探讨。第二次世界大战前后，西方新闻价值观逐渐形成，经典的新闻价值五要素之说，即及时性、接近性、显著性、重要性和人情味，在西方被业界和学界接受，逐渐普及开来。

社会主义新闻价值观是以马克思主义新闻观为指导，批判吸收西方新闻价值理论的有益成果，密切联系新闻工作实际，经过不断探索研究而逐步形成的。我国关于新闻价值的定义有很多，归纳起来，主要有"素质说""标准说""功能说"和"源流说"四种。"素质说"认为，新闻价值是指事实包含的足以构成新闻的各种要素的总和。"标准说"认为，新闻价值是新闻工作者和新闻媒体用以衡量新闻的标准。"功能说"主张新闻价值是新闻传播后最终所能取得的社会效果。"源流说"把新闻价值分为"源"和"流"，即由新闻价值因素和新闻价值表现两方面构成。新闻价值因素指事实能成为新闻的一般因素。新闻价值表现包括三个方面：编辑、记者对事实的选定情况，受众对新闻的关注程度以及最终取得的社会效果。上述观点分别从不同角度对新闻价值内涵进行分析，"素质说"主要强调新闻事实，"标准说"主要强调传播者，"功能说"主要强调受众，"源流说"把三者综合起来进行考察。这些观点都具有一定的参考价值。

马克思主义价值理论把价值看作客体属性与满足主体需要之间的统一。据此，新闻价值可以定义为：事实所具有的、能满足社会与公众对新闻需要的要素总和。新闻价值的本源是客观事实所具有的某些特征，这些特征是以能满足社会与公众需要的要素表现出来的。从表现来说，新闻价值通过受众的主观感受来体现，具有主观性，但任何主观感受都离不开客观事实，都是客观存在的反映。不同的受众各有所求，但也存在着共同的需要。无论是个人，还是社会组织，都希望在第一时间了解世界变化的最新动态，以趋利避害，决定行止，这就决定对某一类"事实"的共同需求。对这些共同需求进行抽象概括，就形成对新闻价值一般要素的理性认识。新闻价值一般要素是从社会与公众所需要的事实中概括出来的共性。

新闻价值的高低取决于社会与公众对新闻价值要素满足需要程度的评价。一个事实发生了，它是否具有新闻价值，新闻价值有多大，对它的判断，首先要靠新闻工作者的预测。由于新闻报道在前，受众接受在后，这种预测虽然是以过去长期积累的经验或对受众需要所作调查为依据，但也不能完全保证预测的准确性。因此，社会与公众的评价尤为重要。只有当新闻工作者对新闻价值的预测同社会与公众的需要充分吻合时，新闻价值才能较好地实现。从这个意义上说，新闻价值的实现是由传播者和受众共同完成的。

二、新闻价值的一般要素

新闻价值的一般要素包括新鲜性、重要性、显著性、接近性和趣味性等。

（一）新鲜性

新鲜性有两层含义：一是指事实在时间上的"新近"，二是指事实在内容上的"新鲜"。距离事实发生的时间越近，新闻价值越高；内容越新，新闻价值也越高。新鲜性必不可少，但又是相对的。就时间上的"新"而言，广播、电视、网络等媒体可以做到"实时传播"，而移动终端甚至可以"即时传播"，它们对"新"的要求比报纸和新闻期刊要高一些；内容上的"新"，是不断变化的，今天的"新"，就可能是明天的"旧"，而且它总是相对于特定的传播背景而言，在某些地区已是比较常见的事，在其他地区也可能是具有新鲜性的新闻。

（二）重要性

重要性指事实所具有的社会意义和重要价值，即事实具有涉及面广、影响力大的性质。一般来说，凡对自然环境和人类生活有重大影响、与人民群众利益紧密相关的事实都具有重要性。中国共产党第十九次全国代表大会的召开、宪法修改、党和国家机构改革、庆祝中华人民共和国成立70周年等事实，显然具有重要性。有些事实虽然不是什么"大事"，但由于和人民生活息息相关，影响面大，也具有重要性。比如，冰雪随气温升高而融解，本是普通自然现象，但是，北极的冰川开始大面积消融，逐渐抬升海平面，影响到气候变化和人类生存，就成为人们普遍关心的事实，把它与公众利益相关联的景象和数据呈现出来，就成为有价值的新闻。

（三）显著性

显著性指事实能引起大多数人关注的程度。显著性同新闻事实涉及人物、社会组织、地区等的知名度有关。一般来说，那些与政界要人、科技精英、学界翘楚、商界名流、文体明星等公众人物相关的事实具有显著性，同某些特殊的地点、建筑物或以往著名事件相联系的事实也具有显著性。比如无重大人员伤亡的建筑火灾一般不会成为新闻，但 2019 年 4 月巴黎圣母院的火灾成为全世界媒体的关注焦点，就在于该历史建筑的显著性。显著性和重要性既有联系又有区别。具有重要性的事实往往具有显著性，但具有显著性的事实不一定具有重要性。有关文体明星私生活的信息，具有一定的显著性，但对社会生活总体而言，它的重要性则相对较小。

（四）接近性

接近性指事实在地理上和心理上与受众接近的程度。接近性最常见的含义是地理上的接近，人们对离自己或亲戚朋友工作和生活所在地越近的事实越是关注，因为这些事实对人们实际生活的影响更大。接近性的另一种含义是指心理上的接近，包括人们在年龄、性别、收入、职业、信仰、爱好、利益等方面的相近相似，具有心理接近因素的事实更能在社会类型相似的人群中引起共鸣。

（五）趣味性

趣味性含义非常广，指新闻事件具有新奇、反常、巧合、有趣、怡情等性质。趣味性基于人们的好奇心、追求乐趣和人情味的心理。

判断新闻事实是否具有新闻价值，在上述五个要素中，新鲜性是必备的，其他要素可多可少。新闻事实具有的要素越多，所含要素的质量越高，新闻价值就越大，也就越能成为一条特别受人们关注的新闻。新闻价值所强调的"要素的总和"，并不是各个一般要素的简单相加，而需要根据不同的事实，针对社会与公众的不同需求作综合的衡量和判断。同一事实所包含的新闻价值各要素比例分量并不一样，对这些要素应分清主次，不能等量齐观。

在对新闻价值要素的理解和把握上，目的性不同的媒体之间是有一定差距的。西方国家的商业性媒体更强调趣味性和显著性，而我国媒体更重视重要性。在对重要性、显著性和趣味性的理解上，两者也有很大的差别。西方媒体所说的重要性和显著性，往往注重所谓的"名人新闻""明星效应"，而我国媒体十分重视是否和大多数人民群众的利益密切相关。过于强调趣味性，会流于迎合受众的低级趣味，这是要抵制和反对的。而仅仅把新闻视为能够带来利润的商品，认为凡是能引起多数人关注并带来更大利润的事实最有"价值"，这种片面地把新闻价值等同于交换价值的观点是错误的。

这五方面的新闻价值要素，是传统媒体在长期实践中总结出来的，适应现代工业社会对新闻内容的选择和评判。在今天的新媒体环境下，通信技术的进步让更多普通民众成为可能的新闻发布者，在重要性、接近性等认知方面，新闻价值要素已悄然发生变化。透明、实用、亲近、互动、娱乐等新价值特点正逐渐显现出来。

三、新闻价值的客观性

新闻价值的客观性主要表现在三个方面。首先，新闻事实及价值要素是客观的。新闻价值要素来源于事实，事实是什么性质，所报道的新闻就应当是什么性质，不能把主观意愿强加到事实上。其次，社会与受众的新闻需要具有客观性。社会与受众的需要是在社会生活和生产实践中产生的，不是来自空想。公众乐于接受的是蕴含新鲜、重要、显著、接近、趣味性质的事实，这是他们的客观需求。最后，社会与公众对新闻价值的检验是客观的。新闻价值最终要通过社会实践来检验，实践是检验新闻价值的试金石，新闻价值的大小取决于满足社会与公众需要的程度和取得的社会效果。

新闻价值的客观性要求新闻工作者在新闻实践中，尊重客观事实，不能凭主观意愿或是屈从于某种压力，臆造、拔高或增减事实的新闻价值；重视并努力满足社会与公众的客观需要；认真听取受众的反馈意见，重视客观效果的检验，不断提高新闻报道的质量，增强报道的传播力、引导力、影响力、公信力。

新闻价值由于还表现为呈现和检验的价值，因此，也有一定的主观性成分。但是，过度强调主观价值而违背新闻价值客观性的情况时有发生，主要表现为：把没有新闻价值的事实当作新闻来报道，任意拔高或曲解新闻价值的某些要素。如少数媒体以低俗取悦受众，迎合猎奇和不健康心理，渲染色情、暴力，追明星、炒绯闻；还有一些媒体热衷于夸大社会阴暗面，用冷嘲热讽、"揭丑闻"来吸引眼球，而对真正有新闻价值的事实却漠不关心、视而不见。在新媒体条件下，有时还会出现诸如新闻中的某个不相干细节成为另类新闻爆发式传播，影响力甚至超过原来的新闻等情况。

新闻价值存在于客观事实之中，但对新闻价值的认识和判断却是新闻报道者的主观行为。从新闻报道的时序看，总是新闻报道在前，社会效果产生在后。在判断某一事实是否具有新闻价值或其新闻价值的大小时，除了要看客观事实所包含的新闻价值要素外，还要看新闻媒体的政治立场和新闻工作者的政治水平、业务素质等因素。新闻工作者应当在正确反映客观事实基础上，发挥主观能动性，力求实现新闻价值最大化。

对新闻价值的判断是影响新闻报道的重要因素。在新闻工作实践中，不同新闻媒体因性质、定位、接受对象、宣传重点、表现形式不同，对新闻价值的判断会存在较明显差异，在报道同一事实时会出现较大差异，有时甚至相反。如对 2015 年巴黎气候大会的报道，《人民日报》侧重展示中国作为一个负责任的大国形象，减少碳排放，积极推动达成《巴黎协定》，同时提出发达国家也应承担起自己的责任。而美国《纽约时报》则淡化美国责任，片面强调中印等发展中国家在应对全球气候变化问题上还有很大难度，担心没有能力履行责任，能源行业将面临冲击。

新闻工作者对新闻价值的判断取决于自身价值观和工作经验的积累，同时也基于对社会与公众新闻需要的预估，而这种预估既可能正确，也可能存在偏差。新闻工作者虽然力求满足社会与公众对新闻价值的客观要求，但由于报道者和受众所处地位不同，在选择和反映事实时，对新闻价值的把握仍然可能出现偏差。因此，当新闻工作者把新闻价值作为取舍、选择事实的标准时，一方面要重视事实中是否包含新闻价值的一般要素及各种要素的比重如何；另一方面要认真研究社会与公众的需要，力争做到两者最大限度吻合。

新闻价值总要受到一定社会政治、经济和文化的制约。新闻价值的实现应遵循新闻传播的一般规律，并根据不同国家、民族和地区的特点进行全面考量。在综合判断新闻价值时，既要注意其信息传播价值，也要充分注意其文化价值和示范引领作用。

第二节　新闻价值实现的过程

新闻价值的实现包括发现、呈现和检验三个阶段，贯穿新闻报道全过程。

一、新闻价值的发现

新闻价值的发现首先取决于客观存在的事实。新鲜性、重要性、显著性、接近性和趣味性等要素是衡量事实具有新闻价值的具体标准。有的事实，新闻价值要素特性非常明显，如中国成功申办 2022 年冬奥会，其新闻价值就很显著和重要。有的事实，新闻价值隐藏在事实背后，需要新闻工作者深入挖掘。这时，能否发现、判断、展现深层新闻价值是优秀与平庸的新闻工作者的分水岭。

《西藏木犁即将绝迹》

面对大量的事实和复杂的社会与受众需要，新闻工作者应具有善于发现新闻价值的良好素质和能力，它集中表现为新闻工作者的新闻敏感。在实践中，大量优秀新闻作品不仅是对新闻事实直接的、表层的记录，更重要的是在此基础上对事实本质及其影响的深入剖析。1963 年，新华社记者郭超人在西藏农村采访时，敏锐地发现当地生产工具从木犁换成铁犁，由此写下《西藏木犁即将绝迹》的新闻，反映西藏在推翻农奴制后，农业生产力正发生着历史性巨变。

"小平您好"

发现新闻价值，必须把事实放在社会与公众需要的坐标上衡量，考察事实对社会与公众有无意义、有无益处、有无关系、有无趣味。对社会与公众需要的准确判断，是基于长期观察、思考和知识积累所形成的一种本能的新闻敏感，在突发事件面前尤其考验记者的这一反应能力。在一些常规性活动中，优秀的新闻工作者也能挖掘出或记录下有重大新闻价值的事件。如 1984 年庆祝中华人民共和国成立 35 周年首都群众游行时，北京大学学生在行进中突然打出"小平您好"的横幅，虽然只有几秒钟，但被《人民日报》摄影记者捕捉到，从而成为历史定格，深深地留在人们的记忆里。

二、新闻价值的呈现

含有新闻价值要素的事实并不直接作用于受众，它需要新闻工作者把新闻事实转换成新闻作品，使事实中的新闻价值要素能够鲜明、突出地呈现在社会与公众面前，这个过程就是新闻价值的呈现。

完整地实现新闻事实向新闻作品的转换，一般要经过三个步骤：准确判断各种价值要素及其相互关系；选择恰当的表现形式，制成新闻作品；寻求恰当的传播方式，展示新闻作品。

准确判断各种价值要素及其相互关系，是新闻价值呈现阶段的开端，这与新闻价值发现有联系，但侧重点不同。新闻价值发现阶段，要求新闻工作者从每天发生的无数事件中，发现具有新闻价值的事实；而呈现阶段侧重对新闻事实所包含的新闻价值要素作出分析和判断。新闻价值要素具有一定的模糊性，无论是重要性、显著性，还是接近性和趣味性，甚至相对容易把握的新鲜性，都没有精确衡量的尺度，要素之间的组合也比较复杂。因此，对各要素及其相互关系的分析判断要联系当前实际和公众的需要，才能准确理解、合理排序。

新闻作品的制作包括文字稿的写作和编辑、图片新闻的拍摄和编辑、广播电视新闻节目和网络新闻内容的制作等。对新闻价值要素的不同理解，决定不同的表现形式。同样的事实，有的新闻文本强调重要性，有的强调接近性，而有的可能突出趣味性。新闻价值呈现要尊重事实，同时要善于从多种新闻价值要素中突出符合受众需要的内容，使受众更容易接受。

新闻作品的传播方式是多种多样的。新闻在报纸版面上的位置、字体、字号、色彩、是否加边框，广播电视新闻的播出时间、时段和时长，网络新闻在页面上的位置等，都对新闻价值的呈现有重要影响。一般来说，新闻工作者依据他们对新闻价值大小的理解判断，对新闻的传播方式进行编辑处理。如果新闻作品的传播方式不恰当，呈现的新闻价值就会被削弱，甚至产生相反的效果。就报刊新闻而言，版面语言本身就是新闻价值的直观表现，是新闻价值的无声表达。

新闻价值的呈现具有多样性，表现为对新闻价值要素的具体理解不同、新闻作品制作方法不同和新闻传播方式不同等。同样的新闻价值要素，资本主义国家的新闻媒体和社会主义国家的新闻媒体之间，同一国家不同新闻媒体之间，理解和报道的侧重点会有所不同，有时甚至会引起价值观的冲突。对同样的新闻事件，不同的新闻记者即使同时、同地采访，新闻作品也会各具特色。比如针对2003年伊拉克战争，各国媒体的报道立场和价值取向差异很大，美国聚焦所谓"正义战争"，阿拉伯人看到战争的恐怖，英国BBC则因为"相对客观"的报道而遭到以色列的封杀。

在大数据支持下，新闻客户端等新媒体上的新闻价值呈现开始引入数据或算法等元素，点击量、浏览量、回复率等比较高的新闻，会通过一定程序自动筛选成为某一数字媒体的重要新闻，而且还会根据用户个人浏览习惯的不同，生成针对不同用户的差异化新闻推送。这种越来越精确的针对个体目标受众的新闻呈现方式，已有新的词语来解释，即新闻的分发模式。应力戒片面迎合用户喜好的新闻分发，力戒推送低俗色情等不良内容，力戒背离社会主义核心价值观的错误做法。

三、新闻价值的检验

新闻价值的实现最终表现为满足社会和公众的需要，体现在社会和公众对其需要满足程度的评价之中。预测的新闻价值是否符合实际，最终要通过社会效果来衡量和检验。有的事实即使包含的新闻价值要素很多，如果没有经过报道，新闻价值仍无法实现。经过新闻工作者加工制作的新闻作品，能否被受众接受，接受多少，情况各不相同。受众享有对新闻信息的选择权和接受权，新闻价值实现的程度如何，同受众选择及接受的状况有着直接联系，一般表现为四种情况：一是受众和传播者对新闻价值的理解取向完全不同；二是不予选择，即不读（不听、不看），这种情况导致新闻价值完全耗散；三是选择性接受，表现为读标题、导语，或听、看节目开头，在这种情况下新闻价值只能部分地实现；四是选择且完全接受，表现为仔细地读（听、看），产生共鸣并转化为社会行为。决定上述四种情况的关键，在于新闻作品所报道的事实是否符合社会与公众需要。

由于新闻报道中的新闻价值是预测性的，它产生的效果可能因人因地而异。同一新闻事实经传播后可能产生不同的社会效果，既可能是正面效果，也可能是正面效果和负面效果共存，甚至负面效果大于正面效果。针对这种情况，要作认真的分析和比较，充分估计受众对新闻事件可能出现的不同理解，并采取必要措施，减少、杜绝负面效果。

在实践过程中，有两个问题值得注意：一是不顾及可能出现的负面效果，片面突出新闻价值中的某个或某些要素。比如，有些新闻媒体为了追逐利润，一味迎合公众的某些需要，大量报道或炒作公众人物的私生活，既浪费新闻资源，又干扰公众人物的正常生活，还误导受众。二是对有些新闻价值要素非常明显的事实，疏于精心选择和呈现。例如，报道重大会议，如果仅仅满足于一般性地介绍会议情况，或者按照会议议程按部就班地泛泛报道，很可能让相当多的受众兴趣不高，社会效果大打折扣。实际上，重大会议往往是蕴藏新闻价值的"富矿"，会议报道如果能深入挖掘，精心呈现，则既能指导实际工作，又能让受众喜闻乐见。

第三节 新闻价值取向

新闻价值取向是新闻价值观的重要组成部分，所要解决的是新闻工作者按照什么导向、标准对新闻价值进行选择、取舍和呈现的问题，表现为选择和决策过程中的倾向性。

新闻价值具有客观性，但总要受到一定社会的政治、经济和文化的制约。因此，新闻价值既有反映新闻价值要素的共同标准，又有反映不同政治、文化、民族和地区特点的具体标准，这些具体标准实际上就是新闻价值取向在实践中的表现。

一、影响新闻价值取向的因素

影响新闻价值取向的因素主要有：社会政治制度、社会核心价值体系、新闻政策、新闻媒体定位等。

（一）社会政治制度是决定新闻价值取向的根本因素

不同社会政治制度下新闻事业在新闻价值取向上差异很大。政治制度是统治阶级为实现统治而采用的统治方式、方法的总和，对该制度下的经济、文化、宗教、意识形态等均有重要影响。作为意识形态的新闻业，在不同政治制度下具有不同的功能定位，新闻价值取向亦有差别。西方媒体的新闻价值取向，在经济上表现为以谋求最大利润为目的。自大众化报纸产生以来，西方媒体就把交换价值作为衡量新闻价值的标准，趋利性十分明显，认为新闻产品越畅销，它们的价值就越大；在政治上是为其所谓"民主制度"及国家利益服务的，却常常用"共同兴趣""公正"和"客观"掩盖其倾向性。在"公正""客观"的幌子下，西方国家新闻价值取向具有很大虚伪性，媒体大都属于私有，其商业属性和垄断性质，使社会舆论控制在少数传媒所有者手中，被大财团、大企业操纵。资本的趋利性，决定了西方新闻媒体不可能完全摆脱资本和利益集团的束缚与制约。它们可以在一些无关大局之处，给媒体一点所谓的自由空间，但在重大问题上，绝不允许媒体独立其外。实际上，这些媒体在国内新闻报道上时常持有偏见。比如，尽管美国倡导多元文化，但种族主义和种族歧视现象在美国媒体中长期存在。对美国主流电视媒体黄金时段节目内容的分析表明，美国少数族裔在电视节目中往往与违法犯罪行为相关，其中黑人往往作为罪犯出现，而对印第安人则强调其贫穷、酗酒和缺乏教养的一面。在国际问题上，美国媒体的偏见和不公正性更是明显。在伊拉克战争、叙利亚战争等由美国发动的战争中，美国媒体紧跟美国政府，帮助制造战争口实，虚假新闻成为发动战争制造舆论的手段，美国利益至上的价值取向成为美国新闻媒体的基本指导思想。2019 年香港暴乱发生以来，某些西方媒体失真和片面报道屡见不鲜。12月28日瑞士《新苏黎世报》网站发表题为《〈纽约时报〉和CNN对香港暴乱的倾向性报道：美国媒体的双重标准从何而来?》的文章，指出西方媒体在香港暴乱的报道中使用双重标准，非常失真。[①]

（二）社会核心价值体系对新闻价值取向的重要影响

新闻价值取向从表面上看是新闻工作者对新闻价值的选择，实际上是社会核心价值体系在新闻价值上的反映。社会核心价值体系影响和支配新闻工作者，通过他们直接影响新闻价值取向，并要求新闻传播的内容、形式及价值取向必须与社会核心价值体系相一致。价值体系是一个社会意识形态的主体和灵魂，在所有价值目标中处于主导和支配地位，对社会意识形态和社会思潮具有强大的引领和整合能力。新闻媒体是思想文化传播的重要载体，是宣传主流价值观念的主渠道。

（三）新闻法规政策对新闻价值取向的直接影响

新闻价值取向和政治有着紧密的联系，其中对新闻价值取向直接发挥作用的是新闻法规政策。

新闻法规政策是国家或政党制定的新闻宣传准则和新闻工作规范。新闻法规政策对新闻传播活动具有很强的规范性和指导性。事实能否报道，不能单纯地看它是否具备新闻价值的一般要素，还要考虑它是否在新闻法规政策许可报道的范围内，如果和新闻法规政策相违背，就不能报道。新闻工作者应自觉遵守党和国家新闻法规政策的有关规定，维护新闻法规政策的严肃性。在我国，当新闻法规政策和新闻价值发生矛盾时，应优先遵守新闻法规政策，如果法规政策内容已不适合社会发展，有关部门应进行修订调整。

（四）新闻媒体定位对新闻价值取向的内在制约

新闻媒体由于定位差异，新闻价值取向也会有所不同。如同在社会主义制度下，报纸还有机关报与非机关报之分，有专业报纸与综合报纸之别，此外还有行业性报纸、都市类报纸、娱乐性报纸等，它们对新闻价值取舍的侧重点自然会有差别。新闻媒体的定位不同，新闻价值取向也存在差异。比如

[①] 《瑞媒评〈纽约时报〉CNN涉港报道：双重标准早已写入美媒基因》，《参考消息》2020年1月4日。

2018年韩国平昌冬季奥运会,各国媒体着重报道与本国紧密相关的赛事和运动员;与综合性新闻媒体不同,体育类媒体更注重体育竞赛本身,对赛事报道更专业、更完整。

此外,影响新闻价值取向的因素还有新闻的宣传价值,新闻机构及其从业人员的社会立场、政治立场等。

二、坚持正确的新闻价值取向

新闻媒体要对新闻价值的选择和呈现作出准确判断,必须坚持正确的新闻价值取向。社会主义核心价值观是我国社会价值体系中最基础、最核心、最重要的部分。坚持正确的新闻价值取向,必须坚持社会主义核心价值观。

历史和现实都表明,核心价值观是一个国家的重要稳定器,能否构建具有强大感召力的核心价值观,关系社会和谐稳定,关系国家长治久安。社会主义核心价值体系内涵十分丰富,党和国家高度重视加快构建充分反映中国特色、民族特性、时代特征的价值体系。党的十八大提出,倡导富强、民主、文明、和谐,倡导自由、平等、公正、法治,倡导爱国、敬业、诚信、友善的社会主义核心价值观,要使之成为全体人民的共同价值追求;要通过教育引导、舆论宣传、文化熏陶、实践养成、制度保障等,加强道德建设和传统文化传承,使社会主义核心价值观内化为人们的精神追求,外化为人们的自觉行动。党的十九大将坚持社会主义核心价值体系作为必须坚持的基本方略之一,提出培育和践行社会主义核心价值观,将其融入社会发展的各方面,转化为人们的情感认同和行为习惯。

我国新闻媒体和新闻工作者,要充分认识自己在社会主义核心价值观建设中的重要作用和责任,努力把核心价值观的要求贯穿到日常新闻报道中,形成有利于核心价值观建设的新闻价值取向。不仅报刊、通讯社、广播电台、电视台等传统媒体要发挥主力军作用,奏响社会主义核心价值观的主旋律,新媒体也要发挥自身优势,本着对社会负责、对人民负责的态度,加强网络内容建设,做强新媒体的正面宣传,培育积极健康、向上向善的网络文化,用社会主义核心价值观和人类优秀文明成果滋养人心、滋养社会,做到正能量充沛、主旋律高昂,共同推进社会主义核心价值观的建设。

坚持以社会主义核心价值观为指导的新闻价值取向,既是我国新闻工作的政治原则,也是新闻工作的价值尺度,新闻媒体和新闻工作者要自觉坚持并全力实现这一正确的新闻价值取向。

学习思考题：

1. 如何从事实包含的要素及社会与公众需要两方面理解新闻价值的内涵？

2. 新闻价值的一般要素包括哪些具体内容？如何在实践中辨析和运用？

3. 结合新闻工作实际，谈谈如何敏锐地发现新闻价值、准确地呈现新闻价值。

4. 检验新闻价值的根本标准是什么？影响新闻价值取向的因素有哪些？

5. 举例说明媒体报道如何坚持正确的新闻价值取向。

第四章 新闻媒体

新闻媒体是指传播新闻信息的介质或从事新闻传播活动的组织机构。从介质形态看，包括纸质媒体、电子媒体以及网络媒体等类型；从组织机构看，包括报社、通讯社、广播电台、电视台、新闻网站等。互联网技术的快速发展正推动传统新闻媒体运用新技术新应用走上媒体融合之路，给媒体发展带来一场深刻变革。

第一节 新闻媒体的演变

人们每天接收新闻的媒体多种多样，它们是在人类漫长发展过程中，在社会需求和技术进步的共同作用下渐次出现的。新闻媒体大致经历古代、近代和现代三个发展时期。

一、古代新闻媒体

中国新闻事业历史悠久，古代长期流行的官方媒体是"邸报"。"邸"为古代各地方政权在首都兴建的馆舍，一般负责招待来京的外地官员食宿。唐代改为"上都知进奏院"，加强其代表节度使向朝廷进奏的责任。在英国和法国等地发现的《敦煌进奏院状》就是进奏官们在皇帝驻地搜集情报后传回给当地行政长官的新闻信。另据记载，唐朝后期长安已经有"日见条报朝廷事者"的"朝报"。到宋朝，散布于京城的进奏院被中央集中管理，建立都进奏院，由中书省、门下省的检正、检详官负责决定发报稿件的取舍，后来又增加门下省给事中负责"判报"的环节，皇帝和进奏官有时也参与其中。从此，官报体系在中国正式建立，一直持续到清末。明清时期，邸报一般通过通政司、六科和提塘三个环节，进行内容搜集、编发和复制发行，从中央传递到各级地方。邸报的内容一般为皇帝起居、谕旨、大臣奏章等政治信息，在官员系统和士大夫阶层中传播，是封建统治者进行国家治理、行政管理的重要政治媒介。

中国自北宋末年开始，民间流行不被统治者认可的"小报"，内容多为中枢部门还没公开的朝廷机事，信息比较灵通，时效性较强，但难以做到十分准确，因此遭到严厉查禁。明末清初，封建政府为了广泛传布政令，允许民间自设报房，抄录出版邸报上的文稿。这类民营报纸通称为"京报"，大部分是雕版印刷，也有手抄的。

在西方，大规模印刷技术出现之前，新闻主要靠手工抄写或人工简单复制的手段进行生产和传播。最早出现新闻传播活动的是古罗马帝国。公元前59年，罗马执政官恺撒下令创办《罗马公报》（又名《每日纪闻》），内容主要有元老院和公民会议的议事记录、帝国法令、战争消息、司法案件、官员任命、宗教活动，以及贵族的结婚、生育、死亡等。除了缮写在布告牌上面，还抄写、颁发给各地驻军首长。这份公报加强统治机构的内部沟通和联系，起到维护帝国统治的作用，断断续续出版到4世纪。同时期，罗马帝国上层社会还流行一种手抄新闻信，记述当时许多重大事件和人物，记录罗马的生活、乡村情况以及民间习俗等。大众媒体诞生前，新闻信在欧洲上流社会长期存在。十五六世纪，在出现资本主义萌芽的意大利威尼斯，还流行过以商品销路、各地物价、来往船期为主要内容的手抄小报。在很长一段时间内，手抄小报和新闻信是欧洲重要的新闻媒体。

总体上看，古代新闻传播活动一般是小规模，面向某个或某些特定对象，而不是面向整个社会，没有长期固定的以采集和公开发布新闻为宗旨的专门机构和从业人员。随着社会发展、技术进步，定期印刷出版的近代新闻媒体在欧洲率先出现。

二、近代新闻媒体

近代新闻媒体首先从西方发展起来。从17世纪初定期印刷报刊开始出现，到19世纪末现代化大型商业新闻媒体诞生，这期间的主要媒体形式是报刊。中国近代新闻事业从19世纪初外国传教士在中国办报开始，到五四运动时期，主要媒体形式也是报刊。

（一）西方近代报刊的诞生与发展

定期报刊产生于17世纪初，以德国境内为多。现存最早的是1609年的《通告——报道或新闻报》周报，1609年在斯特拉斯堡还出版过《报道》周报。1615年，艾莫尔创办《法兰克福新闻》，刊登数条新闻，被认为是世界上第一份"真正的报纸"。英法等国随后也出现最早的定期报刊。

1650年在德国莱比锡创办的周刊《莱比锡新闻》，1663年改为每日出版，通常认为这是世界上第一份日报。英国第一张日报是 1702 年在伦敦出版的《每日新闻》。法国第一张日报是 1777 年元旦创办的《巴黎新闻》。美国第一份日报是 1775 年在费城创办的《宾夕法尼亚晚邮报》（初为周三刊，1783 年改为日报）。

资产阶级革命期间，随着议会民主和多党政治体制的确立，作为政治斗争工具的政党报纸开始出现，不同党派借此宣传各自政见，争取舆论支持。政党报纸报价贵，发行量少，没有广告收入，经济上依赖执政党或在野党。其共同特点为：政治上有明显的倾向性，内容上侧重于时政新闻与言论，读者对象主要是政界与上层人士。典型的政党报纸出现在 19 世纪初期的美国。

当资产阶级议会制度确立后，各政党对革命成果和利益的分配结束，政党报纸慢慢失去存在的市场，廉价的商业报纸开始出现。19 世纪 30 年代，工业革命成果显现，社会经济飞速发展，城市化进程加快，人口迅速集中；有一定文化素质的广大劳动者出现，阶级力量发生新的变化；技术进步与高速轮转印刷机的应用，大大降低印刷成本，报纸印得更快更多；工商业繁荣使广告大为增加，报纸大量廉价销售成为可能。一批有商业眼光的人，开始对报纸内容进行改造，制作出符合大众需要、价格低廉的廉价报纸，成为商业报纸的先驱。廉价报纸在政治上标榜独立，经济上自主经营，读者对象为平民大众，内容上注重地方性、社会性、消闲的软新闻，可读性强，形式上文字通俗，版面活泼，经营上完全商业化，大量刊登广告。其中比较著名的如美国四大廉价报纸，即纽约《太阳报》《纽约先驱报》《纽约论坛报》《纽约时报》。

（二）中国近代报刊的诞生

随着欧洲殖民扩张，近代报刊被传播到世界各地。在英国传教士传播基督教过程中，中文近代报纸首先创办于东南亚华人社区，1815 年英国传教士马礼逊和米怜在马六甲出版的《察世俗每月统记传》被认为是第一份近代中文报刊。1833 年，马礼逊在澳门创办的《杂闻篇》、德国传教士郭士立在广州创办的《东西洋考每月统记传》，被认为是我国境内最早出版的一批中文报刊。这个时期，外国人在中国境内还办了很多外文报刊，如《蜜蜂华报》（葡文）、《澳门钞报》（葡文）、《广州纪录报》（英文）、《中国丛报》（英文）等。这些报刊的创办人大都是通晓中文和熟悉中国情况的传教士。当时他们办的中文报刊竭力迎合中国文化、宣扬西方宗教，同时介绍一些有关西方政治、科学、商业等方面的情况。一方面，这些报刊客观上有利于中外文化交流；另一方面，有些外文报刊鼓吹侵略中国，刺探情报，甚至提供侵华资料，成为帝国主义武力侵华的帮凶。

鸦片战争后，在不平等条约庇护下，传教士、商人一起将近代报纸由中国沿海地区传向内地，其中外文出版的报纸达 120 种以上，如在香港出版的《德臣报》（1845）、《孖剌报》（1857），在上海出版的《字林西报》（1850）等。同时，一大批由外国人创办的专供中国人阅读的中文日报也登陆中国，如英国人创办的《上海新报》（1861）、《申报》（1872）、《新闻报》（1893），日本人创办的《顺天时报》（1901），俄国人创办的《关东报》（1904）和德国人创办的《直报》（1895）等。从 1815 年到 19 世纪末，外国人在中国共创办近 200 种中外文报刊，占当时报刊总数的 80% 以上。

（三）中国近代报刊的发展

近代报刊进入中国后，受到一些先进知识分子关注，他们学习尝试自办报刊，在国家衰败、民族危亡的历史背景下，国人自办报刊多是宣扬政治改良的政论报纸。最早一批由中国人创办的报刊诞生在 19 世纪 70 年代。1873 年，艾小梅在汉口创办《昭文新报》；1874 年，王韬在香港创办《循环日报》，唐廷枢、容闳等在上海创办《汇报》。其中最有影响的是《循环日报》，创办者王韬是中国报刊史上第一个政论家，他以报纸为武器，呼吁变法图强，成为近代改良派知识分子的思想先驱。

1895 年甲午战争失败后，维新变法的呼声高涨，改良派知识分子为宣传变法，创办众多政论报纸，掀起第一次国人办报高潮，其中影响巨大的如戊戌变法时期上海的《时务报》（1896），变法失败后，康有为、梁启超等在日本创办《清议报》（1898）和《新民丛报》（1902）等。政论报纸主要发表政论文章，宣扬变法政治主张，传播新闻和发布广告为其次，不以营利为目的。

辛亥革命时期，以孙中山为首的资产阶级革命派登上历史舞台，政党活动日益活跃，各党派纷纷创办报刊，政党报纸逐渐成为近现代中国新闻媒体的主流。革命派先后在日本东京、我国上海和香港、美国檀香山以及南洋等地创办约 120 种报刊。1900 年 1 月在香港创刊的《中国日报》是最早的革命报刊。同时，留日学生、海外华侨中的革命党人纷纷创办报刊，进行革命宣传。在国内，以上海为中心，也诞生一批宣扬革命的报刊，其中以《苏报》最为著名。1903 年 6 月，《苏报》因介绍邹容的《革命军》、发表章太炎的《康有为与觉罗君之关系》等文章激怒清廷。清政府勾结上海租界当局监禁章太炎和邹容，查封报馆。这就是震惊中外的"苏报案"。政党报纸以宣传本党主张为目的，大大加强报纸的宣传鼓动力量，成为政治斗争的武器。从中国岭南地区到东南亚、日本等地，改良派和革命派在报纸上进行规模空前的大论战，有力扩大了革命思想的影响。

1907年以后，资产阶级革命派报刊宣传的重心逐渐由国外转移到国内。先后在上海创刊的革命派报纸有《中国女报》（1907）、《神州日报》（1907）、《民呼日报》（1909）、《民吁日报》（1909）和《民立报》（1910）等。在其他城市也有革命派或同情革命派的报纸，其中以1911年1月在汉口出版的《大江报》最负盛名。孙中山在总结辛亥革命经验的时候，高度评价报刊的作用。他指出，"推倒满清，固赖军人之力，而人心一致，则由于各报馆鼓吹之功"①。

近代的商业报纸部分由清末外国人在华创办，进入民国后，慢慢收归国人所有，如上海的《申报》《新闻报》等。商业报纸以营利为目的，重视新闻的趣味性，重视广告发行。但在半殖民地半封建社会条件下，商品经济不发达，人民受教育水平低，政治压迫比较严重，商业报纸的发展空间相当有限。

三、现代新闻媒体

（一）西方现代新闻媒体

19世纪中后期，以英国和美国为代表的资本主义国家中，报社已经发展成为现代资本主义的大企业，人员动辄上千，机构设置越来越专业，报纸发行突破几十万甚至达到上百万份，现代商业报纸时期由此开始。英国《每日电讯报》和美国纽约《世界报》《纽约新闻报》的创办，开启英美现代商业报纸进程。

除报纸外，其他类型的新闻媒体在19、20世纪纷纷诞生。1835年，世界上第一家通讯社——巴黎的哈瓦斯通讯社（Agence Havas）诞生，大大丰富报纸的报道内容。1849年，沃尔夫成立德国沃尔夫通讯社（Telegraphisches Bureau）；1851年，英国人路透在伦敦成立路透通讯社（Reuters）；1849年港口新闻联合社在美国纽约成立，并在1900年改组为美国联合通讯社，简称"美联社"（Associated Press，AP）。世界四大通讯社由此建立起来。沃尔夫、哈瓦斯、路透三大通讯社在1870年1月17日签订"联环同盟"协定，美国联合新闻社虽然也参与其中，但不能插足美国以外的地区，所以通常称之为"三社四

---

① 孙中山：《对粤报记者的演说》，《孙中山全集》（第二卷），中华书局1982年版，第348页。

边协定"。协定确定各社采访和发布新闻的范围，并规定互相交换所采集到的新闻。协定在第一次世界大战时废除，通讯社重新回到自由竞争的状态。

1920 年，伴随着美国 KDKA 电台的注册和播音，广播媒体诞生。20 世纪二三十年代，美国相继成立全国广播公司（National Broadcasting Company，NBC）、哥伦比亚广播公司（Columbia Broadcasting System，CBS）、美国广播公司（American Broadcasting Company，ABC）三大广播网，与此同时，世界各国都在建立自己的广播事业。广播电台在此后的半个多世纪中，成为世界范围内最受欢迎的媒体。

1936 年 11 月，英国广播公司（British Broadcasting Company，BBC）在伦敦建立世界上第一个电视发射台，并于 11 月 2 日开始播出电视节目，世界电视事业由此开端。由于第二次世界大战爆发，电视事业发展受到较大冲击，直到战争结束后，英、法、苏、德等国的电视业才逐渐恢复并发展起来。20 世纪 50 年代后，随着电视机的普及，电视成为重要的大众传播媒介。

1969 年，美国国防部资助一个有关广域网络的项目，开发出"包切换"（packet switch）技术的网络，称作阿帕网（ARPANET）。当年 11 月 21 日，这项技术把加州大学、犹他大学和斯坦福研究院的四台电子计算机顺利连通。这个美国国防部高级研究计划署的实验性网络、由四个节点构成的"天下第一网"的诞生，宣告网络时代的到来。网络媒体的发展速度超过以往任何一种媒体形态，在现代新闻媒体中发展最快。冷战结束后，互联网从军事应用转向商业应用。1993 年，美国政府提出"信息高速公路计划"，吸引全世界越来越多的用户。到 1994 年年底，互联网在全世界范围内实现 150 个国家和地区的 3 万多个子网、320 多万台计算机主机以及 3500 万直接用户的连接，成为世界上最大的计算机网络。截至 2019 年 3 月，全球网民总数达 43.83 亿，普及率为56.8%。[①] 截至 2020 年 3 月，第 45 次《中国互联网络发展状况统计报告》显示，我国网民规模为 9.04 亿，互联网普及率达 64.5%。

（二）中国现当代新闻媒体

新闻史学界一般认为新文化运动开启中国现代媒体时代，将 1949 年以后认定为当代新闻事业阶段。1915 年，陈独秀在上海创办《青年杂志》（第二卷起改名《新青年》）。1918 年，陈独秀和李大钊又创办《每周评论》。这两个刊

---

① 互联网世界统计网站 2019 年 6 月 25 日。

物开启新文化运动，传播马克思列宁主义，为五四运动作了初步思想准备。在十月革命和五四运动的影响推动下，全国各地迅速涌现出一批新的报刊。据统计，到 1919 年末，全国各地新出版的报刊有 200 余种。

1920 年 9 月，上海的中国共产党早期组织将《新青年》改组为机关刊物，各地共产主义小组还出版小型工人报刊。1921 年中国共产党成立，开创中国无产阶级新闻事业的新纪元。1922 年，党中央在上海创办第一个政治机关报——《向导》周报，由蔡和森主编；1923 年，出版理论机关报《新青年》季刊和《前锋》月刊，由瞿秋白主编。这些报刊把宣传中国共产党的纲领、策略作为中心任务。在党的领导下，中国社会主义青年团创办《先驱》《中国青年》等一批刊物。第一次国共合作期间，共产党帮助国民党创办一系列统一战线性质的报刊，毛泽东以宣传部代理部长的身份创办主持国民党中央机关报《政治周报》。随着国民党右派对统一战线的破坏，此类报刊后来多被国民党把持。

1927 年大革命失败后，中国共产党在江西中央苏区和其他革命根据地开创红色新闻事业，其中《红色中华》（1931）是中央工农民主政府等的联合机关报。青年团、中国工农红军总政治部以及其他苏区也创办革命报纸，如 1931 年先后创办的《青年实话》《红星报》《湘赣斗争》等。

南京国民政府成立后，中国国民党以《中央日报》、中央通讯社和中央广播电台三大新闻媒体为核心，以多种军报和大量地方党报为主体，建立起完整、系统的国民党新闻事业主体。南京政府时期，中国几大重要的商业报纸如《申报》《新闻报》和"新记"《大公报》成为现代的商业报纸，但受政治和战争影响，发展比较曲折。

抗日战争时期，陕甘宁边区革命报刊得到迅速发展。1937 年 1 月，《红色中华》改名为《新中华报》。延安地区还陆续创办《解放》周刊、《共产党人》、《八路军军政杂志》、《中国青年》、《中国妇女》、《边区群众报》等报刊。1941 年 5 月，中共中央决定将《新中华报》和《今日新闻》合并改为《解放日报》，这是在革命根据地创办的第一个每日出版的大型机关报。1942 年整风运动中，《解放日报》进行改版，加强党对报纸的领导，进一步落实深入实际、联系群众的办报思想，丰富完善中国共产党党报理论，这是一次具有历史意义的重大改革，它带动各根据地党报的改革，使整个党的新闻事业面貌发生深刻变化。此外，敌后各抗日根据地也陆续创办报刊。据不完全统计，仅华北、华中两个敌后根据地的小型报刊就有 700 余种。中国共产党还在国统区创办《新华日报》《群众》等报刊，这些报刊在坚持抗战、坚持团结、坚持进步，巩固和扩大抗日民主统一战线，宣传中国共产党的方针政策等方面，起了重大的作用。

解放战争期间，伴随着中国共产党在军事上的胜利，城市办报工作提上日程。1948 年 4 月，毛泽东发表《对晋绥日报编辑人员的谈话》，阐述党报的作用、任务以及办报的路线方针风格等一系列重大问题；10 月，刘少奇作了《对华北记者团的谈话》，重点阐述新形势下党报在联系群众方面的重要作用以及党报工作者的素养问题。1948 年 6 月 15 日，《晋察冀日报》和晋冀鲁豫《人民日报》合并为华北《人民日报》，1949 年 8 月迁到北平，改为中共中央机关报，与此同时，其他党政机关报也纷纷问世。1949 年 10 月新中国成立后，建立起以《人民日报》为代表的中央和地方各级党报系统。

我国通讯社的发展也经历了一个过程。根据"三社四边协定"，英国路透社于 1871 年在上海成立远东分社，成为中国境内最早的通讯社；1904 年骆侠挺在广州创办的"中兴通讯社"成为中国人自办的最早通讯社。1927 年，国民党中央通讯社发展为国民党政府的通讯社。1931 年，中国共产党创办的红色中华通讯社在江西瑞金中央苏区成立，1937 年改名为新中华通讯社（简称"新华社"），新中国成立后成为国家通讯社。

中国最早的广播电台是 1923 年成立的上海大陆报—中国无线电公司广播电台。民国时期国民党的中央广播电台曾是亚洲发射功率最大的广播电台。1940 年 12 月 30 日，延安新华广播电台正式播音，这一天被确定为中国人民广播事业创建纪念日。中国广播事业的真正发展是在新中国成立之后。1952 年年底，全国共有广播电台 72 座，除西藏外的各省区市都开办广播电台，形成以中央人民广播电台为核心的覆盖全国的新中国广播网络。

1958 年 5 月 1 日，我国第一座电视台——北京电视台（中央电视台前身）宣告成立，随后，地方电视台相继成立。1973 年 5 月 1 日，北京电视台彩色电视节目开始试播。到 1975 年，北京电视台向除内蒙古、新疆、西藏外的 26 个省区市传输彩色电视信号，初步形成覆盖全国的电视节目传输网络。

网络媒体初始于 20 世纪 90 年代。1993 年 12 月 6 日，《杭州日报·电子报》通过该市的联机服务网络进行传播，拉开中国报纸电子化序幕。1995 年 1 月 12 日，国家教育委员会（简称"国家教委"）投资兴建的中国第一份上网的中文电子期刊《神州学人》正式发刊。1995 年 10 月 20 日，《中国贸易报·

电子报》成为国内首家在国际互联网上发行的电子日报。1996 年，《人民日报》《中国证券报》《广州日报》等 50 余家报纸杂志发行电子版，并进行网络互动功能的开发。1996 年以后，新华社、中央电视台和地方传统媒体也纷纷注册独立域名，开设网站。到 1999 年年底，中国上网的报纸达到 700 多家，广播电台和电视台超过 100 家，网络媒体影响力越来越大。进入 21 世纪，随着移动终端技术的发展和成熟，网络媒体形式渐趋丰富，数量极速增长，日益成为新时期重要的媒体形式。

第二节 新闻媒体的类型

根据传播新闻信息的介质不同可以将新闻媒体分为纸质媒体、电子媒体以及网络媒体等类型。纸质媒体是最早建立在印刷技术基础之上的媒体类型，电子媒体是建立在电子技术基础之上的媒体，网络媒体是基于互联网技术的媒体。

一、纸质媒体

纸质媒体是指以纸为载体传播新闻信息的印刷出版物，主要类型有报纸、杂志、书籍。其中，报纸和杂志是两种主要参与新闻信息传播活动的纸质媒体。

报纸是有固定名称、散页印刷、不装订的定期连续公开发行的纸质媒体。2017 年我国共出版报纸 1 884 种，按照覆盖的区域分为全国性报纸、省级报纸、地市级报纸、县级报纸。其中，全国性报纸 215 种，省级报纸 766 种，地市级报纸 884 种，县级报纸 19 种。按照报纸的内容可以分为综合报纸、专业报纸、生活服务报纸、读者对象报纸、文摘报纸。2017 年国家新闻出版广电总局统计公报显示，国内有综合报纸 852 种，专业报纸 693 种，生活服务报纸 214 种，读者对象报纸 103 种，文摘报纸 22 种。

按照办报定位可以将我国报纸分为党报、都市类报纸、专门化报纸。党报是指各级党组织的机关报，是宣传党的理论和路线方针政策的报纸，分为中央级党报、省级党报、地市级党报。中央级党报有《人民日报》《光明日报》《经济日报》等。都市类报纸是以城市居民为主要服务对象的综合类或生活类报纸的统称，这类报纸全方位报道市民关心的政治、经济、社会、文化、体育、财经、娱乐等多个领域的内容。晚报、都市报、晨报、早报、时报等都可以归入这一类报纸。晚报的代表性报纸有《新民晚报》《羊城晚报》《北京晚报》等，都市报的代表性报纸有《华西都市报》《南方都市报》《新京报》等。专门化报纸是以反映某一行业、某一领域新闻为主的报纸，包括时事类、体育类、财经类、娱乐类、产业类报纸，如《中国教育报》《文艺报》等都属于这类。

从全世界范围来看，有影响的代表性报纸有俄罗斯的《消息报》《俄罗斯报》《共青团真理报》等，美国的《纽约时报》《华盛顿邮报》《华尔街日报》等，英国的《泰晤士报》《卫报》《金融时报》等，法国的《费加罗报》《世界报》等，德国的《南德意志报》《图片报》等，日本的《读卖新闻》《朝日新闻》等。

杂志（又称期刊），是有固定名称，以期、卷、号或年月为序，成册印刷，定期或不定期连续公开发行的纸质媒体。2018 年我国共出版期刊 10 139 种，其中综合类期刊 362 种，哲学、社会科学类期刊 2 678 种，文化、教育类期刊 1 399 种，文学、艺术类期刊 663 种，自然科学、技术类期刊 5 037 种。杂志按出版周期可分为周刊、旬刊、半月刊、月刊、季刊、半年刊等，按内容性质可分为学术类、技术类、教育类、情报类、娱乐类等，按读者对象可分为老年类、青年类、妇女类、儿童类等，按表现形式可分为以文字为主的文字杂志和以图片为主的图画杂志。杂志还可以分为新闻类杂志和非新闻类杂志。新闻类杂志又可分为时政、财经、体育、娱乐等内容主题。我国有代表性的新闻类杂志有《半月谈》《中国新闻周刊》《瞭望》等，国际上有美国的《时代周刊》、英国的《经济学人》等。

纸质媒体具有以下特点：一是易于长期保存。纸质媒体是以印刷技术为基础的一种媒体，通过文字、图片、色彩、版面等符号进行信息传播。由于以纸质实物作为信息的承载介质，报纸、杂志等纸质媒体均具有可长期保存的特点，方便读者反复阅读。二是内容量有限。纸质媒体的内容数量取决于纸张数量，而每份报纸、杂志的纸张数量是有限的，相应的内容量也是有限的。三是信息传播的时效性弱。报纸、杂志的采编流程工序较多，需要经过从报道策划到记者采写稿件，编辑选稿、改稿、配置稿件、编排版面、检查大样、交付印刷等环节。采编工作完成后，印刷也需要一定时间，印刷结束后还需要发行渠道层层分发，最后才能到达读者手中。经过这些程序后，读者看到的新闻与新闻发生时间已经有了间隔。

二、电子媒体

电子媒体是指运用电子技术及其设备进行新闻信息传播的媒体，包括广播、电视、通讯社等。截至2018年年底，全国开展广播电视业务的机构有4万余家。其中，广播电台、电视台、广播电视台等播出机构2 647家，从事广播电视节目制作经营的机构近2.7万家。全国广播电视从业人员达97.90万人。我国通讯社有新华通讯社和中国新闻社。国际上有影响的通讯社有俄通社—塔斯社（Information Telegraphic Agency of Russia – TASS）、美联社、法新社（Agence France-Press）、路透社等。

广播按照传输方式可分为有线广播和无线广播。有线广播通过金属导线或光导纤维传送信号，无线广播通过无线电波传送信号。广播按照调制方式可分为调幅广播和调频广播。调幅广播（AM）是让载波的幅度随着调制信号而改变，调频广播（FM）是让载波的频率随着调制信号而改变。广播按照传输信号可分为模拟广播、数字广播和网络广播。模拟广播是把模拟音频信号放大后调制到高频载波上，以电波形式传送；数字广播传输的是数字化信号；网络广播直接通过互联网传输。广播还可以按照内容分为新闻、音乐、交通、经济广播等。

我国的国家级广播电台有两家。中央人民广播电台（China National Radio，CNR）是我国唯一覆盖全国的广播电台，在国内拥有听众超过7亿人，是世界上拥有国内听众最多的广播电台。截至2018年，中央人民广播电台拥有中国之声、经济之声、华夏之声、藏语广播、维吾尔语广播、中国交通广播、中国乡村之声等17套广播节目，全天累计播音354.5小时。中国国际广播电台（China Radio International，CRI）是中国向全世界广播的国家广播电台，宗旨是"向世界介绍中国，向中国介绍世界，向世界报道世界，增进中国人民与世界人民之间的了解和友谊"。

电视按照传输方式分为无线电视、有线电视和卫星电视。无线电视通过电磁波传送信号，有线电视通过电缆或者光缆传送信号，卫星电视利用地球同步卫星将数字编码压缩的电视信号发送到用户端。此外，电视还可以按照传输信号的类型划分为模拟电视和数字电视。

中央电视台（China Central Television，CCTV）是世界著名电视台之一，是我国最有影响力的电视台。中央电视台前身为成立于 1958 年的北京电视台，1978 年 5 月 1 日更名为中央电视台。截至 2018 年，中央电视台拥有 42 个电视频道，其中开路频道 29 个，数字付费频道 13 个，共开办 529 个电视栏目，年播出总量 33.8 万小时。中央电视台下属的中国国际电视台（即中国环球电视网，China Global Television Network，CGTN）于 2016 年 12 月 31 日正式开播，包括 6 个电视频道、3 个海外分台、1 个视频通讯社（国际视通），是全球唯一使用 6 种联合国工作语言不间断对外传播的电视媒体，基本建立起覆盖全球的立体多样、融合发展的国际传播体系。2018 年 3 月，中共中央印发《深化党和国家机构改革方案》，撤销中央电视台、中央人民广播电台、中国国际广播电台建制，组建中央广播电视总台，对内保留原呼号，对外统一呼号为"中国之声"。

世界著名电视台还有今日俄罗斯电视台（Russia Today TV，RT）、美国有线电视新闻网（Cable News Network，CNN）、美国的全国广播公司（NBC）、英国广播公司（BBC）、日本放送协会（Nippon Hōsō Kyōkai，NHK）、半岛电视台（Al Jazeera）等。

电子媒体具有以下特点：一是可感性强。电子媒体依托电子技术的发展，通过电波、电缆传送声音符号或音像符号。广播传播的声音符号包括语言、音乐、音响，电视传播的音像符号采用影像流的方式对信息进行传递和再现。与纸质媒体的文字符号相比，电子媒体的音像符号直观性更强。二是信息传播的时效性强。广播利用电波进行声音传输，电波的传输速度为 30 万千米/秒，播出声音与听众听到的声音几乎同步；电视通过声音和画面进行信息传播，采用直播的方式能够同步将报道现场呈现给观众。电子媒体的信息传播与报道现场之间几乎没有时间差，传播的时效性很强。三是瞬时传播。传统电子媒体在传播过程中采用的是线性传播方式，即以传播者为起点，以受众为终点，单方向、直线型地进行传播，在传播过程中，信息转瞬即逝。

三、网络媒体

网络媒体是指利用国际互联网（Internet）进行新闻信息传播，以电脑、手机等为终端的媒体。由于网络技术的快速发展，网络媒体的形态也在不断变化，按照传播渠道的不同，可以将网络媒体分为新闻网站、移动新闻客户端、社交媒体账号等类型。

严格意义上讲，新闻网站指中央新闻单位、中央国家机关各部门新闻单位以及省、自治区、直辖市直属新闻单位依法建立的网站，具体包括：中央级的国家重点新闻网站，如新华网、人民网、中国网等；省、自治区、直辖市新闻网站，自 2000 年 4 月北京千龙新闻网创建后，各地都有了新闻网站，如浙江在线、红网、东方网、四川新闻网、华龙网等；依托省级传统媒体或者省会城市传统媒体建设的新闻网站，如《福建日报》的东南网、《河北日报》的河北新闻网、《四川日报》的四川在线等。另外，有些地、市、县也建立新闻网站。

商业门户网站是指由非新闻单位运营，转载及整合有资质媒体原创报道的网站，如新浪、腾讯、搜狐、网易等。按照我国有关法规，商业门户网站不具有新闻采访权，不属于新闻网站。

移动新闻客户端是指将提供新闻信息的应用软件安装在手机等移动终端的网络媒体。在我国，根据运营主体的不同，新闻客户端可以分为以下类型：一是传统媒体类新闻客户端，是指由传统媒体自身运营、以传播传统媒体原创内容为主的新闻客户端，如人民日报客户端、新华社客户端、央视新闻客户端等。二是各级政府部门的新闻客户端，以传递政府声音和提供政务服务为主。三是由政府机构或媒体运营的、有新闻资质的客户端，如澎湃新闻、封面新闻等。

还有一类非新闻单位运营的客户端，转载及整合有资质媒体的原创报道。按照我国有关法规，这类客户端不属于新闻媒体。一是商业门户类新闻客户端，是指商业门户网站运营的综合类、整合新闻媒体内容的客户端，如新浪新闻客户端、网易新闻客户端、搜狐新闻客户端、腾讯新闻客户端等。这类客户端不具有新闻采编资质，只是转发有资质新闻媒体发布的信息。二是聚合类新闻客户端，是指由专业新闻整合平台运营、按照用户的订阅要求进行精准的信息推送的新闻客户端，如今日头条、一点资讯等。三是垂直类信息客户端，是指提供某个领域的深度信息和服务，发布行业信息动态的客户端。

社交媒体账号指各级政府部门和新闻媒体在微博、微信等社交媒体平台上自主发布新闻信息的一种传播渠道。截至 2017 年 12 月，我国大陆有 31 个省、自治区、直辖市开通政务微博，经过新浪平台认证的政务机构微博达到 134 827 个。

网络媒体具有以下特点：一是信息海量。网络媒体充分利用全新的信息编码方式，通过数字设备对信息进行加工和传播。与报纸、电视等传统媒体的有限容量相比，网络媒体不受内容数量的限制，可以存储海量信息。二是信息传播打破时空限制。从时间性来说，网络媒体极大地加快信息传播速度，甚至实现与信息采集、加工、传递同步的共时传播，消除传播交流的时间间隔，这一特性让网络媒体在一些突发性新闻事件的报道中凸显出极强的报道优势。从空间性上来说，网络媒体突破传统媒体必须依靠地面信息传递系统进行信息传播的局限，也打破传统媒体由于国家或者地区之间的传播限制而只能在有限区域范围内进行传播的藩篱，只要利用全球互联的网络系统和通信卫星，在地球的任何角落都可以进行各种方式的网络信息传播。网络媒体以其强大的超时空的特质成为真正的全球性媒体。三是传播交互性强。受众和传播者之间可以实时联系和反馈，受众可以随时随地检索、接收、发布、回复、评论各种信息，传播者和受众之间的界限变得模糊。网络媒体通过大数据技术可以提供个性化服务，每个人可以选择自己感兴趣的新闻内容。

第三节　媒体融合发展

互联网技术的快速发展带来媒体格局的变革，媒体融合应运而生。2016 年 2 月 19 日，习近平在党的新闻舆论工作座谈会上指出："要适应分众化、差异化传播趋势，加快构建舆论引导新格局。要推动融合发展，主动借助新媒体传播优势。"① 媒体融合成为我国主流媒体发展的重要战略。

一、媒体融合发展的背景

一般认为，"媒体融合"这一概念起源于美国，有两位学者的观点具有代表性。1978 年，《数字化生存》的作者尼古拉斯·尼葛洛庞帝提出，计算机业、印刷出版业、广播电影业的技术边界趋于重叠，新旧媒体会在数字化领域汇集到一起。1983 年，美国学者伊契尔·索勒·普尔认为，在电子信息技术的影响下，传统媒体相互隔离的传播模式将会彻底改变，继而向新的融合模式方向发展。

媒体融合的含义有广义和狭义之分。从广义上说，媒体融合指媒体的功能、渠道、传播手段、组织架构、产业形态等诸要素与通信行业、计算机行业等的跨行业有效结合，形成资源共享的多形态传播产品和传播平台。从狭义上

---

① 《习近平谈治国理政》（第二卷），外文出版社 2017 年版，第 333 页。

说，媒体融合指报纸、广播、电视、杂志等传统媒体在内容生产和传播渠道方面与建立在互联网技术基础上的新媒体融为一体。

媒体融合的必要性可以从四个角度进行探究。一是从技术角度看，报刊、广播、电视等传统媒体与网络媒体相比，存在单向传播、互动性弱等短板，这些由于技术问题形成的短板制约着传统媒体的竞争力。而基于网络技术的新媒体具有即时性、交互性、便利性、大容量等特点，传统媒体需要与新媒体融合才能提升传播力。二是从产业角度看，自互联网进入我国后，传统媒体一直受到新媒体快速发展的挑战，尤其在 2012 年以后，以报纸、电视为代表的传统媒体在受众规模和广告经营上开始呈现明显下滑趋势。根据央视市场研究股份有限公司（CTR）的《中国城市居民调查》的数据，2012 年以来报纸的日到达率急剧下降，5 年间从 53.9% 大幅下降到 30.4%，2017 年上半年与 2012 年同期相比，报纸广告降幅达 77%。传统媒体需要摆脱生存压力和寻求发展机会，媒体融合就成为一个必然选项。三是从宣传角度看，随着新兴媒体快速发展，传播格局和舆论生态发生深刻变化。我国传统媒体具有权威性和专业性的特点，而新兴媒体拥有便利性和交互性优势，两者需要有机结合才能更好发挥宣传效应和舆论引导作用。换言之，传统媒体和新兴媒体的优势融合为一体，才能建设具有传播力引导力影响力公信力的新型媒体集团。四是从国际化角度看，信息化高速公路带来信息流通的全球化，信息技术加速发展加快信息流通速度。在信息地球村里，各国家、地区的各种媒体形式相互交流、相互借鉴，促进各种媒体形式之间壁垒的消融，推动媒体融合。

党的十八大以来，我国高度重视媒体融合，通过推进媒体融合迎接新传播技术带来的挑战。我们应"加快传统媒体和新兴媒体融合发展，充分运用新技术新应用创新媒体传播方式，占领信息传播的制高点。"①

二、媒体融合发展状况

2019 年 1 月 25 日，中共中央政治局在人民日报社就全媒体时代和媒体融合发展举行第十二次集体学习，习近平指出："党的十八大以来，我们坚持导向为魂、移动为先、内容为王、创新为要，在体制机制、政策措施、流程管理、人才技术等方面加快融合步伐，建立融合传播矩阵，打造融合产品，取得

---

① 《习近平新闻思想讲义（2018 年版）》，人民出版社、学习出版社 2018 年版，第 102 页。

了积极成效。我们要立足形势发展，坚定不移推动媒体深度融合。"①

我国媒体融合发展迅速，平台支撑有力，打造一批影响力强的融合媒体平台，推出一批融媒体产品，如人民日报的"人民号"、新华社的"现场云"、中央电视台的"智慧融媒体"等。地方媒体也大力开拓新媒体市场，推进媒体融合。如上海报业集团、四川日报报业集团打造的澎湃新闻、封面新闻等移动新媒体拳头产品相继上线。

拓展资源

关于"军装照"
H5

在具体传播内容上，我国媒体融合也取得明显成效。如人民日报社新媒体中心将文字、视频、H5、动画、VR 等元素深度融合，推出一系列有影响力、传播力的产品。2017 年中国人民解放军建军 90 周年前夕，《人民日报》推出互动型融媒体产品《快看呐！这是我的军装照》，人们纷纷通过这个新媒体产品生成、展示自己的虚拟"军装照"。该产品上线仅 9 天，浏览量就突破 10 亿，有超过 1.55 亿网民参与其中，创下当时新闻媒体单个产品访问量新高。

2018 年 9 月中非合作论坛北京峰会期间，新华社在峰会前后推出 6 组浏览量过亿的融合报道产品，其中有《非洲，你好！》《倒数开始，不一样的非洲》等短视频，还有多语种微视频《大韵之路》，阐释"一带一路"建设是沿线国家的合唱主题，全网总浏览量超过 2 亿次。

作为国家的发展战略，主流传统媒体依托国家政策、资金支持、品牌和专业人才优势，从组织机构、新闻生产流程、经营管理、平台再造、技术创新等方面着手，大力发展新媒体业务，积极布局新媒体，快速提升内容生产能力，传统媒体与新媒体优势互补，媒体融合发展呈现出良好态势。

三、媒体融合发展途径

拓展资源

推动传统媒体
和新兴媒体融
合发展
　　（视频）

2014 年 8 月，在中央全面深化改革领导小组第四次会议上，习近平强调，要遵循新闻传播规律和新兴媒体发展规律，强化互联网思维，坚持传统媒体和新兴媒体优势互补、一体发展，坚持先进技术为支撑、内容建设为根本，推动传统媒体和新兴媒

① 习近平：《加快推动媒体融合发展　构建全媒体传播格局》，《求是》2019 年第 6 期。

体在内容、渠道、平台、经营、管理等方面的深度融合。[①] 这为媒体融合发展指明方向。

(一) 以深度融合为核心

媒体融合需要传统媒体和新兴媒体尽快从"相加"向"相融"转变，优势互补，一体发展，纵深推进，打造一批形态多样、手段先进、竞争力强的新型主流媒体。在具体的媒体工作中，传统媒体从业者需要转变观念，运用互联网思维拥抱新兴媒体；遵循新闻传播规律，利用传统媒体品牌优势做大做强新媒体，实现媒体融合发展。

随着互联网技术的进步，出现全程媒体、全息媒体、全员媒体、全效媒体，信息无处不在、无所不及、无人不用。媒体形态的更新迭代越来越快，媒体融合的内涵更加宽广，它不再局限于传统媒体的数字化转型，开始形成以智能移动终端为代表的新兴媒体渠道，利用智能终端进行信息采集、处理、编辑和分发等，真正做到一次采集、多种生成、多端传播。传统媒体要适应这一转变，加快移动产业布局，利用新平台、新技术，推动传统媒体和新兴媒体在内容、渠道、平台、经营、管理等方面的深度融合。

(二) 以先进技术为支撑

媒体融合离不开先进技术的支撑，大数据、人工智能、云计算等新技术层出不穷。历史已经证明，技术的发展往往带来媒体的变革，印刷术的出现催生报纸的繁荣，电子技术带来广播、电视的普及，互联网技术将网络接入千家万户。如今智能移动终端已进入人们生活，依托新技术创新移动新闻产品，能够更好满足受众需求，改善用户体验。

推动媒体深度融合，必须坚持以先进技术为支撑。利用大数据和云计算，可以提升数据的存储、挖掘和利用能力；利用最新的通信传输技术和移动直播，可以提升信息传播的效率和稳定性；无人机、全景拍摄、VR/AR/MR、3D等技术的广泛使用，将会进一步丰富信息的表现形式，从而使人们获得更为全面的信息。当前媒体技术正在进入人工智能时代，在利用现有技术的基础上，要特别关注人工智能技术在新闻领域的应用，全面提高舆论引导能力。如社交机器人、语音识别、图像识别、自然语言处理、智能算法推荐等技术的应用，这些新技术将会推动传统媒体不断向智能化融合方向发展。

[①] 《习近平：推动传统媒体和新兴媒体融合发展》，人民网 2014 年 8 月 18 日。

（三）以内容建设为根本

在新闻传播领域，内容是媒体立足的根本。没有优质的内容生产，无论是传统媒体还是新媒体，都不会有传播力、吸引力和竞争力。"进入移动互联网时代，一般信息已经不再稀缺甚至泛滥，但思想深刻、见解独到、能为用户提供独特价值的专业优质内容依旧稀缺。"① 媒体融合必须要以内容建设为根本，但不是将传统媒体的内容照搬进新媒体，而是重新再造出适合新媒体技术特点的内容。

内容是传统媒体的最大优势和核心竞争力，媒体融合发展必须依托传统媒体专业的采、编、评等能力，发挥新媒体快、灵、活的特点，通过多渠道创新内容分发、传播和反馈机制，实现受众覆盖最大化；充分发挥传统媒体的专业化能力，生产优质的新闻内容，根据不同平台的受众特点，有针对性地选择和组合内容。同时，运用短视频、H5、3D 和 VR 等技术多角度、立体化地呈现新闻内容，使新闻内容具有更大的传播力、吸引力。

（四）以人才培养为保障

媒体融合取得成效的关键在于人才队伍的建设。面对新媒体的快速发展，传统媒体存在优秀人才流失、新媒体专业人才缺乏等问题，人才保障和培养制度亟待完善。人才优势是媒体的核心优势，媒体融合需要懂技术、懂内容、懂管理的全媒体型人才，因此，要把人才培养摆在突出位置。一是着力推动现有媒体人员转变观念，培养融合发展思维，鼓励他们大胆创新，加大对优秀创新团队的引导和支持。二是在实战中培养媒体人员运用新技术的能力，以全媒体技能提升为中心，对媒体队伍开展"一专多能"技能培养，定期邀请相关领域专家就媒体融合展开培训。三是加强全媒体后备人才培养。比如在高校开设大数据、人工智能等新技术课程，促进媒体单位与高校展开密切合作，培养学生的兴趣和实践能力。推动媒体深度融合是一项长期事业，要从源头上完善人才制度，不断优化人才计划，确保媒体融合发展顺利推进。

四、媒体融合的新技术应用趋势

媒体融合发展的一个关键是要跟上技术发展的步伐，通过新技术来引领媒体融合发展，推动媒体转型升级。其中，以人工智能为代表的一些新技术开始

---

① 《习近平新闻思想讲义（2018 年版）》，人民出版社、学习出版社 2018 年版，第 109 页。

在新闻媒体中应用。

（一）机器写作

机器写作是对"自动化新闻"（Automatic Journalism）的拟人化说法，指的是通过算法对海量的数据进行加工处理，自动转化成新闻文本的方式。这是人工智能在新闻行业初步得到应用的一项技术。在进行文本创作时，计算机程序需要获取海量的网络数据并对其进行精密的切割与分析，在编程者预先制定的规则下将这些内容重组为新的文本。2008 年前后，机器写作技术因《洛杉矶时报》推出的地震报道机器人写手 Quakebot 而引起广泛注意。2014 年起，世界各地的新闻机构纷纷以合作或自主开发的方式在新闻报道中使用"写作机器人"，将这项技术成功应用于体育、财经、犯罪、自然灾害等类型的新闻报道中，如新华社的"媒体大脑"可以生产体育、财经等内容产品。

机器写作的过程是对既有文本的理解和再生产，机器写作与真人记者相比，在语言能力和思维方式上还存在一定的差距，机器写作需要依赖写作模板，但机器写作在对信息的发掘、储存和处理能力上占有优势，成为辅助记者工作的有效工具。

（二）智能推送

智能推送（Smart Push Notification）是指通过应用人工智能和机器学习方法，建立识别和预测各种用户兴趣或偏好的算法，并主动向用户个性化推送所需信息。智能推送改变传统媒体和 PC 网络的信息流动从媒体到受众、从点到面、编辑选稿受众看的信息传播模式。

随着媒体技术的进步，个性化的智能推送新闻已经成为国内外新闻客户端的重要信息分发方式。该技术通过对用户个人的阅读内容、所关注的信息源与信息核心词汇、人物画像、社交网络关系等信息的分析，计算出用户的信息偏好后进行新闻推送，实现新闻的个人定制，使每个使用者在所使用客户端上都能看到符合个人兴趣偏好的内容。

智能推送是建立在大数据和机器算法基础之上的一种人工智能技术。海量数据是智能推送的基础保障，数据包括：第一，内容数据，内容本身及其文本特征（类型、热度等）；第二，用户数据，用户画像（职业、年龄等）及用户行为（阅读、转发等）；第三，环境数据，用户当前所处的时间、地点、场景。机器算法是智能推送的技术核心，通过挖掘海量内容数据建立与用户需求匹配的模型。

在实际工作中，要加强对算法的主流价值观的引领和内容把关。从社会学层面来看，基于算法的智能推送受到最大的质疑是造成"信息茧房"。算法为每个人都量身定做一套信息，久而久之，个体就禁锢自己而失去了解其他事物的机会，被封闭在自己营造的定式化的信息茧房之中。这是建立在算法基础上的智能推送需要引起我们思考的问题。

（三）VR/AR/MR

虚拟现实技术是一种计算机仿真系统，利用计算机生成模拟场景。目前主要有三类技术应用方式：虚拟现实（Virtual Reality，VR）、增强现实（Augmented Reality，AR）和混合现实（Mixed Reality，MR）。

VR（虚拟现实）是通过计算机模拟视觉、听觉、触觉等感官体验而生成的三维虚拟空间，通过阻断人眼与现实世界的连接，由设备渲染的画面创造出一个全新的虚拟世界，让使用者产生身临其境的感受。20世纪60年代初世界上第一台VR设备申请专利后，VR就曾引发过广泛关注，但产品质量受限于当时的技术水平，关注热潮很快消退。随着技术逐渐成熟，近年来VR广泛应用在游戏、军事、教育、新闻、医疗等领域。VR产业需要优质内容资源支撑以吸引消费者，并改进技术以改善用户体验。在新闻传播领域VR技术也开始使用，如2019年两会期间，央视新闻官方微博进行"部长通道"5G+VR的全景实时直播；人民日报社新媒体中心通过5G+VR技术直播两会现场和梅地亚中心记者会现场。在国外，《纽约时报》推出The Daily 360系列，每天在全球某地制作一部360度全景视频。

AR（增强现实）是在真实环境中叠加由计算机实时生成的虚拟信息，将虚拟世界信息和真实世界信息集成一体。AR的视觉呈现方式是在人眼与现实世界连接的情况下叠加虚拟全息影像，增强使用者的视觉呈现体验。目前AR技术主要依托手机落地，产品应用在游戏、商业、天气预报等领域。新华社在2019年两会报道中首次启用智能AR直播眼镜"智慧眼"，借助注意力捕捉技术，将记者的眼睛变成摄像机，记者看到的现场画面会通过"现场新闻"客户端同步直播给网友，使网友们宛若身临其境。

MR（混合现实）结合VR和AR两种技术的特点，通过对虚拟物体和现实物体进行再次计算后合并产生新的可视化空间。在新的可视化空间里真实对象和虚拟对象共存，并可以实时互动。MR避免了AR的视觉受限，并弥补VR不能与真实世界互动的技术短板。2019年两会期间，封面新闻将MR技术与虚拟直播技术结合应用到大型主题新闻视频播报中，创作出汶马铁路、白鹤滩水电站、凉山三河村脱贫攻坚工作进展等系列新闻报道。

随着人工智能技术在虚拟现实和人机交互两方面的日渐完善，VR/AR/MR技术将会给人们带来更完美的沉浸式体验。但VR/AR/MR还处于技术创新扩散早期的创新者使用时期，离真正的大众使用还有较大差距。

（四）智能语音交互

智能语音交互（Intelligent Speech Interaction）是基于语音识别、语音合成、自然语言理解等技术，赋予新闻媒体产品"听清、听懂、反馈"的全新交互技术。"听清"是指机器可以准确识别用户的语音；"听懂"是指机器通过语义分析，可以准确理解用户的真实意图；"反馈"是指在理解用户意图后，反馈优质结果，有效满足受众需求。

新闻媒体已经开始借助智能语音交互技术开发产品。一是智能语音技术作为新闻媒体的内容形态，以语音播报、聊天机器人等形式传播信息。一些媒体推出新闻聊天机器人，机器人不但拥有对话能力，还能朗读新闻，如《中国日报》客户端就采用智能语音技术播报新闻。二是建立在智能语音技术基础上的智能音箱成为新闻的一种载体。语音作为"入口"，用户可以完全使用语音获取信息。随着人工智能技术的发展，智能语音技术将能够处理更复杂的语音任务，提供更个性化的信息服务。

新传播技术的快速发展带来媒体生态的不断变革，媒体形态越来越多样，媒体也为受众提供越来越多的便利服务。媒体发展的驱动因素中，传播技术是外在因素，广大受众的需求是内在因素。一项技术如能契合受众需求就会得到快速普及，否则就只能停留在技术开发层面。当然媒体也要关注传播技术发展带来的负面社会影响，有效防范新技术应用带来的各种社会风险。

学习思考题：

1. 简述新闻媒体的发展阶段。

2. 结合实际简述不同类型媒体的特点。

3. 什么是媒体融合？结合实际谈谈我国媒体融合发展的最新进展。

4. 谈谈新闻媒体技术的发展趋势。

第五章　新闻事业

　　新闻事业是一切新闻机构及其全部业务活动的总称。现代新闻事业包括报社、广播电台、电视台、新闻通讯社、新闻图片社、新闻杂志社、互联网新闻网站、数字新媒体等新闻机构及其业务活动。广义的新闻事业还包括新闻教育和研究机构及其教学、教育和学术研究活动。新闻事业的主要功能是传播新闻、引导舆论、服务社会。新闻事业存在于社会之中，必须受到政府的管理，各国政府运用法律法规和政策等方式对本国的新闻事业进行管理。我国坚持党管媒体的原则，加强法律制度建设，完善管理体制机制，有力保障和促进新闻事业健康发展。

第一节　新闻事业的产生和发展

　　新闻事业是适应商品经济发展的需要而产生的，社会生产力和科技文化的进步决定新闻事业的发展水平，社会和政治需要决定新闻事业的基本属性。

一、商品经济的发展催生近代新闻事业

　　东西方贸易的发展和大航海时代贸易全球化的开拓，推动西方近代新闻事业的诞生及其在全球范围内的传播。15 世纪初，意大利威尼斯出现了手抄小报。威尼斯是当时欧洲最大的商业贸易中心之一，各国商人、金融家和旅游者云集。为了满足他们对船舶交通、道路安全及商贸金融等经济和社会信息的需要，这里出现专门以收集和传播此类信息为职业的人。他们把收集到的信息手工抄写，或张贴在公共场所的墙上（称"新闻墙"），或悬挂在专门的房间里（称"新闻房"），或抄写多份沿街叫卖，或定期寄送固定订户。这种手抄小报除了向需要者提供商情、物价、贸易、金融、气象、交通等信息外，也提供直接影响船舶交通和商品贸易的有关各地战争、政局、宗教活动等内容的动态消息。这种手抄小报虽然大多不定期出版，时效性较差，而且无报名、无标题，算不上是真正意义的报纸，但新闻事业作为一项社会事业，其产生标志就是在社会分工中出现专职的新闻采集、写作和传播者。

随着商品经济的发展，欧洲的贸易中心逐渐向大西洋沿岸国家转移，德国、英国、法国等国家相继出现手抄报纸。16世纪末17世纪初，手抄报纸已成为当时欧洲许多国家普遍采用的新闻传播形式。

与此同时，在一些国家，城市纷纷出现，驿传或邮政制度建立起来，交通运输业的发展，为新闻的采集、传递和报纸的运输、发行提供便利条件。文化和教育事业的推广和发展，则为报纸提供了具有阅读能力的读者群。印刷机和电报的使用则是报纸定期快速出版的重要物质和技术保证。在此背景下，定期出版的印刷报纸在欧洲一些资本主义发展较早的国家应运而生。

二、社会生产力和科技文化的进步决定新闻事业发展水平

社会生产力和科技文化的进步决定着新闻事业发展水平，影响着新闻传播者和接受者的能动性发挥及其相互关系。

中国古代四大发明中的造纸术和印刷术，对纸质媒体的产生与发展起到至关重要的作用。公元105年，东汉蔡伦改进造纸术，使语言文字有了更便捷的物质载体；隋唐年间，中国人发明雕版印刷术，宋朝庆历年间（1041—1048），毕昇发明胶泥活字印刷术，元代时，中国印刷术经阿拉伯地区传到西欧。15世纪中叶，德国人古登堡发明金属活字印刷术和靠螺旋加压的印刷机。近代印刷术的发明，为印刷报纸的产生准备了条件。

除印刷术外，促进近代大众化报刊产生和发展的重要技术还有机器造纸的出现。19世纪前后法国发明造纸机，经过英国、德国等的改进，造纸成本大大降低，质量和产量均有较大提升。到19世纪末，机器造纸行业基本取代手工造纸作坊。1865年，美国费城报业首先使用卷筒纸印刷，把报纸印刷速度提升到新的高度。

与造纸业密切相关的是印刷机的改进和发展。中国是世界印刷术的肇始国，宋朝时就有印刷报刊出现，迄今为止发现的第一张印刷报纸是中国明朝万历年间的《急选报》。中国近代金属活字印刷技术是从西方引进的。19世纪以来，西方传教士在中国多次改进金属活字造字、捡字和印刷工艺，提高了中国报刊印刷的质量和速度。在西方，德国人古登堡发明的金属活字印刷术和印刷方法一直延续到18世纪末。从19世纪开始，西方国家对印刷机进行一系列改进，蒸汽滚筒印刷机使得报纸每小时的印刷量从数百份猛增到数千份，而双圆筒新式印刷机的出现，将这一数字提高到2万多份。轮转印刷机的出现又将此

数字刷新。与此相配合的铸字机、铸造排字机以及制版等诸多报刊印刷技术的进步，给报业注入蓬勃发展的动力。作为近代文明标志之一的机器印刷报纸，在生产力发展水平较高、科学技术相对发达的欧洲国家相继出现，标志着以报纸为主要传播方式的新闻事业开始走向成熟。

通过无线电波或导线传送声音符号是无线电技术发展的一个重要成果。1864 年，英国物理学家麦克斯韦发现放射性电波可以无线传送，由此提出电磁学基本原理；1884 年，德国科学家赫兹根据这一原理从事实验，发现无线电波产生、发射与接收的方法；1895 年，意大利科学家马可尼和俄国科学家波波夫分别进行无线电传送信号实验，均获得成功。1896 年，马可尼在英国取得专利；1899 年，他成功拍发从英国到法国的电报，无线电通信进入实用阶段。在此基础上，人们逐渐解决应用电波负载声音的技术问题。1906 年，美国科学家李·德福雷斯特制成电子三极管，使得声波的大功率发射、接收和放大成为可能。1920 年，广播电台正式诞生，无线电广播的出现是新闻传播的一场革命，打破传播时空界限，大大加快新闻传播速度，实现"即时同声传播"，广播提供的新闻现场声音增强了新闻传播效果。特别是第二次世界大战中，无线电广播所发挥的强大舆论宣传作用，使人们对新闻传播的威力和影响有更深刻的认识。

紧随无线电广播之后出现的电子媒介是电视。电视是通过电子技术及设备传送动态图像画面和音频信号的大众媒体，是在电力、电报、摄影、广播等多项技术条件逐步成熟的环境中孕育而出的。1884 年，德国科学家保罗·尼普科夫发明一种机械式广电扫描圆盘并取得专利。这种扫描圆盘把图像分解成多个像素，根据每个像素光线的变化产生不同的电信号，把图像从甲地传到乙地，这种扫描圆盘成为电视的雏形。1925 年，英国科学家约翰·洛吉·贝尔德在前人研究成果的基础上，制造出第一台真正实用的电视传播和接收设备。1926 年1 月 26 日，贝尔德发明的机械电视把电视画面从英国伦敦传送到美国纽约，轰动世界。从此之后，电视作为一种全新传播媒介进入人们生活。

诞生于 20 世纪 60 年代的互联网，起初主要用于军事目的。它真正渗入社会生活、对公众全面开放是在 20 世纪 90 年代。这种新媒介一旦与公众的需求相结合，便呈现惊人的发展速度。从 1993 年到 1997 年，仅仅 4 年时间，全球互联网用户就已经达到 5 000 万。作为一种新媒介，要使其受众达到 5 000 万，广播用了 38 年，电视用了 13 年，有线电视用了 10 年。在我国，互联网从 1998

年开始进入大众传播领域。进入 21 世纪，移动媒体大量出现，将互联互通的世界呈现在人们面前。截至 2020 年 3 月，我国网民规模达到 9.04 亿，居世界第一位。① 互联网的出现引发传播领域深刻变革，其大容量、即时性、互动性、精准性和便捷性等特点，使新闻传播朝着更加快捷、便利、多样化和个性化的方向发展。大数据的开发和利用，人工智能的探索，更推进媒体全方位变革，使媒介进入全新时代，不但带来传播主体、传播手段、传播方式和传播内容的更新，而且引发整个媒介格局的变化，为新闻事业更好地服务社会、服务受众开辟新的机遇和前景。

三、社会和政治需要决定新闻事业的基本属性

新闻事业是人类社会发展到一定历史阶段的产物，是适应这一历史阶段社会需要的产物。在封建社会，报刊的存在与发展同封建统治的需要及其对信息传播的开放和限禁程度有直接关系。我国早期的报纸——邸报主要用于中央政府同各地官府内部的信息交流，以便封建统治阶级加强集权统治，民间的新闻信息传播活动往往被限制或禁止。

在西方，虽然 15 世纪一些国家就开始采用印刷术，但欧洲各皇室只允许用它来印制宗教宣传品。欧洲封建王朝对印刷出版物通常采取严厉限禁和封杀的政策。英国都铎王朝于 1586 年颁布的《星法院法令》中，就有许多限制印刷品的具体规定。这一时期，欧洲许多国家的王朝政府都有类似对印刷品的限制法令，使得处在萌芽时期的近代报刊发展相当艰难。

在资本主义社会，新闻事业的存在与发展，是同商品经济发展和政治斗争的需要紧密相连的。可以说，商品经济推动了近代商业报刊的发展，而欧洲资产阶级革命则推动了政党新闻事业的发展。资本主义的商品生产打破封建社会自给自足的自然经济，商品的流通带来信息的广泛交流。人们对经济和社会变动信息的需求急剧增加，这使得作为信息传播主要形式的报刊应运而生。从 17 世纪中叶到 19 世纪中叶的 200 多年，是欧美资产阶级革命的重要时期。英国、美国、法国、意大利等国家的资产阶级新闻事业在这场剧烈的政治变革中发挥积极作用。从 19 世纪 30 年代起，欧美一些资本主义国家的报业适应自由经济

---

① 中国互联网络信息中心（CNNIC）：第 45 次《中国互联网络发展状况统计报告》，2020 年 4 月 28 日。

发展的需要，进入大众化自由报刊发展阶段。当时的报业为扩大发行、吸引广告以获取高额利润，着力把目光瞄准城市中的普通市民。他们大幅度降低报纸售价，变更报道内容，改变报道形式，以适应读者需要。

自 19 世纪末以来，随着垄断资本的出现，西方传媒业也开始进入以兼并和联合重组为主要特征的垄断阶段，传媒业逐步成为少数垄断财团和金融寡头所控制的信息与舆论工具。总之，资产阶级新闻事业的发展变化，是与资产阶级在不同历史阶段社会经济和政治利益的需要相适应的。

无产阶级新闻事业的产生和发展，是同无产阶级及其政党在一定时期的斗争需要紧密联系的。无产阶级登上历史舞台后便开始冲破资产阶级的重重封锁，创办自己的报刊。19 世纪二三十年代，一些欧美主要资本主义国家出现最早的一批工人报刊。如果说资产阶级报刊一开始还是以营利为主要目的的商业报刊的话，那么工人报刊从一开始，便成为无产阶级同资产阶级斗争、维护自身经济利益和政治权利的不可缺少的舆论武器。从英国宪章派左翼的《北极星报》，到马克思、恩格斯创办的共产主义者同盟的《新莱茵报》；从列宁主编的俄国社会民主工党的《火星报》，到中国共产党在抗日战争时期创办的《解放日报》和《新华日报》；从过去在资产阶级政权下艰难出版的秘密报纸，到现在拥有宏大规模的社会主义新闻事业，都是无产阶级及其政党传播革命真理、宣传和动员群众、组织对敌斗争、指导实际工作、推动革命、建设和改革事业发展的有力武器。

第二节　新闻事业的性质和功能

马克思主义认为，一定社会的经济基础决定这一社会的上层建筑。也就是说，在一个社会中，包括意识形态在内的上层建筑要受到社会经济基础的制约，有什么样的经济基础，就会有与之相适应的上层建筑和意识形态。

一、新闻事业的性质

新闻事业作为上层建筑的一部分，产生于一定社会的经济基础，是一定社会的经济基础通过新闻手段的反映，同时，它又反作用于这一经济基础，并为这一经济基础服务，成为特定主体不可或缺的信息媒介和舆论工具。因此，在不同社会制度下，新闻事业同其他上层建筑一样是服务于一定的社会制度的，所谓纯粹客观中立的新闻事业，在当今世界是不存在的。社会主义新闻事业借助各种新闻媒体，通过报道事实、发表言论、用事实说话、以道理服人等新闻手段反映和服务社会主义的经济基础。

（一）新闻事业是传播新闻、引导舆论、服务社会的政治工具

传播新闻信息，满足人们的新闻信息需要，是新闻事业的主要职能。但是，任何新闻事业的存在又不仅仅是为了传播新闻信息，满足人们的信息需要。新闻事业从一产生就与社会的政治、经济活动密切相关，逐渐成为一定政党及社会集团从事舆论斗争的工具，适应并服务于一定社会的经济和政治制度，这是新闻事业政治属性的集中体现。

新闻事业所具有的传播新闻信息、反映和引导舆论的重要功能，使得各个政党和社会集团都希望掌握它、控制它，将它作为实现经济与政治利益的重要手段。

在资产阶级革命中，新兴资产阶级利用新闻事业作为向封建统治阶级争取经济发展自由和政治民主权利的手段，为资产阶级夺取政权打造舆论。取得政权之后，他们把新闻事业作为控制舆论、影响公众、维护其经济制度和巩固其政治统治的工具，新闻事业体现出鲜明的政治属性和意识形态属性。比如，美国主流媒体毫不讳言新闻对本国制度的监督与保护作用，而对意识形态不一样的社会主义国家极尽偏见不公地报道。美国政府内部从事新闻传播工作的人员对媒体亦有强大影响力。美国已建立起以白宫新闻局和总统新闻发言人办公室为核心的新闻传播机制，政府各部门设有新闻发言人，国会也设有新闻办公室，从业者达数千人，主要从事摘编并发布政治新闻、开展媒体联络等工作。美国新闻业标榜的"客观性"原则，在大选时期被彻底抛弃，各大媒体不仅为自己支持的政党捐巨资助选，而且发表有倾向性的新闻和意见影响选民。在内政外交等方面，各类公关公司通过各种关系影响媒体的新闻报道立场，已是公开的事实。多年来，美国流行一种新游说公司，即通过向媒体提供新闻稿、安排专家学者接受媒体访谈、制造和包装"新闻"等方式来获取利益，成为一种盈利颇丰的产业。据了解，2016 年美国的注册游说人数过万，游说行为近几年有转入地下的趋势，游说方式也更加复杂。美国的实际游说从业人员可能超过10 万，每年实际行业收入高达 90 亿美元。① 这些说客，或游走于国会，或出入

---

① 朱易：《凤凰独家采访 K 街游说大佬　揭秘美国大选"潜规则"》，凤凰新闻 2016 年 10 月 17 日。

于政府部门，穿梭于各种政治力量之间，纵横捭阖，为各个利益集团谋取更多利益。

新闻事业的上述政治属性是一种客观存在，是不以人的主观意志为转移的。西方一些人常常标榜新闻事业是"社会公器"，声称新闻媒体具有"公共服务性""超阶级性"和"超党派性"；还有人声称新闻媒体要摆脱政府的控制，成为独立于立法、司法、行政之外的"第四种权力"；新闻记者则被称为"无冕之王"，不为任何权力所左右等。这些观点只能是冠冕堂皇的口号，事实上，政治集团和财阀对西方媒体的各种影响从来没有消失过。

从表面上看，西方一些国家的新闻媒体大都是私营企业，带有商业属性，似乎不受政府控制。其实垄断财团通过控制新闻媒体来控制舆论，又通过控制舆论对政府施加影响。政府与各个相关利益集团关系密切，彼此之间利益紧密联系。西方政府在施政过程中，有一整套控制新闻媒体的办法，如通过控制新闻源——举行记者招待会、新闻发布会，发表广播或电视讲话，发布新闻公报，单独会见记者等形式对新闻媒体施加影响，引导媒体贯彻实施政府的内外政策。一些政府首脑也谙熟控制新闻媒体的技巧，常常使用各种办法拉拢和操纵记者，必要时政府甚至还会公开采用强制手段来控制媒体。如英国前首相布莱尔执政期间，新闻秘书坎贝尔曾作出严格规定，所有政府人员的传播行为都应得到唐宁街10号新闻办公室的许可；到布朗主政时期，政府禁止记者向下议院议员私下打探即将出台的政策以及首相即将在下议院进行活动的情况，不许记者以"政府要员将说"或"政府要员将要做"的方式进行报道。表面看来这是针对政府人员传播行为的规定，其实质却是对媒体信息来源和传播活动的严密控制。

无产阶级新闻事业是为适应同资产阶级斗争的需要而产生的，它一出现就成为无产阶级同资产阶级进行政治斗争和经济斗争的工具。在夺取政权、建立社会主义国家制度之后，无产阶级及其政党的新闻事业又为团结广大人民群众进行经济建设，巩固人民民主政权和社会主义制度服务。在中国特色社会主义新时代，新闻事业要为推进"五位一体"总体布局和"四个全面"战略布局①，为实现"两个一百年"奋斗目标、实现中华民族伟大复兴的中国梦做好舆论

---

① "五位一体"总体布局是指：经济建设、政治建设、文化建设、社会建设和生态文明建设五位一体，全面推进；"四个全面"战略布局是指：全面建成小康社会、全面深化改革、全面依法治国、全面从严治党。

工作。

（二）新闻事业是满足人们新闻信息需要、提升国家软实力的文化事业

新闻事业是一种公开面向社会、服务社会的公共文化事业。为社会和公众提供新闻信息、娱乐休闲及各种相关服务，这是新闻事业作为一种社会文化事业的显著特征。新闻事业的这种社会文化属性使它成为现代社会中人们进行新闻信息传播和精神文化交流的不可缺少的手段。通过新闻信息传播与精神文化交流，做到上情下达、下情上达，促进内外相通、左右相连，新闻事业把受众个人同国家乃至整个世界联系起来。

在现代社会中，新闻信息传播已渗透到社会生活的各个领域，获取所需要的新闻信息已成为人们日常生活的重要组成部分，如政治、经济、文化、教育、科技、体育、卫生等新闻信息，都是人们需要的。新闻事业的社会文化属性，不但体现在它所具有的信息交流作用上，还体现在通过这种信息的交流，能对社会文化和社会生活产生强大的思想渗透力和舆论影响力。

一般来说，这种传播力和影响力汇集到一定程度，就会形成和一个国家的经济实力、军事实力、科技实力等"硬实力"同等重要的"软实力"。"软实力"指的是一个国家的传播力、凝聚力、影响力等，包括文化、政治、外交三个组成部分，其中文化是其重要核心，表现为对一个国家核心价值观、制度架构和生活方式的文化认同。"软实力"主要是借助无形的思想文化影响发挥作用。

新闻事业是提高国家文化软实力的重要手段。新闻事业所具有的信息传播、文化教育和舆论引导功能，使它可以对社会和受众施加思想和文化影响，凝聚各方面的力量，形成团结一心、共建国家的合力。新闻媒体可以借助新闻报道和文化传播等手段来调节舆论引导的方向，扩大舆论传播的范围，改进舆论引导的方式，向世界展示国家的经济、政治、文化等理念，从而在展示和提高国家文化软实力的过程中发挥重要作用。

一般而言，一个国家思想文化、价值观念的影响力，不仅取决于其内容是否具有吸引力，而且取决于是否拥有先进的传播手段和强大的传播能力。西方发达国家之所以掌握国际舆论领域的话语权，就是因为他们具有强大的信息和舆论的传播能力。当今世界，美联社、路透社和法新社等西方通讯社基本垄断了全球的国际新闻报道。美国控制全世界75%的电视节目的生产和制作，每年向国外发行超过30万小时的电视节目。美国有线电视新闻网的传输信号通过

13 颗卫星覆盖全球，200 多个国家和地区的十几亿人可以收看其节目。西方发达国家正是凭借其先进的传播手段和强大的传播能力，主导着世界新闻舆论传播格局，从而将自己的意志和价值观念扩散到世界各个地方，并在一定程度上左右国际社会对一些重要问题的认知和评判标准。

我国的新闻事业作为提高国家文化软实力的一种重要手段，在国内和国际传播中都发挥着重要作用。在国内，主要表现为不断满足人民群众日益增长的新闻信息需求，为经济社会发展和中国特色社会主义服务；及时发动群众、组织群众、激励群众，调动各个方面的积极因素，不断增强全国各族人民的凝聚力。在国际上，主要表现为不断提高对外新闻信息和舆论传播能力，讲好中国故事，扩大我国新闻媒体在国际舆论格局中的话语权，增强中华文化的国际影响力，营造和谐友好的国际舆论环境，树立和提升民主、进步、文明、开放的中国国家形象。

（三）新闻事业具有一定的经济属性

历史上，资本主义商业报纸在诞生之时就具有鲜明的商品特征，即被作为刊载信息的商品出售给消费者——读者。后来面向社会公众出版的大众化报纸，其经济属性更为明显。报纸经营者把扩大发行、吸引广告、增加利润作为目标，把报业当作一种可以大量生产供社会公众消费的大众化文化产品的企业，办报成为一种能够得到高额回报的商业行为，报纸成为信息市场上的畅销商品。随着新媒体技术发展和相关政策推动，西方新闻媒体越来越集中垄断，新闻事业所获得的经济效益也越来越大，已发展成为一种重要产业。如 1996 年美国电信法出台后，美国媒体进行大规模兼并，诞生数家超级媒体企业。这之后的 20 年中，经过数轮竞争兼并，6 家超级媒体企业一度垄断美国 90% 的媒体市场。

在我国社会主义市场经济体制下，新闻事业中属于经营的部分，如广告、发行、社会信息服务等传媒产业，同样具有经济属性。它们需要按照企业管理方式进行经营，遵循市场经济规律。在这一过程中，它们需要核算成本，力求取得好的经济效益。但是，新闻事业又有别于一般的产业，因为它生产的多为体现不同程度意识形态属性的或公益性的精神产品，这就要求新闻媒体正确处理社会效益和经济效益的关系，坚持把社会效益放在首位，在确保社会效益的前提下，努力实现社会效益与经济效益的统一，而不能片面追求经济效益，甚至以牺牲社会效益为代价来换取一时的经济效益。

以上论述说明，新闻事业具有政治、文化、经济三方面属性。其中，政治属性体现的是新闻事业作为舆论工具的特征，文化属性体现的是新闻事业作为一种信息媒介和文化事业的特征，经济属性体现的是新闻事业中的经营部分作为信息与文化经营机构的特征。上述三种属性互为补充、相互制约。政治属性决定着新闻事业的政治方向和工作原则，文化属性决定着新闻事业的表现形式和行为方式，经济属性决定着新闻事业的生存基础和发展潜力。它们形成一个复杂的综合体系，各自发挥作用，又制约着其他属性的存在方式和发展状况。

二、新闻事业的基本功能

新闻事业的功能与其性质有着密切的联系。可以说性质规定、制约着功能，而功能的有效发挥则可以保证性质的充分体现。

新闻事业具有如下基本功能：

（一）传播信息　报道新闻

人们之所以需要新闻事业，主要是为了从中获取与自身利益相关的各种新闻与信息。而新闻事业之所以能够存在和发展，能够为社会与公众所接受和喜欢，也正在于它具有作为"信息媒介"的特质——传播信息和报道新闻。新闻事业通过有组织的、不间断的信息传播和新闻报道活动，每日每时向人们提供客观世界变动的各种新情况，满足人们获取信息、了解情况的需要，帮助人们提高认识世界和改造世界的能力。传播信息和报道新闻是新闻事业最基本和最主要的功能，是新闻事业发挥其他功能和作用的基础条件。

（二）反映舆论　引导舆论

实践证明，任何新闻事业都不会仅仅以传播信息和报道新闻作为唯一的职责和使命。作为一种政治工具，它还具有反映舆论和表达舆论的功能。另外，新闻事业的拥有者、管理者和控制者在传播信息和报道新闻的同时，还会发表自己对新闻事实的评述意见，表达有利于自身利益的倾向和观点，以影响社会与公众，形成舆论引导。因此，反映舆论和引导舆论，成为新闻事业的基本功能。

（三）服务受众　服务社会

新闻事业的社会服务功能主要通过以下形式体现出来：

第一，传播知识，普及教育。新闻事业可以用最快的速度把最新的科学文化知识传播给广大群众。人们足不出户便可以通过新闻媒体知晓天下事，学习到方方面面的知识，受到各种各样的启迪和教育，不断提高对客观世界的认识能力。

第二，倡导文明，弘扬美德。一个文明的社会，其成员应当具有良好的道德修养，而良好道德的养成，需要提倡，需要教化，需要社会的监督和促进。新闻媒体可以通过宣扬和提倡德行善举，褒奖和宣传好人好事，推动高尚社会道德和良好社会风气的形成。

第三，发布信息，服务生活。天气、路况、广告等生活服务类信息作为一种重要资源，对于促进经济发展、方便群众生活具有不可忽视的作用。新闻媒体是广告传播的理想手段。新闻媒体可以将各类广告在最短的时间内，用最丰富的表现形式传递给最广泛的用户，在服务群众生活的同时，也促进企业产品和服务的销售。

第四，提供娱乐，丰富生活。娱乐休闲是现代人社会生活中不可缺少的内容。在各种各样的娱乐休闲形式中，媒体所提供的娱乐内容和娱乐方式越来越为人们所喜爱，传媒成了人们娱乐休闲、丰富生活最常用的手段。在提供娱乐方面，新闻媒体担负着重大责任，富有社会责任感的媒体要尽可能地满足群众的需要，把高质量的娱乐节目奉献给受众。

三、中国社会主义新闻事业的性质与任务

中国社会主义新闻事业是中华人民共和国成立以后逐步形成和发展起来的。它继承中国共产党在长期革命战争年代形成的新闻工作的光荣传统，又体现出时代与实践的发展变化对党的新闻工作的新要求和新特点。

（一）中国社会主义新闻事业的形成和发展

中国社会主义新闻事业发端于中国共产党创办的报刊，最早是随着俄国十月革命的胜利在五四运动时期诞生的，并在共产党成立后不断发展。新中国成立后，我国社会主义新闻事业得到长足发展。从 1949 年新中国成立到 1956 年年底社会主义改造基本完成，是中国共产党领导的新中国社会主义新闻事业创建和初步发展的时期。其间，政府有步骤地接收、改造旧中国遗留的报社、电台等新闻机构，逐步建立起初具规模的社会主义新闻事业体系。在报业方面，形成以各级党报为核心的、多种报纸并存的新中国报业结构；新华通讯社建设成为初具规模的国家通讯社；在广播方面，广播事业全部实现国营，建起从中央到地方的各级人民广播电台，由此组建成以人民日报、新华通讯社、中央人民广播电台为核心，全国规模的、比较完备和系统的社会主义新闻事业体系。

这一时期的社会主义新闻事业，积极、正确地报道和宣传国民经济恢复和过渡时期的总路线，指导推进各项工作，团结教育人民，得到广大群众的信赖和支持。新闻业务不断发展进步，积累新鲜经验，继承和发扬了党和人民新闻事业联系实际、联系群众、开展批评和自我批评等优良传统。1956年，《人民日报》适应社会主义建设的需要进行改版，这是我国对如何办好社会主义新闻事业的一次有益探索。

由于受到1957年反右派斗争扩大化、1958年"大跃进"、1959年"反右倾"和1966—1976年的十年"文化大革命"等的影响，我国社会主义新闻事业经受了不同程度的挫折，在艰难曲折中发展。

1978年党的十一届三中全会以后，中国共产党坚持解放思想，实事求是，将党和国家的工作重心转移到经济建设上来，开创中国特色社会主义事业发展的新时期。我国新闻事业适应改革开放和发展社会主义市场经济的要求，从社会主义初级阶段的实际出发，在改革创新中不断发展壮大。

进入21世纪，面对经济、技术、社会的巨大发展，我国媒体在媒介转型、融合发展等方面积极探索，取得丰硕成果。已形成从中央到地方由报纸、杂志、广播、电视、通讯社、互联网、移动新媒体等组成的多种类、多层次、多功能、多样化的现代新闻传播体系，我国新闻事业的规模已位于世界前列。

党的十八大以来，我国主流媒体紧紧围绕党和国家的工作大局，全方位推进新闻传播工作创新，推动融合发展，巩固、壮大主流舆论阵地，切实提升传播力、引导力、影响力、公信力，提升对外传播能力，增强国际话语权，努力形成与党中央治国理政相适应的新闻品格和新闻力量。主流媒体和新闻工作者聚焦以习近平同志为核心的党中央治国理政新实践，深入宣传习近平新时代中国特色社会主义思想，积极报道中国政治、经济、科技、文化各领域重要成就，生动记录人民群众的伟大创造，对外讲好中国故事，传播好中国声音，为实现中华民族伟大复兴的中国梦营造良好舆论氛围。

（二）中国社会主义新闻事业的性质

我国社会主义新闻事业是中国共产党领导下的社会主义事业的重要组成部分，是动员群众、组织群众的重要舆论工具，是服务党和国家工作大局，服务广大人民群众，为治国理政、定国安邦营造良好舆论环境的重要力量。

1. 社会主义事业的重要组成部分

中国共产党历代领导人都十分强调新闻事业是社会主义事业的重要组成部

分，新闻战线是党领导的各条战线中一条十分重要的战线，新闻工作者队伍是党的干部队伍中的一支十分重要的力量；强调要将新闻工作置于党的领导之下，坚持党管媒体的原则，把增强舆论引导能力作为党和国家提高执政能力的重要内容；强调党的各级组织要关心和重视新闻事业，加强和改善对新闻事业的领导。

2. 党联系人民群众的桥梁纽带

在社会主义国家，人民是国家的主人，国家的一切事业都是人民自己的事业，为人民服务是它的唯一宗旨。毛泽东关于党报性质的论述，即"使党的纲领路线，方针政策，工作任务和工作方法，最迅速最广泛地同群众见面"[①] 早已成为我国党报的基本原则和任务。习近平也指出，"要树立以人民为中心的工作导向，把服务群众同教育引导群众结合起来，丰富人民精神世界，增强人民精神力量，满足人民精神需求。"[②]

拓展资源

《习近平在全国宣传思想工作会议上强调　胸怀大局把握大势着眼大事努力把宣传思想工作做得更好》

3. 动员和组织群众的重要舆论工具

社会主义新闻事业是动员和组织群众投身社会主义建设的舆论工具，是党和政府开展新闻宣传的主阵地，是舆论引导的中坚力量。新闻媒体是思想文化传播的重要载体，是弘扬社会主义核心价值体系的重要渠道。在革命、建设和改革年代，媒体都是我国有力的组织动员的力量。新媒体时代，新闻工作者要真正成为运用现代传媒新手段、新方法的行家里手，充分利用新媒体，开展舆论引导工作，传播正能量，弘扬主旋律，进一步巩固壮大主流舆论。

（三）新时代中国特色社会主义新闻事业的主要任务

新时代中国特色社会主义新闻事业在我国改革开放和经济、政治、文化、社会、生态文明建设中担负着特殊任务，发挥着重要作用。

1. 用习近平新时代中国特色社会主义思想引导人民

新闻媒体作为重要的舆论工具，在意识形态领域担负着思想引领和舆论引导的重要任务。新闻媒体要高举习近平新时代中国特色社会主义思想伟大旗帜，为实现中华民族伟大复兴的中国梦做好舆论工作。新闻媒体要自觉地把社

---

① 《毛泽东选集》第 4 卷，人民出版社 1991 年版，第 1318 页。
② 《习近平谈治国理政》（第一卷），外文出版社 2018 年版，第 154 页。

会主义核心价值体系贯穿到新闻宣传工作的各个方面，通过新闻报道宣传科学理论、传播先进文化、塑造美好心灵、弘扬社会正气，引导更多的人自觉践行社会主义核心价值观，推动全社会形成统一的指导思想、共同的理想信念、强大的精神力量和基本的道德规范。

2. 服务大局，推动经济发展

发展是中国共产党执政兴国的第一要务，经济建设是全党工作的中心。我国社会主义新闻事业作为党、政府和人民的舆论工具，应当围绕这个中心，服务党和国家工作大局，为实现这个时代任务提供舆论支持。新闻事业为经济发展服务，主要体现在：一是全面准确地宣传党和政府关于经济工作的方针政策；宣传党和政府把解放和发展生产力作为社会主义的根本任务，用发展和改革解决前进中的问题，推动国民经济高质量发展，不断提高我国的经济实力、综合国力和国际地位。二是积极宣传党和政府对外开放的基本国策和涉外经济的方针政策，密切关注世界经济形势的变化，掌握对外开放的主动权，提升对外开放的水平。三是紧密结合人民群众对美好生活的追求，从群众的各种需求出发解读重大经济政策，帮助他们全面深入了解政策的背景、内容和意义，更好地指导和服务于经济活动。

3. 成风化人，培育社会风尚

我国新闻事业承担着建设社会主义先进文化，引领社会风尚，引导教化群众，丰富精神生活，凝聚精神力量，激发精神活力，促进社会主义精神文明建设的重要使命。因此，新闻媒体需要不断加强社会主义核心价值观宣传，深入开展理想信念教育，弘扬民族精神和时代精神，倡导社会主义思想道德，帮助人们辨别真善美、假恶丑。同时，作为传播知识、普及教育的有效工具，新闻媒体还要传播最新科学知识，普及健康有益的思想文化，在全社会形成崇尚科学、鼓励创新、反对迷信和伪科学的良好氛围，满足人们对科学文化知识的需要，提高全民族的科学文化素质。

4. 激励人民奋进，促进社会和谐

社会和谐是中国特色社会主义的基本特征，也是建设富强、民主、文明、和谐、美丽的社会主义现代化强国的内在要求。新闻媒体要坚持以人民为中心的工作导向，团结人民，激励人民，把营造有利于促进社会和谐的良好舆论氛围、弘扬主旋律、传播正能量作为义不容辞的任务。新闻媒体要积极宣传党的理论和路线方针政策，体现党和国家的意图，使上情得以及时下达；及时反映人民群众普遍关心的热点和难点问题，反映群众的情绪和意见，使下情得以及时上达；坚持团结稳定鼓劲、正面宣传为主的方针，通过主题宣传、典型宣传、热点引导、舆论监督等手段理顺群众的情绪，维护社会稳定，促进社会和谐。

5. 传递中国声音，塑造国家形象

新闻媒体作为中国认识世界、世界认识中国的重要途径，在维护国家利益，促进祖国统一，树立国家形象，不断提高我国国际影响力方面担负着重要职责。新闻媒体需要统筹国内国际，讲好中国故事，传递中国精神、中国文化，让中国智慧更好地造福世界。要通过不断加大对外宣传的力度，争夺国际舆论主导权，展示中国改革开放、团结进取、平等友好、坦诚负责的良好国家形象，介绍中国优秀文化的深刻内涵，宣示中国走和平发展道路的政策主张，向世界说明中国昨天的灿烂文明、今天的发展进步和明天的和平愿景，为建设中国特色社会主义、实现中华民族的伟大复兴营造良好的国际舆论环境。

第三节　新闻事业管理

新闻事业管理是保证新闻事业正常有序运作的重要手段。世界各国的国情、体制虽不相同，但都对新闻事业进行有效管理。我国的新闻事业管理既吸取其他国家对新闻事业的管理经验，又具有自己的鲜明特色。

一、新闻事业管理的内涵与通行做法

新闻事业管理有特定内涵，保证新闻事业正常有序运作，世界各国无一例外。

（一）新闻事业管理的含义

新闻事业管理是指对新闻传播活动所实施的领导、调控、规范等职能行为，包括对新闻媒体、新闻从业人员及其职业行为和所制作传播的精神产品等进行管理。新闻事业管理包括两个方面：一是由新闻主管部门、机构以及相关团体，依据法律法规、政策纪律、道德规范，从外部对新闻事业进行管理；二是各新闻媒体管理层对本媒体进行的内部管理。

新闻事业管理的对象主要有三类：一是新闻产品，二是新闻工作者的新闻传播活动过程，三是从新闻媒体剥离出来的经营性部分。

（二）世界各国加强新闻事业管理的通行做法

任何国家都要对本国的新闻传播活动进行管理。随着经济全球化程度的加深，世界各国特别是西方发达国家政府对新闻事业的管理呈强化趋势。西方发达国家的新闻管理，一般通过政府行政、法律法规和行业内部管理等方式来实现。

1. 政府行政管理

政府机构或社会组织依法运用各种行政和政策手段实现对新闻事业的管理。各国具体的管理做法不尽相同。多数发达国家实行的是由政府管理机构制定相关政策，加强宏观管理和指导，具体的监管工作由相关社会组织负责，如英国、法国、加拿大、韩国、澳大利亚等国。而日本、俄罗斯、新加坡等国家主要依靠政府监管。许多国家还通过财政、税收、信贷、设立基金以及补贴、罚款、分配执照费等手段，对新闻媒体的传播活动、市场行为进行激励或约束，对媒体的经营绩效和服务质量进行控制，起到调整媒体发展方向、提高运营效率的作用。新闻媒体的报道方针和从业人员的活动，如果违反政府的新闻政策或其他方针政策，违反媒体所有者的意愿，就会受到处理，严重时，新闻媒体会被查封，新闻从业人员会被撤换或解雇。例如，20世纪80年代，英国政府对英国广播公司（BBC）关于马岛战争的报道极为不满，时任英国首相撒切尔夫人指责其报道充满叛国色彩。她的指责对BBC形成巨大压力，使得它"不敢做某些节目，也不敢产生某些想法"[1]。为了确保BBC对政府政策的支持，政府对其管理委员会人员进行"换血"，确保其掌握在忠于和顺从政府的人手中。因此20世纪80年代以后，BBC管理委员会的任命越来越富有政治色彩。

2. 法律法规管理

通过立法或司法活动，对新闻媒体进行规范和管理，对监管机构进行规范和约束，为增强新闻管制提供法律依据。法律法规管理具有原则性、稳定性和长期性的特点。世界上一些国家已经建立比较完善的法律法规体系，使新闻管

---

① ［英］詹姆斯·卡瑞、珍·辛顿：《英国新闻史》（第六版），栾轶玫译，清华大学出版社2005年版，第176页。

理更加到位。比如，许多国家通过著作权法、版权法、保密法、反垄断法、行政程序法、信息自由法案、个人隐私法、广告法、所得税法、外国投资法等法律法规，依法对新闻媒体进行管理。

3. 行业内部管理

通过建立行业协会的维权自律机制、媒体的内部治理和自我约束机制、从业人员的职业准则和行为规范等，达到自我管理的目的。这是各国新闻事业管理的一个重要方面。西方国家政府鼓励新闻业建立业内管理制度，保持对新闻传播活动的有效控制。德国是联邦制国家，全国没有统一的新闻法，各州在《德意志联邦共和国基本法》的指导下订立各自的新闻出版法规，另由行业管理机构制定相关的职业道德规范。日本新闻界内部有完整的体制约束新闻传播活动，新闻机构内部设有监察室、新闻检查委员会。日本新闻协会是日本全国性新闻行业组织，常设机构是事务局，下设审查室，负责检查各成员单位的报纸。另外，日本主流媒体加入的"记者俱乐部"组织，与官方有千丝万缕的联系，提供独家官方信息和意见，得罪权力组织的记者将被排除在外，最终因丧失消息源而在职业上被扼杀。美国也没有新闻法，但行业内部有严格的规章制度，包括内部的新闻检查和控制。

二、我国新闻事业管理的基本原则和主要内容

在我国，新闻事业管理包含与国情条件相符合的许多特定内容，并在实践中逐步形成一系列基本原则和管理规范。

（一）我国新闻事业管理的基本原则

1. 坚持党管媒体

党管宣传、党管意识形态、党管媒体是新闻事业坚持党的领导的重要方面。这既是党确保执政地位的需要，也是维护全体人民利益的需要。党管媒体的内容主要包括：媒体领导班子的配备，各类媒体的舆论导向，新闻队伍建设，新闻事业的发展等。党和政府主办的媒体是党和政府的宣传阵地，必须掌握在党的手里，必须成为党和人民的喉舌，党报党刊一定要无条件地宣传党的主张。无论时代如何发展、媒体格局如何变化，党管媒体的原则和制度不能变。

2. 坚持谁主管谁负责和属地管理

主管主办单位和各地有关新闻管理部门，对本地区本部门本单位的新闻媒

体负有领导管理责任，负有把关责任，负有及时发现问题和处理问题的责任。按照谁主管谁负责和属地管理的原则，管好所属的舆论阵地，管好自己的队伍，确保所属新闻媒体坚持正确舆论导向，尤其是要在重大问题、敏感问题、热点问题上把好关，把握好度。对所属新闻媒体出现的问题，要敢于负责、及时处置，把问题解决在萌芽状态，不能敷衍塞责、互相推诿。

3. 坚持依法管理

依法管理新闻媒体和新闻工作，是确保社会主义新闻事业不断进步的根本保障。随着国家法治建设的不断深化和法治功能的逐步加强，党对新闻工作的各项政策通过法定程序逐步上升为法律法规，国家关于新闻事业管理的法律法规不断完善。按照依法治国和依法管理新闻媒体的要求，新闻工作和媒体管理工作都要纳入法制轨道。这就要求我国各级新闻媒体管理机构严格依法行政和依法办事，新闻媒体严格遵循法律法规开展新闻工作。

4. 坚持把社会效益放在首位

新闻媒体的繁荣发展包括两个重要方面，既要促进新闻事业发展，也要促进文化产业发展。事业发展和媒体经营都要坚持把社会效益放在首位，在保证社会效益第一的前提下，努力实现社会效益和经济效益的统一。

（二）我国新闻事业管理的主要内容

社会主义新闻事业管理工作是一个系统工程，主要分为宏观管理和微观管理两个层面。宏观管理主要是指党和政府对新闻事业、新闻活动的领导与管理，微观管理是指新闻媒体对各自的新闻业务、经营活动进行管理。宏观管理与微观管理有机结合，构成社会主义新闻事业管理的完整体系。

1. 新闻事业宏观管理的方式和途径

舆论导向管理是我国新闻媒体管理最为核心和最为重要的工作。党的新闻工作领导机构、国家广播电视管理机构和国家网络新闻媒体管理机构等，都负有通过管理实现正确引导社会舆论的政治责任。

媒体领导班子和新闻队伍管理是新闻事业管理的核心内容之一。新闻工作的政治性强，必须依靠具有较高政治素质与职业道德素质的新闻从业人员才能完成。从某种意义上说，对于新闻媒体领导干部的选择和管理，对于新闻从业人员的教育和管理，既决定新闻媒体的发展方向和业绩水平，也决定整个行业的发展方向和业绩水平。

媒体布局与规模结构管理是我国新闻事业管理的重要内容。我国对于报社、通讯社、广播电台、电视台、新闻网站及新媒体的设立，有着严格、明确的审批规定和审批程序。国家对新闻媒体的布局、结构和规模所进行的管理，主要通过国家规划、总体调控、政策引导、财政投入、税收调节等手段实施。

法治建设和监管执法管理等法治手段是新闻事业管理的重要方式。只有通过完善、系统的法制体系的管理，新闻媒体和新闻工作者才能正确和有效地履行职责、发挥作用。

产业政策制定与产业政策调整管理是新闻事业管理的重要手段。新闻事业的管理内容，既包括对新闻业务工作和业务运行系统的管理，也包括对媒体经营以及企业运行系统的管理。媒体经营政策是调节和引导媒体经营生产结构与新闻媒体生产行为的管理形式，也是调节新闻事业社会生产关系和新闻媒体利益分配关系的重要手段。

文化市场体系建设与新闻资源配置管理是新闻事业管理的重要途径。在社会主义市场经济条件下，市场对于资源配置和生产引导的作用越来越大，要求新闻产品更多地通过市场运行来实现其价值。新闻产品市场是一个巨大而复杂的生产与交换体系，需要运用宏观管理手段进行干预和调节。

新闻事业管理还包括与新闻事业密切相关领域的管理。新闻事业和媒体经营性产业的发展，带动和培育一些相关领域发展，比如新闻教育事业、新闻学术研究、新闻社团组织、新闻媒体评估等。这些相关领域，既以新闻事业的生存与发展为依托，又反过来对新闻事业产生一定影响。因此，加强对这些相关领域的管理也是新闻事业管理的重要内容。

2. 新闻事业微观管理的内容和形式

新闻事业的微观管理即新闻媒体的内部管理。新闻媒体生产的多数产品需要通过市场运作才能实现其价值，从而发挥对社会舆论的现实引导作用。这就要求微观管理既要重视媒体的新闻业务工作，又要重视媒体的经营管理工作，重视创新领域的开发。新闻媒体的内部管理，主要包括新闻业务管理、媒体经营管理、人力资源管理等方面。

在新闻业务管理方面，不同类型媒体，因新闻业务有同也有异，对其管理也要有针对性。比如，报纸媒体的新闻业务包括采、写、编、评等，广播电视媒体的新闻业务包括节目采制、编辑和播出等，新媒体的新闻业务包括内容的制作、审核、分发等。新闻业务的具体成果集中体现媒体的舆论导向，对受众有着直接的影响。媒体管理层要通过各种有效的管理，切实发挥把关作用，确保舆论导向正确。这是微观管理的一项经常性的重要工作。

在媒体经营管理方面，内容主要包括报纸发行、广播电视节目推广、通讯社的产品营销、媒体广告经营（广告开发和广告刊播）等方面。要加强对广告内容的把关，抵制虚假广告，抵制包含不健康和低俗庸俗媚俗内容的广告，防止广告活动干预正常的采编工作。

在人力资源管理方面，媒体管理层要致力于通过科学管理，调动各类人员的积极性和创造性，充分发挥其聪明才智；优化人力资源的配置，建立合理的绩效考核和报酬分配制度，为优秀人才脱颖而出创造条件。

3. 实现宏观管理与微观管理的协调统一

坚持宏观管理与微观管理的协调统一，是新闻事业管理的一个重要原则。一方面，宏观管理的要求对微观管理具有指导意义和约束作用，微观管理的行为必须服从和服务于宏观管理的各项要求；另一方面，微观管理是实现宏观管理要求和目标的坚实基础，没有微观管理坚实的基础工作就没有宏观管理的巨大成功。新闻媒体管理是一个巨大系统工程，需要依靠党政有关部门通力合作，行政管理与行业管理上下结合，社会管理与媒体自我管理内外配合。

（三）加强网上舆论工作的管理

网上舆论工作包括互联网和各种移动终端上的舆论引导和管理。根据形势发展需要，网上舆论工作要作为宣传思想工作的重中之重来抓。从管理上看，网上情况比较复杂，危害国家安全、损害人民利益和趣味庸俗低下的内容时有出现，网络色情、网络暴力、网络赌博、网络欺诈等不良现象已成为网络公害。西方敌对势力利用各种机会在网上散布谣言、歪曲事实、借题发挥、恶意炒作，企图把互联网变成对我国进行渗透的途径，网上舆论斗争形势严峻。要依法加强网络社会管理，加强网络新技术、新应用的管理，确保互联网可管可控，加强互联网内容管理、平台渠道管理，坚持依法管理和行业自律。

三、我国新闻事业管理的体制与机制

（一）我国新闻事业管理体制

我国新闻事业管理体制，已基本形成由各有关方面共同参与和实施的宏观管理格局，即党委统一领导，政府依法管理，行业规范协调，单位自我约束。这一宏观管理体制，对社会主义新闻媒体管理工作的组织体系和职责权限作出明确规范。2018 年 3 月，中共中央作出深化党和国家机构改革的决定，新闻宣

传、出版部门与职能发生重大变化。一般来说，中央各部门、国务院各部委党组根据谁主办谁主管谁负责的原则，负责对本部门的报纸、广播、电视进行指导和管理；各省、自治区、直辖市党委宣传部在党委领导下，负责指导本地区的新闻宣传工作；报社、通讯社、电台、电视台实行社长（台长）或总编辑负责制，单位内部建立健全严格的岗位责任制，实行持证上岗制度；行业组织也在管理中发挥一定作用。

（二）我国新闻事业管理机制

我国新闻事业管理机制，主要包括舆情分析、调研引导、调控统筹和协调互动等运行机制，是新闻宣传领导机关和国家新闻管理部门经多年探索形成的。

1. 舆情分析机制

新闻媒体在社会舆情面前只有做到信息灵和情况明，舆论引导才能有的放矢，行之有效；面对突发事件才能作出快速和正确的反应，取得良好的传播沟通效果。为此，新闻事业管理部门广泛建立信息联系点，充分利用现代科学技术手段，密切同有关部门、研究机构的联系和合作，建立信息收集、反馈、处理系统，及时收集和迅速传递有深度、有价值的舆情信息；对反映出的有关方针政策问题或其他重大问题，及时提请有关部门深入研究解决。

2. 调研引导机制

主要包括广泛听取群众意见，及时了解社会各界对新闻舆论的反映，科学分析新闻舆论工作面临的新情况和新问题，正确把握新形势下新闻工作的特点和规律，明确提出加强和改进工作的思路和措施。通过组织新闻阅评、定期召开新闻通气会、举办形势报告会、约请有关负责人谈话、通报情况等，加强新闻媒体的管理，引导新闻媒体及从业人员遵循新闻工作的基本规律，做好新闻工作。

3. 调控统筹机制

对新闻媒体进行调控统筹，目的是使之在更大范围内更有效地发挥舆论引导作用。《中华人民共和国政府信息公开条例》明确规定，要提高政府工作的透明度，及时、准确地公开政府信息。各部委和各省（自治区、直辖市）普遍建立新闻发布和新闻发言人制度，定期举行新闻发布会，及时发布各种重要信息。新闻事业管理中的调控统筹，主要是统筹和协调新闻媒体与政府（或政府部门）及其发言人之间的关系，确保新闻媒体获得重要信息的渠道始终畅通。

在重大突发事件发生后，新闻调控统筹机制的作用日益显著，由政府有关部门通过新闻媒体向人民群众及时、公开披露相关信息。

4. 协调互动机制

主要包括新闻事业管理部门与新闻媒体之间的协调互动以及与有关部门之间的协调互动。一方面，管理部门密切联系媒体，积极组织协调，对事关全局、影响重大的新闻报道作出统一部署、统筹安排；同时注意加强与新闻单位的双向交流，就如何更好地组织报道进行深入探讨，帮助新闻媒体切实提高报道水平。另一方面，加强新闻媒体之间的协调互动。围绕重大题材，组织各类媒体共同参与主题报道，从而形成报道上的合力和强势。

新闻事业管理部门与有关部门之间的协调互动表现为：加强部门之间的协调配合，使有关行政主管部门在重大事件的报道和舆论引导中不缺位，并在及时提供和发布权威信息方面发挥应有作用。为此，新闻事业管理部门同有关部门建立新闻报道协调工作机制，协调有关部门及时发布信息，为做好舆论引导工作创造条件。比如，2018 年 8 月以来，非洲猪瘟疫情在中国部分地区发生，新闻部门与农业、卫生防疫等部门加强沟通，通过新闻媒体及时发布信息，取得舆论引导的良好效果。

学习思考题：

1. 决定新闻事业产生和发展的基本条件是什么？如何正确理解当前技术发展对新闻事业的影响？
2. 简述新闻事业的基本功能。
3. 如何理解我国社会主义新闻事业的性质和任务？
4. 简述世界各国对新闻事业管理的通行做法。
5. 我国新闻事业管理必须遵循哪些基本原则？
6. 结合实例谈谈我国新闻事业管理的体制和机制有哪些具体内容。

第六章　新闻工作的党性原则和基本方针

新闻工作的原则方针，是我们党在长期的革命、建设、改革的历史进程中，指导我国新闻工作实践形成的规律性认识，是做好新闻工作的基本要求和行动指南。

第一节　新闻工作的党性原则

党性原则是社会主义新闻工作的根本原则，是马克思主义新闻观的精髓。历史和实践表明，只有坚持党性原则，才能正确把握新闻舆论工作的政治方向，对革命、建设、改革起到积极推动作用，否则就会给党和人民的事业造成重大损失。

一、党性原则是社会主义新闻工作的根本原则

（一）党性是新闻工作的客观属性

党性是指一定的政党所具有的政治属性、政治立场、政治倾向。在存在阶级、阶层和政党、团体的社会里，人们的政治立场、价值取向、利益诉求会受到所处阶级、阶层和发生联系的政党、团体的影响，新闻媒体也不例外。新闻媒体总是具有一定的政治立场，体现一定的价值取向，反映一定的利益诉求。新闻媒体总会与社会上的政党、团体存在着这样那样的联系，直接或间接反映一定的政党、团体的立场、倾向、原则。

1. 新闻媒体的党性是一种客观属性

经济基础决定上层建筑，社会存在决定社会意识。新闻传播活动作为社会意识形态的一种形式，反映社会客观现实，必然具有一定的政治属性、政治立场、政治倾向。新闻是对事实的报道，舆论是各种观点的表达。报道什么样的事实、怎样报道事实，表达什么样的观点、怎样表达观点，都会受到报道者、表达者立场、观点、方法的影响，都会打上一定的阶级、阶层、党派、团体的烙印，都会刻有人们价值理念的痕迹。新闻传播活动是现实的社会活动，不能超然世外，也不是媒体和新闻工作者的自娱自乐，不能随心所欲。执政党的意

志、国家的政治方向、社会的核心价值观，都会对新闻媒体和记者产生引领、影响、制约作用，一定的政治立场、思想倾向、利益诉求必然反映到报道当中。正如马克思所说："党派名称对政治性报刊来说则是一种必要的范畴"①。恩格斯也指出："在大国里报纸都反映自己党派的观点，它永远也不会违背自己党派的利益"②。报道有思想，传播有倾向。新闻传播客观上具有倾向性、政治性、阶级性。所谓新闻工作的党性，就是这种倾向性、政治性、阶级性的集中表现。

2. 新闻工作的党性是一种普遍存在的社会现象

现代意义上的新闻事业，是与资产阶级的成长和发展联系在一起的。在革命阶段的早期，资产阶级新闻事业曾经以政党报刊的面目出现，公开宣传资产阶级政党的思想和政治主张。比如，17 世纪末，英国的托利党和辉格党轮流执政，托利党创办《考察家》《每日新闻报》，辉格党创办《辉格考察家》《自由人》和《自由英国人》等报刊来宣传各自的主张，在当时具有很大社会影响。此后，欧洲一些国家的主要政党也相继创办政党报刊。独立战争后，美国出现了联邦派和反联邦派（后来演变为民主党和共和党），联邦派的主要报刊有《合众国报》《智慧女神报》《纽约晚邮报》等，反联邦派的主要报刊有《国民报》《综合广告报》等。这些资产阶级政党报刊在斗争中各自公开宣传所属政党的思想和政治主张，成为他们手中的舆论工具。随着资产阶级政权的巩固，资产阶级开始淡化报刊的党派色彩，声称其新闻事业具有商业性质，不代表任何党派，而是社会利益的代表，新闻报道奉行的是客观、公正、自由与平等的准则，他们完全否认新闻工作具有阶级性和党性。在现实生活中，尽管资产阶级的主流媒体确实具有商业性质，也不一定是直属某个政党的机关报，但有一点是无法否认的，那就是它们总要反映某些政党的政策立场和社会主流价值倾向，总要维护资本主义制度。从对新闻事实的选择到对事实的评论，从标题版面、节目时序的编排处理到语言文字的表述，字里行间或是公开鲜明，或是隐晦含蓄，都或多或少表达自己的政治立场、思想感情和爱憎态度。

3. 马克思主义公开承认报刊的党性

任何一种新闻事业都有自己的阶级性和党性。但是，只有马克思主义政党

---

① 《马克思恩格斯全集》第 1 卷，人民出版社 1995 年版，第 125 页。
② 《马克思恩格斯全集》第 6 卷，人民出版社 1961 年版，第 209 页。

才敢于公开承认并坚持新闻事业的党性。马克思主义认为，阶级、政党是阶级社会的产物，当世界上还存在着阶级区分的时候，新闻事业就不可能没有阶级性和党性，也不可能成为"超阶级"的"社会公器"。社会主义新闻事业公开承认自己的党性，只不过是公开承认一个普遍存在的客观事实，这是社会主义新闻事业区别于资本主义新闻事业的显著标志。无产阶级政党坚持的党性代表最广大人民的根本利益，并不谋求任何私利，因而无须隐瞒自己的党性。

马克思、恩格斯在长达半个多世纪的革命实践中，创办、主编和指导过的工人报刊有数十家，先后提出创办工人报刊、党的报刊等思想，强调党的报刊是党的重要思想武器。作为党的机关报，党的报刊代表着党的形象，因此，必须宣传党的纲领和政策，按照党的思想开展新闻工作，始终代表和捍卫无产阶级和人民大众的利益，成为他们自己的报刊。

列宁明确提出新闻事业的党性原则并作出系统论述。1905年11月，列宁针对当时俄国党内出现的机会主义思潮以及一部分党报工作者企图摆脱党的领导的错误言行，在俄国《新生活报》上发表《党的组织和党的出版物》一文，强调出版事业是无产阶级总的事业的一部分，党组织要关心和重视出版事业，加强对出版事业的领导，使整个出版事业成为真正的党的事业。他指出，"对于社会主义无产阶级，写作事业不能是个人或集团的赚钱工具，而且根本不能是与无产阶级总的事业无关的个人事业"，"报纸应当成为各个党组织的机关报。写作者一定要参加到各个党组织中去"。① 这些论断后来成为各国无产阶级报刊和社会主义国家媒体普遍遵循的重要原则。

中国共产党一贯强调并坚持新闻工作的党性原则。从毛泽东、邓小平到江泽民、胡锦涛，都对新闻工作的党性原则有过重要论述。习近平深刻阐述新时代新闻舆论工作党性原则的内涵和要求，强调加强和改进党对新闻舆论工作的领导，坚持党管媒体，坚持党性和人民性的统一。

（二）党性是社会主义新闻工作的鲜明特性

社会主义新闻工作的党性，是指社会主义新闻工作所体现的无产阶级政党的政治属性、政治立场、政治倾向。党性原则是按照党性要求所必须遵守的一系列原则，是新闻媒体和新闻工作者从事新闻传播活动必须遵守的根本准则。党性与党性原则相辅相成，党性决定党性原则，党性原则反映党性要求并落实

---

① 《列宁全集》第12卷，人民出版社2017年版，第93—94页。

党性要求。

1. 党性是社会主义新闻工作的必然属性

作为意识形态的重要组成部分，新闻舆论工作具有鲜明的意识形态属性。在社会主义时期，新闻舆论工作的这种属性仍然十分鲜明，并且集中体现在党性原则上。

进入社会主义时期，剥削阶级作为阶级已经被消灭，阶级斗争已经不是社会主要矛盾。党的十一届三中全会果断决定把全党工作重心转移到经济建设上来，改革开放以来我们党始终坚持经济建设这个中心不动摇，不断推动社会主义现代化建设向前发展。同时，我们也面临改革、发展、稳定的复杂局面，改革开放带来经济社会的快速发展，人们收入和生活水平普遍提高，但也出现发展不平衡、收入差距扩大等问题，在这样的社会现实面前，人们的利益诉求多元，思想观念多样。随着互联网兴起和新媒体发展，新闻传播格局发生巨大变化，意识形态领域的情况复杂多变，矛盾斗争更加突出。我们党必须牢牢掌握意识形态斗争的主导权，新闻工作必须保持正确的政治方向。

中国特色社会主义进入新时代，意识形态工作的重要作用更加凸显。实现伟大梦想，进行伟大斗争，建设伟大工程，推进伟大事业，必须建设具有强大凝聚力和引领力的社会主义意识形态，使全体人民树立共同的理想信念、价值理念、道德观念。新闻工作处于意识形态斗争最前沿，新闻舆论工作做得如何直接影响意识形态工作的成效。新闻工作者必须坚持党性原则，守土有责、守土负责、守土尽责，坚持正确的舆论导向，为实现中华民族伟大复兴的中国梦引领方向，凝聚力量。

坚持党性原则体现在日常新闻报道中，更体现在重要时刻的宣传报道中。党的十九大宣传报道是主流媒体坚持党性原则的一次生动实践。十九大召开前，中央和省级主要媒体普遍开设"砥砺奋进的五年"等专栏，营造团结奋进的舆论氛围。十九大召开期间，

> 拓展资源
>
> "十九大时光"
> （视频）

主流媒体全方位多角度报道大会进程，把大会精神传播到全中国、全世界。大会闭幕后，主流媒体立即展开对十九大精神的深入宣传解读，帮助广大干部群众学习理解贯彻十九大精神。

2. 中国特色社会主义性质决定新闻工作必须坚持党性原则

中国特色社会主义是中国走向繁荣富强的必由之路。中国特色社会主义最

本质的特征是中国共产党领导，中国特色社会主义制度的最大优势也是中国共产党领导，党是最高政治领导力量。党的性质地位、党与媒体的关系决定新闻工作必须坚持党性原则。

党的新闻舆论工作坚持党性原则，最根本的是坚持党对新闻工作的领导。在革命、建设、改革各个历史时期，党始终都是坚强领导核心。中国共产党作为执政党，是社会主义事业的领导核心，党政军民学，东西南北中，党是领导一切的。习近平强调："党管宣传、党管意识形态、党管媒体是坚持党的领导的重要方面。"① 新闻事业是社会主义事业的重要组成部分，新闻工作不可能脱离党的领导，所有新闻媒体都必须自觉接受党的领导，体现党的要求。

习近平指出："党和政府主办的媒体是党和政府的宣传阵地，必须姓党。"② 党媒姓党，是党的媒体的天然属性。党的新闻舆论工作是党的一项重要工作，是党治国理政、定国安邦的大事。党要管党，当然要领导党的新闻舆论工作，管理党的新闻事业，发挥党的媒体的重要作用。坚持党媒姓党，就是要摆正新闻媒体与党的关系，自觉地接受党的领导，毫不动摇地听从党的指挥，一心一意地服务党的事业。

随着互联网兴起，涌现出大量的网络媒体、新媒体。这些媒体各自定位不同、具体服务对象不同，形成自己的特色。但这些媒体同样发展于社会主义新闻事业中，不能自立门户、我行我素，同样要服务于中国特色社会主义，要坚持党性原则，接受党的领导，接受政府管理，与中国特色社会主义发展方向相一致，与最广大人民利益相一致，与社会团结和谐稳定相一致。

3. 坚持党性原则是社会主义新闻事业健康发展的根本保证

坚持党性原则是党的媒体的优良传统。中国共产党在成立之初，就在第一个决议中明确新闻舆论工作是党的事业的重要组成部分，须置于党的统一领导之下。从第一个党的机关刊物《向导》开始，党的报刊就始终与党风雨同舟，党的媒体始终与党密不可分，成为推进党的工作的有力武器。

进入社会主义时期，我们党不断坚持和改善对新闻工作的领导，社会主义新闻事业与时俱进、健康发展。习近平站在中国特色社会主义新时代高度，强调"党的新闻舆论工作坚持党性原则，最根本的是坚持党对新闻舆论工作的领

---

① 中共中央文献研究室编：《习近平关于全面建成小康社会论述摘编》，中央文献出版社2016年版，第124页。
② 《习近平谈治国理政》（第二卷），外文出版社2017年版，第332页。

导。党和政府主办的媒体是党和政府的宣传阵地，必须姓党。党的新闻舆论媒体的所有工作，都要体现党的意志、反映党的主张，维护党中央权威、维护党的团结，做到爱党、护党、为党；都要增强看齐意识，在思想上政治上行动上同党中央保持高度一致"。① 这些重要论述指明新时代新闻舆论工作党性原则的基本内容和要求，是对马克思主义新闻观党性原则的新发展。

我国社会主义新闻事业发展历程表明，只有毫不动摇地坚持新闻工作的党性原则，牢牢掌握新闻舆论工作的领导权，紧紧围绕党和国家的中心工作，牢牢把握正确舆论导向，才能组织动员全党和全国各族人民为全面建成小康社会而奋斗，为坚定不移地发展中国特色社会主义而奋斗。坚持新闻工作的党性原则，已成为中国社会主义新闻事业的显著特征，成为广大新闻工作者的行为准则。正如老一辈新闻工作者穆青指出："如果要说我们的新闻工作、党的新闻工作有什么优势，有什么最大的特色的话，我看就是一个党性。新闻工作是党的事业的一个部分。新闻工作取得的成绩、威信是和党的威信联系在一起的。离开了党的光辉就没有新闻工作的光辉。"②

二、社会主义新闻工作党性原则的基本要求

社会主义新闻工作的党性原则，是无产阶级政党的思想理论、政治主张和组织原则在新闻工作中的体现，是新闻媒体和新闻工作者在从事新闻传播活动时必须遵守的行为准则。具体来说，包括以下几个方面：

（一）在思想上坚持以马克思主义为指导

在我国，坚持用马克思主义指导新闻工作，是中国共产党和社会主义国家的性质决定的。马克思主义是我们立党立国的根本指导思想。坚持和巩固马克思主义的指导地位，是党和人民团结一致，始终沿着正确方向前进的根本思想保证。社会主义新闻工作坚持党性原则，首要的一条，就是坚持马克思主义在新闻工作中的指导地位，巩固马克思主义在意识形态领域的指导地位，巩固全党全国人民团结奋斗的共同思想基础。

1. 完整准确生动地宣传马克思主义

在新闻领域坚持马克思主义，就要宣传好马克思主义。各类媒体宣传马克

---

① 《习近平谈治国理政》（第二卷），外文出版社 2017 年版，第 332 页。
② 穆青：《新闻散论》，新华出版社 1996 年版，第 355 页。

思主义理论的途径和方式是多种多样的，但必须坚持一个基本要求，就是根据新闻媒体的特点，紧密联系实际，用生动活泼的传播方式，完整准确地宣传马克思列宁主义、毛泽东思想、邓小平理论、"三个代表"重要思想、科学发展观，特别是完整准确地宣传好马克思主义中国化的最新成果——习近平新时代中国特色社会主义思想。

在这个过程中，要注意防止三种倾向：一是形式主义，即不看对象，无的放矢，不解决现实生活和群众关心的问题，使群众觉得索然寡味，影响群众学习理论的兴趣。二是实用主义，即抓住马克思主义的只言片语，断章取义，任意发挥，甚至歪曲马克思主义的基本原理。三是教条主义，即脱离实际，空话连篇，回避现实问题，既缺少具体分析，又乱下结论。为此，新闻工作者应着力在三个方面下功夫：一是加强理论学习。学懂弄通马克思主义基本原理，特别是习近平新时代中国特色社会主义思想，用科学的理论武装头脑。二是增强政治敏锐性和坚定性。始终坚持以马克思主义指导新闻工作，提倡什么，反对什么，应当旗帜鲜明。对各种非马克思主义、反马克思主义的错误思潮和思想意识，应有清醒认识，通过摆事实、讲道理，对错误的观点进行有说服力的分析和批判，引导人民提高思想认识，增强抵御错误思想影响的能力。三是着力推进当代中国马克思主义大众化。马克思主义理论本质上是无产阶级和人民大众的理论。新闻工作者可以根据不同对象的不同情况，从人民群众关心的热点难点问题入手，紧密联系群众的生产、工作和生活，用群众熟悉的语言和喜闻乐见的方式传播理论，使马克思主义中国化的最新理论成果易于为群众所理解和接受。

拓展资源

《社会主义"有点潮"》（视频）

在新的时代条件下，如何生动宣传马克思主义，让真理的声音入耳入脑入心，许多主流媒体做了有益探索。2017 年 10 月，由湖南省委宣传部、人民网、湖南教育电视台共同推出的电视理论节目《社会主义"有点潮"》，就是一次成功的尝试，收到良好传播效果。节目共分 6 期，每期 40 分钟，采用演播厅访谈形式，由一位主持人、三位嘉宾一起讨论交流社会主义潮流故事并与现场的大学生观众互动。围绕"乌托邦是座什么岛、《共产党宣言》是一本什么书、阿芙乐尔号为什么开炮、南湖的红船为什么能破浪前行、中国特色社会主义特在哪、中国梦是个什么梦"六个问题，借助全息技术、视频画面，讲历史、讲现实、讲故事、讲案例，通俗易懂，生动活泼，既讲道理，又不回避问题，使观众加深对社会主义发展历史的了解，特别是加深对中国特色社会主义的理解。

2. 善于运用马克思主义立场、观点、方法观察、分析和报道事实

在新闻领域坚持马克思主义，就要学会运用马克思主义立场、观点、方法观察、分析和报道客观世界发生的新情况，坚持正确的舆论导向，把理论宣传融入具体的新闻报道和新闻评论中，让人民群众在阅读或收听收看的同时，潜移默化地接受正确的理论观点或思想倾向。这就要求新闻工作者具有较高的思想理论水平，能够对复杂的社会现象，从新闻视角作出正确的解释。实践证明，凡是在社会上产生重大影响，受到群众关注和欢迎的新闻报道、新闻评论和重要文章，往往有着丰富的内容和思想性。对人民群众关心的思想理论问题，不能回避，不能视而不见，而要运用马克思主义立场、观点和方法，有针对性地加以回答、阐释和说明，解疑释惑，正本清源，促进形成社会共识。

3. 牢牢坚持马克思主义新闻观

马克思主义新闻观是马克思主义关于新闻舆论的一系列思想观点，是马克思主义基本原理在新闻舆论领域的体现，是马克思主义立场、观点、方法在新闻舆论工作中的应用。

马克思主义新闻观的基本原理具有强大生命力。时代虽然在变化，但是，新闻媒体的性质作用没有根本变化，新闻舆论工作的基本属性没有根本变化，无产阶级政党的性质任务没有根本变化，马克思主义新闻观的基本原理、观点、方法就仍然适用。我们党关于新闻舆论工作的思想观点是中国化的马克思主义新闻观，是活的马克思主义新闻观。我们党继承马克思主义新闻观的基本原理，总结党的新闻舆论工作的具体实践，丰富发展了马克思主义新闻观，形成具有中国特色的新闻思想。在长期革命、建设、改革实践中，我们党提出许多关于新闻工作的重要思想观点，指导党的新闻工作与时俱进。在新时代条件下，习近平阐明党的新闻舆论工作的性质、作用、职责、任务、原则，创新和发展了马克思主义新闻观。认真学习贯彻习近平关于新闻舆论工作的重要论述，是做好党的新闻舆论工作的根本保证，也是新闻工作者成长成才的立身之本。

牢牢坚持马克思主义新闻观，就要自觉贯彻马克思主义新闻观，用马克思主义新闻观指导新闻舆论工作具体实践，在新闻舆论工作中坚持马克思主义立场、观点、方法，坚定理想信念，坚持正确政治方向，提高新闻本领，准确生

动地报道中国特色社会主义历史进程和人民群众的伟大实践。

（二）在政治上同党中央保持一致

把坚定正确的政治方向放在首位，在政治上同党中央保持一致，是社会主义新闻工作党性原则的根本要求。在政治上与党中央保持一致，新闻工作就要与党的历史使命相一致，就要与党的路线方针政策相一致，就要与中央的决策部署相一致。

1. 与党的历史使命相一致

中国特色社会主义已经进入新时代，带领人民实现"两个一百年"奋斗目标，实现中华民族伟大复兴的中国梦，是新时代党的伟大历史使命，也是新闻舆论工作的历史使命。中华民族伟大复兴，绝不是轻轻松松、敲锣打鼓就能实现的，全党必须准备付出更为艰巨、更为艰苦的努力。不忘初心，牢记使命，在完成伟大历史使命的不懈奋斗中，新闻舆论工作承担着十分重要的任务。新闻舆论工作要服务于党的伟大历史使命，以完成党的伟大历史使命为己任，为决胜全面建成小康社会，建设社会主义现代化强国，提供思想引领、价值导向、精神支持、舆论保障。

2. 与党的路线方针政策相一致

贯彻党的路线方针政策，是实现党的历史使命的基本途径，是做好各项工作的可靠保证。新闻舆论工作要全面、准确、生动地宣传党的路线方针政策，积极推动路线方针政策的落实。党和国家重要政策出台，新闻媒体要及时跟进，准确把握，用群众喜闻乐见的新闻形式解读政策内容，讲清政策出台的重要意义，讲清政策精神与群众切身利益的关系，讲清政策落实的重点难点，既突出重点又不以偏概全，既令人振奋又不吊高胃口，帮助群众全面准确理解政策精神。积极促进政策落实，要求新闻媒体追踪各地区各部门落实政策的生动实践，发现落实政策的新亮点、新经验，以多种方式报道落实政策的新做法、新成效，用生动的事实展示政策带来的变化。新闻媒体要调查研究、及时发现政策执行中遇到的新情况新问题，研究政策落实中的热点难点问题，真实反映干部群众的意见建议，推动政策进一步完善。

3. 与中央的决策部署相一致

中央的决策部署是实现党的历史使命的战略安排，是落实党的路线方针政策的具体抓手。中央的决策部署来源于实践又指导实践，是党的意志、主张的集中体现，是中央权威、党的团结的具体体现。新闻媒体要坚决服从、积极宣传中央的决策部署，始终在思想上政治上行动上与党中央保持高度一致。认真学好党的理论和路线方针政策，特别要深刻领会习近平新时代中国特色社会主义思想，弄清中央决策部署的重要意义，不断提高新闻宣传工作水平。

（三）在组织上坚持党对新闻工作的领导

社会主义新闻工作的党性原则体现在组织上，就是要坚持党对新闻工作的领导。任何新闻媒体都不能脱离党的领导，只能处在党的领导之下而不能凌驾于党之上，只能处在党的事业之中而不能独立于党的事业。这是社会主义新闻工作坚持正确政治方向的根本保证。

1. 坚持党管新闻、党管媒体

加强和改进党对新闻工作的领导，要增强阵地意识、管理意识，管新闻、管媒体。加强和改进党的领导，重在管导向、管阵地、管队伍，覆盖所有媒体空间、所有传播载体，让主旋律正能量主导舆论。要适应互联网时代媒体格局的变化，熟悉掌握新的传播特点、规律，探索新形势下的媒体管理办法，既严格加强管理，又鼓励媒体创新；既坚决履行领导责任，又拓展媒体发展空间，努力形成既统一管理，又生动活泼的局面。要关心媒体，关心新闻工作者，加强媒体领导班子建设，促进新闻人才成长，支持媒体发展。

2. 严格遵守党的政治纪律、宣传纪律

新闻媒体要自觉接受党的统一领导，在涉及党的路线方针政策以及重大政治性问题上，必须无条件地同党中央保持一致，不允许利用宣传工具传播同党的主张相违背的言论。严格遵守党的宣传纪律，服从统一指挥，做到令行禁止。

3. 坚持和完善新闻管理工作制度

改革开放以来，新闻管理部门和新闻媒体在实践中创造了许多成功经验，形成一套行之有效的工作制度，如信息通报制度、新闻阅评制度、重要稿件送审制度、媒体约谈制度及新闻媒体自律制度等。新闻管理也要适应形势变化，继续坚持和完善这些制度，提高管理水平，改进创新，依法管理，科学管理，注意发挥媒体的积极性、创造性。

三、坚持党性和人民性相统一

习近平强调，党的新闻舆论媒体的所有工作"都要坚持党性和人民性相统一，把党的理论和路线方针政策变成人民群众的自觉行动，及时把人民群众创造的经验和面临的实际情况反映出来，丰富人民精神世界，增强人民精神力量。"① 新闻舆论工作必须正确把握党性和人民性的辩证关系，在思想上和行动上坚持党性和人民性相统一。

（一）党和人民关系决定党性和人民性相统一

中国共产党在长期的革命、建设和改革中，形成与人民相濡以沫、命运与共的密切关系。正是这种相统一的关系决定了党性与人民性相统一。党性和人民性相统一，是党和人民一致关系在新闻舆论工作中的具体体现。

党的利益与人民利益相统一。人民是历史的主人，是社会的主体。党来自人民，服务人民，全心全意为人民服务是党的根本宗旨，以人民为中心是党的一切工作的出发点。党自诞生之日起，就没有自己的特殊利益，而是始终代表最广大人民的根本利益。人民的利益就是党的利益，人民的追求就是党的追求。党与人民一直是休戚与共的命运共同体。

党的执政地位与人民的主体地位相统一。我国是人民当家作主的社会主义国家，人民是国家的主人。党作为执政党，代表人民治国理政。党的执政地位来自人民的授权和拥护，人民是党执政的最深厚基础。

党的新的历史使命与人民的愿望要求相统一。党在新时代的历史使命，正是广大人民的迫切愿望。人民希望国家富强、生活富裕，在改革发展中有更多的获得感。党正带领人民为实现"两个一百年"奋斗目标、实现中华民族伟大复兴的中国梦而奋斗，这一伟大奋斗正是人民的重托，也是人民美好生活实现的过程。

党和人民关系相统一决定了新闻舆论工作党性和人民性相统一。党的新闻舆论工作的性质与人民对新闻舆论的要求相一致。社会主义新闻事业是党的事业，也是人民的事业。党需要通过新闻舆论工作引领人民、鼓舞人民、团结人民，人民需要通过新闻舆论工作了解事实、丰富信息、增长知识。社会主义新闻工作坚持以人民为中心的工作导向，为人民提供优质新闻信息服务，就要与党和人民同呼吸共命运。党性寓于人民性之中，人民性体现在党性之中。没有脱离人民性的党性，也没有脱离党性的人民性。

党是工人阶级的先锋队，也是中华民族的先锋队。习近平指出："我们强调的党性，包含着人民性的深刻内涵。我们党是代表人民利益的党，她没有独

---

① 《习近平谈治国理政》（第二卷），外文出版社 2017 年版，第 332 页。

立于人民利益的自身利益。但我们党既代表人民的眼前利益，也代表人民的长远利益；既代表人民的局部利益，也代表人民的全局利益；党的路线、方针、政策，党对每一件事情的看法和主张，应该说就是人民愿望、要求的充分体现，就是人民的看法和主张。"[1] 党性集中了人民性，代表了人民性，坚持党性就是坚持人民性。

（二）在思想上行动上坚持党性和人民性相统一

党性和人民性相统一，有着深厚的基础和内在的逻辑。新闻媒体和新闻工作者坚持党性原则，就要把握好、坚持好党性和人民性的统一。

坚持党性和人民性相统一，就要坚持认识上的整体性，不能把党性和人民性对立、割裂，二者内在统一，相辅相成，坚持党性就是坚持人民性，坚持人民性也是坚持党性。把党性与人民性割裂甚至对立起来，认为人民性高于党性，坚持党性会损害人民性，这既不符合马克思主义新闻观，也脱离党的新闻工作实践。

坚持党性和人民性相统一，就要坚持实践上的整体性，把宣传党的主张和反映人民呼声有机结合，二者不是两项独立的工作，更不是对立的工作，而是同一项工作。新闻工作既要宣传好党的路线方针政策，又要充分反映人民群众的呼声要求。宣传党的主张要有群众视角，找到对接点，让人民群众喜闻乐见；反映人民呼声，回应社会关切，要有全局视野，有利于党和国家工作大局，有利于社会和谐稳定。

第二节　坚持为人民服务、为社会主义服务、为党和国家工作大局服务

坚持为人民服务、为社会主义服务、为党和国家工作大局服务，是新闻工作必须长期坚持的基本方针。这一方针体现党的性质、宗旨和历史使命，反映中国特色社会主义对新闻工作的根本要求。

一、坚持为人民服务的工作导向

新闻舆论工作坚持为人民服务，是党全心全意为人民服务宗旨在新闻工作

---

[1]　习近平：《把握好新闻工作的基点》，《摆脱贫困》，福建人民出版社 1992 年版，第 63 页。

中的体现，是社会主义新闻工作的根本目的，是新闻媒体和新闻工作者的工作导向。

社会主义新闻事业来自人民、服务人民。党的性质、社会主义国家性质、社会主义新闻事业性质，决定新闻工作的根本宗旨就是坚持以人民为中心。党为之奋斗的一切、所付出的一切努力，都是为中国人民谋幸福，为中华民族谋复兴。我们国家是人民当家作主的社会主义国家，人民是国家主体，是决定党和国家前途命运的根本力量。国家的发展进步、繁荣富强，都是为了实现人民对美好生活的追求。我们的社会主义新闻事业是党的事业，也是人民的事业。人民是新闻报道的主角，人民的支持筑起新闻事业发展的基石。党性和人民性相统一，要求新闻工作始终以人民为服务对象，为人民提供更多更好的新闻信息服务。

坚持为人民服务的工作导向，就能保持新闻工作与人民群众的密切联系，新闻工作就会增进人民利益，就会受到人民的欢迎，新闻事业发展就会如鱼得水；反之，就会损害人民利益，就会被人民所抛弃，新闻事业发展就会缘木求鱼。新闻舆论工作是党联系群众的重要纽带，是党的群众工作的重要渠道。团结人民、鼓舞士气，为人民服务，是新闻舆论工作的光荣传统，是新闻舆论工作最接地气的职责使命。

（一）坚持以人为本

新闻事业坚持为人民服务的工作导向，就是坚持以人为本，就要把最广大人民的根本利益作为全部新闻传播活动的出发点和落脚点，与人民群众心心相印，同呼吸，共命运，一切为了人民，一切依靠人民。

坚持为人民服务的工作导向，就要让人民群众成为新闻报道的主角。运用多种新闻手段，充分反映人民群众的实践创造、精神面貌、火热生活。把版面、屏幕、页面更多地留给人民群众，及时提供丰富的新闻信息服务，报道事实真相，传播真理声音，介绍科学文化知识，方便群众信息交流。坚持把人民群众的呼声作为第一信号，把人民群众的需要作为第一选择，及时发现并反映人民群众生产生活遇到的困难，促进问题解决。如实反映人民群众的愿望、意见和要求，充分发挥新闻媒体作为党和政府联系群众的桥梁和纽带作用。

（二）坚持贴近实际、贴近生活、贴近群众

坚持为人民服务的工作导向，就要坚持贴近实际、贴近生活、贴近群众。新闻工作者要到实际中去，到基层中去，到群众中去，与人民群众面对面，在生活中接地气，发现新闻，寻找题目，把文章书写在大地上。新闻是对事实的报道，生活是新闻的源泉。互联网时代，信息来源丰富了，新闻采写手段先进了，但新闻报道不能闭门造车，不能网上来网上走，自娱自乐，脱离实际。

主流媒体多年来一直坚持开展走基层、转文风、改作风活动，组织记者到第一线去，反映人民群众的喜怒哀乐。每年春节开展的"新春走基层"活动，新闻工作者放弃节日休息，到群众中过春节，给群众送去温暖，报道群众节日生活，出现了许多年味十足的

拓展资源

"新春走基层"

报道。比如，2019年春节期间，《人民日报》运用多媒体形式推出"新春走基层"报道，描述普通人家的生活变化，追踪人们回家过年的温暖路程，记录劳动者岗位过新春的情景。《83岁"民间河长"写下40万字巡河日记》《县城里的"健康中国新方式"》《90后的警察这样过春节》等一大批报道，扎实具体，生动感人。

（三）把服务群众与教育引导群众相结合

坚持为人民服务的工作导向，就要团结人民、鼓舞士气，把服务群众与教育引导群众相结合。在满足人民群众新闻信息需求的同时，把满足需求与提高素养相结合，丰富人民精神世界，增强人民精神力量。弘扬主旋律、传播正能量，调动各方面积极性、主动性、创造性，激发全党全社会团结奋进、攻坚克难的强大力量。

二、坚持为社会主义服务的政治方向

坚持为社会主义服务，是社会主义新闻工作的根本政治方向。高举中国特色社会主义伟大旗帜，引领舆论导向，是新闻舆论工作政治性的集中体现，是中国特色社会主义新时代赋予新闻工作的重大职责使命。举什么旗帜，走什么道路，是关系党和国家前途命运的根本性问题。中国特色社会主义是改革开放以来党的全部理论和实践主题，是党和人民历尽千辛万苦、付出巨大代价的根本成就。党和国家的长期实践充分证明，只有社会主义才能救中国，只有中国特色社会主义才能发展中国。坚持中国特色社会主义，是党和人民的正确选择，是中华民族实现伟大复兴的根本途径。高举中国特色社会主义旗帜，引导时代前进方向，推进中国特色社会主义伟大事业，是中国社会主义新闻事业最鲜明的特色，是新闻舆论工作者最光荣的任务。

坚持为社会主义服务的政治方向，就要牢固树立政治意识，增强理论自信、道路自信、制度自信、文化自信，高举中国特色社会主义伟大旗帜，引领舆论导向。深入宣传中国特色社会主义理论体系，深入宣传习近平新时代中国特色社会主义思想，深入宣传新时代坚持和发展中国特色社会主义的基本方略，全面营造有利于坚持党的领导和社会主义制度、有利于推动改革发展、有利于增进全国各族人民团结、有利于维护社会和谐稳定的舆论环境，促进人民群众与社会主义事业同心同德，使党和国家继续向着光明前途前进。

坚持为社会主义服务的政治方向，就要全面宣传中国特色社会主义实践成果。中国特色社会主义是实践中的社会主义，是发展中的社会主义。我们党正带领全国各族人民不断探索，不断创造新的发展成就。要运用多种新闻传播手段，及时生动地报道各地区各部门开拓进取，改革创新，推动社会主义经济建设、政治建设、文化建设、社会建设、生态文明建设的新成果、新经验、新做法，报道人民群众在中国特色社会主义新时代的新创造、新生活、新面貌，描绘崭新的时代画卷。

坚持为社会主义服务的政治方向，就要坚持问题导向，敢于面对问题，及时回应社会关切，答疑解惑，析事明理，引导人们正确认识建设社会主义的艰巨性和复杂性，增强坚持和发展中国特色社会主义的信心。社会主义的发展不可能一帆风顺，出现一些困难或曲折在所难免。我国正处于并将长期处于社会主义初级阶段，还存在着各种矛盾和问题，解决这些问题需要时间，也需要一个过程，绝不是一朝一夕就能够完成的。新闻宣传要正确分析热点难点问题，引导人民群众全面看待形势、看待问题，树立克服困难的信心，鼓舞群众士气，坚定走中国特色社会主义道路的信心。

中国经济进入新常态以后，遇到了一些新问题。2015年第一季度，面对经济增速回落、经济下行压力加大，社会上有种种议论和担忧。对经济形势到底如何看，《人民日报》及时推出《五问中国经济——权威人士谈当前经济形势》，回答"增速回落是否合乎预期、经济运行为何出现走势分化、下行压力较大怎么办、如何看待经济运行风险、宏观调控应当从何处着力"五个社会普遍关心的问题。报道抓住经济进入新常态这条主线，全面解析经济形势，准确把脉经济发展趋势，深入分析热点问题，权威发声，有理有据，有观点、有前瞻，有利于人们正确看待形

拓展资源

《五问中国经济
——权威人士
谈当前经济形
势》

势、坚定发展信心。报道引起热烈反响，并获得中国新闻奖一等奖。

三、坚持为党和国家工作大局服务的工作重心

工作大局，就是党和政府一定时期工作的总体布局、战略布局、中心任务，事关顺利推进党和国家各项事业，事关实现人民根本利益，具有鲜明的方向性、时代性、整体性。围绕中心，服务大局，是新闻工作的重要职责使命，是新闻工作的重心所在。

在大局中定位，新闻舆论工作方显重要；在大局下行动，新闻舆论工作才有作为。新闻媒体要坚决服从服务于党和国家工作大局，服从服务于党和国家的决策部署，服从服务于推进改革发展稳定，坚持在大局下思考、在大局下行动，不缺位、不错位，有担当、有作为。

坚持为大局服务，就要深入宣传大局，让中央的决策部署深入人心。党的十八大以来，党中央统筹推进"五位一体"总体布局，协调推进"四个全面"战略布局，党和国家各项事业开创新局面。总体布局和战略布局，是在新时代坚持和发展中国特色社会主义的总体设计、总体安排。新闻媒体要把宣传总体布局和战略布局，作为贯穿新时代的重大任务，全面准确生动地解读其重要意义、深刻内涵，报道统筹推进总体布局、协调推进战略布局取得的重要成就。

坚持服务大局，就要紧紧围绕经济建设这个中心。经济建设是全党工作的中心。十一届三中全会以来，全党工作重心转向经济建设，启动改革开放历史进程，我国经济快速发展，经济总量位居世界第二，综合国力显著增强，人民生活大大改善。但是我们仍处于社会主义初级阶段，我国仍是世界上最大的发展中国家，社会主义现代化建设的任务还未完成，发展仍是解决一切问题的前提，发展仍是党执政兴国的第一要务。新闻舆论工作要咬定青山不放松，把经济宣传放到突出位置，用新的发展理念指导经济宣传，用全面深化改革把握报道方向。深入解读经济政策，科学分析经济形势，热情宣传建设成就，展示经济光明前景，增强人民群众的发展信心。

第三节　团结稳定鼓劲、正面宣传为主

团结稳定鼓劲、正面宣传为主，是党的新闻舆论工作的成功经验，是社会

主义新闻工作必须遵循的基本方针，是做好新闻舆论工作的着力点。

一、坚持正面宣传为主的重要意义

正面宣传也称正面报道。以正面宣传为主，是指新闻报道要及时准确地宣传党的路线方针政策，宣传改革开放和现代化建设的成就，实事求是地反映社会现实生活的主流，传播鼓舞人们前进的精神力量。

正面宣传为主，是由我国社会生活实际状态决定的。新闻报道是对客观事物本来面貌的反映。新中国成立以来，特别是改革开放以来，全国各族人民在党的领导下发奋图强，取得举世瞩目的伟大成就，我国综合国力明显增强，人民生活大幅改善，国际地位显著提升，社会主义中国的面貌发生历史性变化，中华民族正迎来伟大复兴的光明前景。在中国特色社会主义阔步前进的同时，经济社会发展也存在着许多困难和问题，人民群众也有一些不满意的地方，社会上还存在一些不良现象，但是，从总体上看，我国经济社会的主流是发展进步，基本面貌是正面的事物，是积极的因素，是向上的力量，社会向好，事业向前，人心向善。消极负面的东西只能是支流、局部性的。坚持正面宣传为主，才能真实反映我国经济社会发展进步的全貌，准确描述我国人民积极向上的精神状态，有效发挥新闻舆论工作的正向作用。

正面宣传为主，是履行新闻舆论工作职责使命的需要。新闻舆论工作为人民服务、为社会主义服务、为党和国家工作大局服务，着力点就是正面宣传为主。坚持团结稳定鼓劲、正面宣传为主，才能形成正确舆论导向，才能促进人们形成共识、同心同德，才能有利于改革发展稳定大局，才能有利于党和国家长治久安。反之，则会使舆论导向错误，会造成人心涣散、离心离德，损害改革发展稳定大局，甚至造成社会动荡，危害党和国家前途命运。在中国特色社会主义新时代，更需要全党全国人民振奋精神、凝心聚力。新闻舆论工作担当职责使命，就要坚持团结稳定鼓劲、正面宣传为主，真实反映社会主流，激发全党全社会团结奋进的强大力量。

二、坚持正面宣传为主的基本要求

坚持以正面宣传为主的基本要求，就是要团结一切可以团结的力量，调动一切积极因素，化消极因素为积极因素，最大限度地动员和鼓舞人民群众投身于社会主义现代化建设。

（一）积极弘扬主旋律，唱响时代强音

主旋律反映社会发展的主流思想和价值取向，代表人民群众的根本利益和愿望，是时代的最强音。当今中国，各族人民正在中国共产党的领导下，坚持走中国特色社会主义道路，奋力实现中华民族的伟大复兴，这是当今时代最鲜明的主旋律。新闻工作要牢牢把握宣传基调，壮大主流舆论，充分发挥团结稳定鼓劲的作用，主动引导社会舆论朝着党和人民所期望的方向，朝着有利于社会主义现代化建设的方向发展。结合党和国家重要决策部署、重要会议、重要纪念活动，结合经济社会发展，民生改善重要成就、重要节点、重要阶段，积极主动地开展形势宣传、成就宣传、主题宣传，不断打造积极进取、健康向上的主流舆论。把新闻舆论工作的重点始终放在党和国家工作大局上，聚焦中国梦、中国道路、中国理论、中国制度、中国精神、中国力量，高扬中国特色社会主义旗帜；聚焦经济建设这个中心，描画社会主义现代化进程，助力改革开放，推动经济社会发展；聚焦人民群众的生动实践，展示人民群众的精神风貌。

（二）增强正面宣传的吸引力、感染力

社会生活生机勃勃、丰富多彩，正面宣传必须是生动鲜活的宣传，不能因循守旧、沉闷无趣。要适应互联网传播特点，把握人们新的心理需求和阅读特点，创新宣传报道内容和方法。解读党和国家大政方针，既要全面准确，又要找到和群众的接近点；宣传建设成就，既要突出亮点，又要看到难点，把成绩说够，又留有余地；宣传先进人物，既要突出优秀品质，又要有人情味、生活情趣。正面宣传报道要有现场、有故事、有细节，语言鲜活，运用互联网、新媒体等新的传播形式，立体化、可视化地开展正面宣传。

《长江日报》"生命接线员故事"报道，就是主流媒体做好正面宣传的生动案例。2016 年 11 月 19 日，《长江日报》通过官方微信报道《丈夫没了呼吸，妻子求 120 别挂电话，生死 26 分钟保持通话》。报道中插入一段长达 26 分钟的录音，记录了 120 女接线

员刘清电话指导患者妻子对心脏骤停的丈夫施救、挽回患者生命的全过程。这个 26 分钟的电话，体现刘清尊重生命、敬业爱岗的精神，折射人心向善、社会温暖的氛围。《长江日报》利用多媒体形式持续深入报道，《人民日报》等 50多家官方微信转发报道，产生诸多"10 万+"，让生命接线员的故事传播更广。

（三）正确把握正面宣传和舆论监督的关系

做好正面宣传，不是不要舆论监督，舆论监督和正面宣传是统一的。正面宣传为主，是从新闻报道反映全局来说的，是对新闻报道的整体而言的。正面宣传为主的本意与实质，是要求新闻工作者真实地反映社会生活，实事求是地报道社会主义中国的真实面貌。在现实生活中，有正面也有负面，有主流也有支流，有积极也有消极。在大力宣传报道社会光明面的同时，也要直面工作中存在的问题，直面社会不良现象，激浊扬清，针砭时弊。人民群众通过媒体监督党和政府工作，反映意见呼声，有利于改进工作，促进问题解决，疏导社会情绪，化解社会矛盾，维护社会和谐稳定。舆论监督的作用与正面宣传的作用总体上是一致的，在坚持正面宣传为主的同时，要充分发挥舆论监督的积极作用。

学习思考题：

1. 什么是党性？如何理解党性是新闻工作的客观属性？

2. 社会主义新闻工作为什么必须坚持党性原则？如何坚持党性原则？

3. 结合实际简述对坚持党性和人民性相统一的理解。

4. 新闻工作如何坚持为人民服务、为社会主义服务、为党和国家工作大局服务？

5. 如何理解坚持正面宣传为主？

第七章 新闻宣传

新闻与宣传，两者密切相关。深入了解和掌握新闻宣传的基本理念、方法、形式、效果，对于坚持新闻宣传的正确导向，努力提高新闻宣传的能力水平，有着重要意义。

第一节 新闻宣传的内涵和特点

新闻宣传是宣传的一种特有形式，体现了新闻的特有功能，有着特定的内涵、特征和作用。

一、宣传的定义与目标

（一）宣传的定义

宣传是行为主体借助媒体传播特定内容，旨在影响他人的观点、态度和信念的一种社会传播活动。宣传包括主体、内容、载体、对象、效果五个基本要素。

宣传主体是宣传活动的组织者和实施者。它可以是个人，也可以是政党、政府机构或其他社会团体。主体决定通过什么媒体、形式，宣传什么内容，向什么对象进行宣传。

宣传内容是主体用于影响他人的态度和信念的事实以及所阐明的思想观点，它是宣传主体用以影响对象的重要因素。

宣传载体是宣传内容的承载者，也是宣传主体与对象之间的中介。宣传所凭借的载体，既可以是大众传媒，也可以是其他载体。

宣传对象是宣传内容所指向的目标，主体所作的宣传就是为了影响对象。

宣传效果是宣传所期望达成的最终目的，即宣传对象在观点、态度和信念上发生的改变。

（二）宣传的特点

宣传具有目的明确、公开表达、扩散传播、形态多样等特点。

宣传是以说服和影响对象为目的的传播活动。主体所作的宣传，通常通过三种途径影响他人的意识和行为：其一，主体通过披露事实或运用实例的方式，使宣传对象在充分知情、明了事实真相的基础上，改变原有的看法或进一步坚定已有的观点和信念；其二，主体传播和阐释自己的观念、意见，并为宣传对象所接受；其三，主体通过传播事实与传播观念相结合的方式，既摆事实又讲道理，影响宣传对象的意识和行为。

为实现说服和影响对象的目的，宣传主体对事实与观念进行公开表达和扩散传播，只有公开表达才能让宣传对象知晓事实、认同观念；只有扩散传播，才能使宣传更广泛、更深入。

宣传在传播形态上具有多样性。它包括众多分支，既包括新闻宣传，也包括思想理论宣传、文艺宣传、广告宣传、标语口号宣传等。它们特点各异，影响对象的方法多样。例如，通过张贴标语进行的宣传，可以营造相应的气氛；通过文艺作品进行的宣传，以寓教于乐、潜移默化的审美方式影响宣传对象；通过发表演讲、刊登理论文章进行的宣传，以传播知识、昭示理性的方式争取宣传对象的心理认同；通过广告进行的宣传，以劝服的方式影响宣传对象；通过新闻报道和评述事实进行的宣传，使宣传对象在摄取、接受具有新闻价值的事实和信息的过程中，潜移默化地接受报道者的观点。

（三）宣传的作用

宣传的作用是影响他人的观点、态度和信念。无产阶级政党宣传的本质就是向人们揭示和传播真理，用真理说服和影响广大人民群众。

开展宣传是革命活动中的一项重要内容。列宁指出："我们在取得政治自由以前，则必须用革命的报纸来代替一切，而且正是代替这一切。没有革命报纸，我们决不可能广泛地组织整个工人运动。"[1] 宣传之所以重要，是因为无产阶级要推翻掌握全部国家机器的反动统治阶级，必须在革命理论的指引下真正组织起来，求得自身的解放。而无产阶级只有接受社会主义思想，提高觉悟，才能从自在的阶级转变成自为的阶级，担负起领导革命的重任。

开展宣传有利于推动各项政策的贯彻落实。毛泽东说过："我们的政策，不光要使领导者知道，干部知道，还要使广大的群众知道。有关政策的问题，一般地都应当在党的报纸上或者刊物上进行宣传。""群众知道了真理，有了共

---

① 《列宁全集》第4卷，人民出版社2013年版，第169页。

同的目的，就会齐心来做。"①

开展宣传可以激发全社会团结奋进的强大力量。习近平明确指出："宣传思想工作就是要巩固马克思主义在意识形态领域的指导地位，巩固全党全国人民团结奋斗的共同思想基础。"② 在前所未有的挑战和困难面前，我国宣传工作要促进全体人民在理想信念、价值理念、道德观念上紧紧团结在一起，夺取新时代中国特色社会主义伟大胜利。在革命、建设和改革的各个历史时期，宣传工作在引导广大人民群众为自身利益团结奋进方面都发挥了重要作用。

二、新闻宣传的基本特点

新闻宣传是形式多样的宣传中的一种，以报道新闻实现宣传目的，常采用新闻报道和新闻评论两种方式。新闻宣传包含在广义宣传之中，具备广义宣传的一部分特质，属于社会传播活动，以影响他人的观点、态度和信念为目的。广义宣传中遵循新闻报道规律、体现新闻特质的那一部分，被称为新闻宣传。它是通过报道和评述事实而进行的宣传，其基础则是对事实的真实报道。新闻宣传既具有广义宣传的特点，又有自身的特点，具有其他宣传形式所不可替代的作用。

新闻宣传相比广义宣传，有一定的特殊性。广义宣传的主体，往往事先就已形成所要宣传的相关理念，并就某些问题得出明确结论；宣传时，主体总是鲜明地表达自己的倾向和意见并力图通过自己的观念影响宣传对象。新闻宣传虽然也包含报道者的倾向和意见，但表现方式不同，报道者在真实客观地报道具有新闻价值的事实过程中，有时会隐含自己的倾向和意见，有时则会在报道事实的基础上，通过分析和解释事实表明自己的倾向和意见。

新闻宣传之所以能收到比较好的宣传效果，最重要的原因就是它用事实说话，而且是用新近发生的事实说话。新闻宣传要恪守真实性原则，要以新闻事实作为报道依据，所作报道要完全符合新闻事实的实际情况。

新闻宣传必须用具有新闻价值的事实说话，以新闻事实、新闻报道来传播宣传者的主张。它要求所报道和评述的事实具有一定的新闻价值，有值得广大人民群众关注的内容。新闻宣传作为教育、引导人民群众的一种舆论形式，总

---

① 《毛泽东选集》第 4 卷，人民出版社 1991 年版，第 1318 页。
② 《习近平谈治国理政》（第一卷），外文出版社 2018 年版，第 153 页。

是直接或间接地反映一定阶级和政党的政治立场、政治主张和政治观点，其内容通常表现为一定的理论、路线、方针、政策等。新闻宣传的目的和倾向，往往是通过对新闻的选择与编发来体现的。

新闻宣传要求所报道的事实具有很强的时效性。新闻姓"新"，追求和体现时效性是新闻必须具备的品格，在资讯发达的当今社会尤其如此。首发信息往往给传播对象留下深刻印象，所以，新闻宣传十分重视抢夺新闻首发权。

三、新闻宣传的主要任务

新闻宣传是依托新闻媒体实现的宣传，具有强大的舆论影响力。自新闻事业产生以来，各个阶级、政党和社会团体无不把新闻宣传作为实现自身利益的重要手段。中外政治家都高度重视发挥新闻宣传的作用。中国民主革命的先行者孙中山认为辛亥革命之成功，既靠军人之力，也靠报纸鼓吹之力，他说："今后奋斗之器不以枪而以笔，常言谓：一支笔胜于三千毛瑟枪"[1]。

在无产阶级革命事业的进程中，马克思、恩格斯的报刊活动，构成他们的新闻宣传活动，其全部目的就是唤起工人阶级和人民大众为改变自身状况和获取应得利益而斗争。这既是他们政治上的目标，同时也是其宣传所要达到的目的。在他们那里，通过新闻宣传为受众提供有价值的新闻信息与通过新闻宣传实现工人阶级和人民群众的利益，两者是高度一致的。

中国共产党代表中国最广大人民的根本利益，新闻宣传是党领导人民实现自身利益的重要手段，集中表现为：及时为人民群众提供各类有价值的新闻信息，帮助人民群众了解客观世界的变化，了解党和政府的大政方针、改革开放的重大决策；满足人民群众知情、求知及参政议政等各种需要，为其全面发展提供相应条件；通过报道社会生活中具有鼓舞、激励作用的各类典型，对社会舆论进行正确引导；开展舆论监督，批评和抨击现实生活中的各种不良现象，弘扬正气，为实现人民群众追求美好生活目标和实现中华民族伟大复兴中国梦提供舆论支撑。

在具体实践中，新闻宣传工作紧紧围绕党和国家的方针政策、重大部署来开展，自觉承担举旗帜、聚民心、育新人、兴文化、展形象的使命任务，高举马克思主义、中国特色社会主义的旗帜，推动马克思主义中国化最新成果深入

---

[1] 孙中山：《与报界的谈话》，《孙中山全集》（第六卷），中华书局 1981 年版。

人心；牢牢把握正确舆论导向，唱响主旋律，壮大正能量，把全党全国人民士气鼓舞起来、精神振奋起来，朝着党中央确定的宏伟目标团结一心向前进；坚持以德树人、以文化人，培育和践行社会主义核心价值观；坚持中国特色社会主义文化发展道路，激发全民族文化创新创造活力，建设社会主义文化强国；推进国际传播能力建设，讲好中国故事、传播好中国声音，提高国家文化软实力和中华文化影响力。

第二节　新闻宣传的理念和内容

我国新闻宣传的基本理念是：在马克思主义指导下，植根于中国革命、建设、改革的实践，以党的理论和路线方针政策为依据，动员和组织群众为实现自身利益而奋斗。新闻宣传实践要求重点做好重大主题、重大活动和重大突发公共事件等的宣传报道，做好典型宣传，做好新闻发布与信息公开。

一、贯彻党和国家的路线方针政策

我国新闻宣传贯穿一个指导思想，这就是马克思主义。马克思主义具有与时俱进的理论品质。改革开放以来，中国共产党把马克思主义普遍真理与中国改革和建设的具体实际相结合，形成中国特色社会主义理论体系。

做好新时代新闻宣传工作，首先要以习近平新时代中国特色社会主义思想为指导，立足中国特色社会主义的伟大实践，把政治方向摆在第一位，坚持党性原则，坚持马克思主义新闻观，坚持正确舆论导向，坚持正面宣传为主。坚定宣传党的理论和路线方针政策，坚定宣传中央重大工作部署，坚定宣传中央关于形势的重大分析判断，坚决同党中央保持高度一致，坚决维护中央权威。

党的路线方针政策代表最广大人民群众的根本利益，体现对形势、对大局的正确把握。新闻媒体依据党的路线方针政策，对新闻事实所包含的新闻价值进行正确判断，对宣传时机、力度和可能产生的效果作综合研判，在报道中更好地体现人民群众利益，努力促进社会发展进步。新闻媒体也应积极宣传报道贯彻党的路线方针政策所取得的典型经验，使之在实际生活中发挥良好的社会示范效应；对贯彻党的路线方针政策中出现的情况和问题，及时通过新闻报道或其他渠道予以反映，开展建设性批评，促进问题的解决，使党的路线方针政策更好地得到贯彻落实。

党和政府制定的路线方针政策，不仅是新闻宣传的依据，而且是新闻宣传的重要内容。新闻媒体应当以人民群众乐于接受的方式方法宣传党的路线方针政策，将其融入新闻报道之中；善于发现和运用现实生活中的鲜活素材、生动个案，深入解读党和政府所制定的路线方针政策；重点关注人民群众在认识理解党的路线方针政策中出现的疑虑和偏差，开展有针对性的新闻宣传，解疑释惑，加强引导。

二、动员和组织群众

宣传群众、动员群众、组织群众为实现自身利益而奋斗，是马克思主义新闻宣传的优良传统。在革命战争年代，中国共产党通过有说服力的新闻宣传，广泛地传播真理，动员和组织人民群众为赢得自身的解放而斗争。革命报刊所进行的日常宣传，发挥出教育引导人民群众、分化瓦解敌人的作用。

新闻宣传的组织和动员作用主要表现在：迅速、广泛地把党的路线方针政策贯彻到群众中去，变为群众的实际行动；广泛反映群众的愿望、意见、要求和呼声；及时传播国内国际的各种信息，直接影响群众的思想和行为，鼓舞广大人民群众为共同目标而奋斗。

新闻宣传同国内国际形势、同党和国家的事业密切相关。中国特色社会主义进入新时代，我国社会主要矛盾发生关系全局的历史性变化，发展不平衡不充分的问题更加突出，统筹兼顾各方面利益任务艰巨。世界多极化、经济全球化、社会信息化、文化多样化深入发展，社会思想观念和价值取向日趋活跃，主流的和非主流的同时并存，先进的和落后的相互交织，社会思潮纷纭激荡。现代信息技术突飞猛进，带来人类传播方式的革命性飞跃，互联网已成为思想文化信息的集散地和社会舆论的放大器，成为意识形态工作的主阵地和最前沿。新时代，党领导人民进行伟大斗争、建设伟大工程、推进伟大事业、实现伟大梦想，要求新闻宣传更好地担负起动员和组织群众的重任，充分发挥媒体的舆论引导力，凝聚共识，为中国特色社会主义建设营造良好的舆论环境。

三、重大主题、重大活动宣传和重大突发公共事件报道

重大主题宣传、重大活动宣传是新闻媒体为宣传党和政府的重大战略思想、重大战略任务、重大工作部署所进行的集中的、大规模的新闻宣传。开展

重大主题宣传、重大活动宣传和重大突发公共事件报道是加强舆论引导的重要形式，也是提升媒体权威性、思想性和影响力的重要途径。

（一）主题宣传

主题宣传又叫主题报道，它是由一件以上的事实经过综合、归纳、概括、提炼而成的，有鲜明主题的新闻报道形式。主题宣传重在通过纵和横的对比、分析、阐述，由此及彼、由表及里，揭示事物本质，反映社会和时代脉动，有鲜明的时代性、思想性和指导意义。重大主题宣传是主题宣传的最重要形式，一般涉及党和国家的发展大局。

组织重大主题宣传，在实践中需要从多方面着力：一是善于把党和政府的路线方针政策转化为具体的新闻报道，通过用生动事实说话的方式，着力反映人民群众实践党和政府的路线方针政策的伟大业绩，增强主题宣传的说服力和凝聚力。二是善于策划重大主题宣传，将策划的重点定位在党和政府的重要战略思想、战略任务、战略决策，新出台的政策法规，重点工作、重大建设项目，经济社会发展成就，重要言论、重点观点等，从这些方面入手增强主题宣传的影响力。三是善于整合新闻媒体资源，充分发挥各种媒体的优势，运用媒体联动的方式，形成新闻报道合力，增强主题宣传吸引力。四是善于运用新闻报道的各种表现方法和形式，合理采用连续报道、系列报道、深度报道、现场直播等报道方式，从大处着眼，小处着笔，以小见大，平中见奇，增强主题宣传感染力。

围绕党的十八大以来改革开放和社会主义现代化建设的历史性成就、党和国家事业发生的历史性变革，我国主流媒体开展了大量主题宣传。如新华社采写播发《历史的选择，人民的期待——党的十八大以来以习近平同志为核心的党中央治国理政评述》《中国反贫困斗争的伟大决战》等一批力作；在党的十九大召开前夕，由中共中央宣传部、中央电视台及相关部门共同制作并相继播出《将改革进行到底》《大国外交》《不忘初心 继续前进》等七部政论专题片，从不同角度全面梳理以习近平同志为核心的党中央引领党和国家各项事业取得的辉煌成就，引起强烈社会反响，为党的十九大的召开营造热烈的舆论氛围。

（二）重大活动宣传

重大活动宣传是新闻报道中的一项重要内容，着眼国内外普遍关注的重大活动开展报道，能够更好地发挥正面引导舆论的作用，更好地服务党和国家工作大局，更好地服务广大人民群众。对新闻从业者来说，能够有幸参与重大活动报道、成为历史的见证者，是职业生涯中的一件大事，是对其职业能力和新闻素养的检验和肯定。2015 年是中国人民抗日战争暨世界反法西斯战争胜利 70 周年，中央主要媒体围绕"铭记历史、缅怀先烈、珍爱和平、开创未来"的主题精心设置议题，全方位采访、全景式展现、全媒体报道。《人民日报》在报纸和新媒体上开设"民族记忆·你不知道的抗战故事"等专栏，推出纪念特刊和主题专版，组织重头评论文章；新华社制作推出国内首个 360 度全景视频报道《全新角度看阅兵》，为电脑和手机受众提供亲临现场的独特体验；中央电视台推出系列专题片《东方主战场》《光明与阴霾》，以及"抗战日历"等新媒体产品。主流媒体的全方位报道，凸显中国共产党在抗日战争中的中流砥柱作用、中国作为东方主战场在世界反法西斯战争中的重要地位，展现我国领导人的重要活动和重要宣示，反映纪念活动的庄严场景，凝聚民族精神、弘扬爱国主义，引起国内外舆论的强烈反响。

2017 年首届"一带一路"国际合作高峰论坛是"一带一路"倡议提出以来最高规格的国际会议。在论坛召开前一个多月，《人民日报》推出"行走'一带一路'"专栏，新华社启动"一带一路你知道多少"海外社交媒体系列直播，通过大量事实，生动展示"一带一路"建设给沿线人民带来的实惠和变化。论坛召开期间，《人民日报》增设专刊，集中刊发对习近平主旨演讲的深入解读，新华社推出一系列重头稿件和融媒体产品，多语种动漫 MV《世界怎么了，我们怎么办？》被刷屏，短视频《大道之行》点击量超过 5 亿人次；中央电视台启用无人机拍摄，全景呈现论坛盛况，并通过央视新闻移动网对论坛进行 48 小时不间断的全球滚动直播。这些报道集中向世界传递"和平合作、开放包容、互学互鉴、互利共赢"的丝路精神，放大"一带一路"建设将为全球可持续发展提供新动力的正面声音。

拓展资源

《大道之行》
（视频）

为庆祝中华人民共和国成立 70 周年，中央主要媒体提前部署、认真准备，推出大量可圈可点的新闻报道。新华社制作的视频《新·生》以歌曲《没有共产党就没有新中国》为主线，串起中国共产党带领中国人民走向新生的一个个场景，以宏阔的历史画卷，全景回顾、生动诠释一心为民、执政为民的初心与使命，总播放量超过 20 亿次，反映出广大受众的强烈共鸣。中央广播电视总台首次实现全流程、全要素 4K+5G 超高清直播，充分展现领袖风范、军民风采、时代风貌，深刻揭示浴血奋战得解放、披荆斩棘成大道、更上层楼新时代的报道内涵，大气磅礴震撼中外，为历史留下珍贵记录，为人们留下永存记忆。

（三）重大突发公共事件报道

重大突发公共事件，是指有重大影响的、突然发生而造成或者可能造成严重社会危害、需要采取应急处置措施予以应对的突发公共事件，包括自然灾害、事故灾难、公共卫生事件、社会安全事件等。重大突发公共事件的新闻报道是新闻宣传工作的重要组成部分，在报道中坚持及时准确、公开透明、有序开放、有效管理、正确引导的方针十分重要。在具体报道中应把握以下几项原则：

1. 坚持正确导向，维护社会稳定

重大突发公共事件的报道要做到有利于党和国家工作大局，有利于维护人民群众切身利益，有利于维护国家形象，有利于社会稳定和人心安定，有利于事件的妥善处置。

2. 坚持及时准确，积极引导舆论

第一时间发布权威信息，及时准确、全面客观报道事件动态及处置进程，把社会舆论引导到健康、理性的轨道上来。

3. 坚持公开透明，满足信息需求

尊重人民群众知情权，坚持公开透明，满足人民了解事件真相和处置情况的需求，增强群众公共安全意识，提高全社会风险防范和应对能力。

4. 坚持规范管理，依法开展报道

严格遵守《中华人民共和国突发事件应对法》《中华人民共和国保守国家秘密法》《中华人民共和国政府信息公开条例》等有关法律法规，依法开展信息发布和新闻报道。

新闻发布和舆论引导是重大突发公共事件应急处置工作中的重要组成部分，新闻报道也是救援。在 2008 年"5·12"汶川大地震、2015 年 6 月 1 日"东方之星"客轮翻沉事件等一系列重大突发公共事件中，政府及时公开信息，媒体积极有效作为，为重大突发公共事件报道积累了丰富经验。"东方之星"客轮翻沉事件是在社交媒体异军突起之后发生的重大突发公共事件，在事故救援和处置过程中，相关部门在事故现场先后召开 15 场新闻发布会，及时公布事故救援和处置进展。中央和地方媒体一系列公开透明、有温度有情怀的报道有力配合救援工作，积极弘扬社会主义核心价值观，有效引导了舆论。

四、典型宣传

典型宣传又称典型报道，通常是指对能够体现时代特征的、具有代表性和引领性的事物和人物所作的重点报道。它有两个显著特征：第一，典型宣传选择的是一定时期内具有时代性、先进性的人和事。他们所表现出来的业绩和思想，不仅具有感人的力量，而且是时代的反映。第二，典型宣传选择的是对全局具有普遍意义、具有代表性和推广价值的人和事。他们既是全局中的典型，又能影响全局，为全局工作服务，具有深刻的思想内涵，能够起到示范引领作用。发挥先进典型的示范、激励、引导作用，是新闻宣传的一种重要手段。

新中国成立以来，新闻媒体报道的许多先进人物或重大事件在群众中长期传颂，教育和影响一代又一代人。如 20 世纪 50 年代抗美援朝中关于黄继光、邱少云等战斗英雄的宣传，60 年代关于大庆油田创业史、雷锋精神、县委书记的榜样焦裕禄的报道，都曾发挥过巨大的教育和鼓舞作用。习近平曾经深有感触地说："我们这一代人，是深受焦裕禄同志的事迹教育成长起来的。几十年来，焦裕禄同志的事迹一直在我脑海中，焦裕禄同志的形象一直在我心中。"[①]

党的十八大以来，新闻媒体加大典型宣传的力度，推出一大批闪耀着时代精神的英雄人物，包括航空报国英模罗阳、新时期共产党人的楷模兰辉、勇闯深海的水下核盾海军某潜艇基地官兵、"燃灯者"邹碧华、"太行山上的新愚公"李保国、心系群众的优秀县委书记廖俊波、科技报国的榜样黄大年、守岛卫国 32 年的新时代奋斗者王继才、"共和国勋章"获得者张富清等。中央电视台从 2002 年起打造品牌栏目"感动中国"，通过多种投票方式评选年度震撼人心、令人感动的十个人物或群体。十多年来，"感动中国"栏目评选出的每个典型人物身上都有一种让观众感到心灵震撼的精神力量，为营造健康向上的社

---

① 习近平：《做焦裕禄式的县委书记》，中央文献出版社 2015 年版，第 32 页。

会风尚发挥了积极推动作用。新华社从 2010 年起开办多媒体栏目"中国网事"，评选"起源于网，放大于网，互动于网，影响于网"的年度网络人物，用网民身边的感人事迹感动网民。典型人物为人民树立现实榜样，对建设中国特色社会主义的伟大事业起到有力推动作用。

做好典型宣传需要做到真实、感人、可学。先进典型的业绩和思想都是在社会实践过程中产生的，典型宣传应客观真实地还原他们本来的面貌。报道先进典型是为了教育、影响和带动群众，发挥榜样的力量，如果不真实可感，就会产生负面效应，失去典型宣传的意义。要坚持实事求是的基本原则，用事实说话，用生动的情节和细节说话，如实描述他们的业绩，合理表现他们的思想，做到分析准确、评价客观。

做好典型宣传需要深入挖掘。典型具有巨大的示范作用，展示着时代发展的趋向。要深入挖掘典型人物光辉思想和感人事迹，着力展现他们在平凡岗位上做出的不平凡业绩，全面反映典型人物的时代内涵和普遍意义，让典型人物中体现出的精神、经验成为推动工作的有效手段。如自 2015 年"五一"开始，央视新闻频道推出八集系列节目《大国工匠》，讲述为长征火箭焊接发动机的国家高级技师高凤林等八位不同岗位劳动者用自己的灵巧双手和匠心筑梦的故事。这群不平凡的劳动者默默坚守，孜孜以求，在平凡岗位上追求职业技能的完美和极致，弘扬热爱本职、敬业奉献的时代精神。

做好典型宣传需要不断创新宣传方式。典型宣传能否发挥作用，关键在于是否为群众所认可和接受。这就要求根据群众兴趣、需求的变化不断创新报道内容和报道方式。要发挥不同媒介特点、运用多种报道体裁，塑造有血有肉的人物形象，用平实语言阐释深刻道理，用鲜活事例揭示事物本质，用群众易于接受的方式表现高尚品德，写活人物，写实事迹，写透经验。比如，中央电视台"讲述"栏目推出的纪录片《中国建设者》，聚焦重大工程项目和参与建设的一线员工，集中展现工程科研人员立足岗位、拼搏奉献的感人事迹，记录当下中国建设者为实现梦想努力奋斗的故事，记录新时代中国发展的澎湃脉动，由此丰富和拓展典型宣传的内容。

五、新闻发布与信息公开

（一）新闻发布制度

新闻发布是现代社会新闻传播的重要方式，是受众接收社会信息的重要途径，是党的新闻宣传工作的重要组成部分。

现代新闻发布制度起源于 20 世纪初的美国。起初是由当地工商界为改善与新闻媒体及公众关系而建立的，后来演化为保障公民知情权的现代意义上的新闻发言人制度。新闻发布已成为当今世界各国政府、政党、社会组织等与媒体公众沟通交流的主要平台。

在我国，新中国成立后特别是改革开放以来，经过多年实践探索，新闻发布制度逐步建立并不断完善。1993 年年初，国务院新闻办公室开始以记者招待会和新闻发布会的形式举行新闻发布。2003 年"非典"重大疫情发生后，我国新闻发布制度得到进一步发展。2009 年 9 月，党的十七届四中全会通过《中共中央关于加强和改进新形势下党的建设若干重大问题的决定》，提出"建立党委新闻发言人制度"。2013 年党的十八届三中全会在《中共中央关于全面深化改革若干重大问题的决定》中，明确要求把新闻发布制度建设纳入全面推进国家治理体系和治理能力现代化建设总体布局，极大地推动新闻发布制度建设。目前，我国从中央到地方，许多部门都已建立新闻发布制度和工作机制，配备新闻发言人，积极开展多种形式的新闻发布活动，特别是对突发公共事件、重大政务信息等及时主动发布，满足媒体和社会公众的信息需求，积极引导社会舆论。如上海市于 2003 年 6 月在全国省级政府中第一个推出新闻发布制度，现已形成分层分类、全面覆盖的新闻发布体系。新闻发布的制度化、规范化建设在满足社会和公众信息需求的同时，也积极推动党和国家新闻事业的发展。

新闻发布的主要形式有：举行新闻发布会、召开新闻通气会或新闻吹风会、接受记者采访、通过官方网站发布信息、运用微博微信等新媒体发布信息等。新闻发布会是发布信息的一种重要形式，是有关部门定期或不定期举行的向媒体介绍党和政府、涉事主管部门的政策、措施以及重要事件、重大事项处置的信息，具有权威性高、公开性强的特点，也是目前常用的、易于接受的新闻发布形式。

新闻发布会一般情况下应向所有具备新闻采访资质的媒体记者开放。重要的新闻发布会也可通过广播、电视和网络直播，这种直播具有传播速度快、信息量大、检索和下载便捷等优势，受到新闻记者和社会公众欢迎。如我国外交部于 1983 年设立新闻发言人，逐步建立新闻发布制度。从 2011 年起，周一至周五每天举行例行发布会，邀请中央主要媒体和外国驻华有采访资质的记者参加，由新闻发言人发布我国最新的涉外工作信息，现场回答有关问题。外交部新闻发布会成为我国目前媒体关注度高、影响力大的新闻发布平台之一。近年来，随着各级政务微博微信等新媒体平台的建立，有关新闻发布部门充分利用微博微信传播互动性强、舆论生成快速等特点，通过新媒体平台向新闻媒体、社会公众提供及时准确简洁的权威信息。

（二）新闻发言人

新闻发言人，从其功能作用来说，既是一位专业人员，又是一个团队，也是一种制度。新闻发言人是党政部门或社会组织经过正式程序任命的专职或兼职新闻发布人员。新闻发言人是新闻发布的主体，经授权发布新闻、回答问题，与媒体、公众沟通。新闻发言人也是一个工作团队，负责组织新闻发布相关活动，如准备发布稿、问答要点、报道口径，联系媒体、接待记者、评估发布效果等。另外，新闻发言人还是新闻发布的制度安排，即通过新闻发言人向媒体、社会公众定期发布新闻，使之成为党和政府、有关社会组织通报相关政策、事件真实情况的制度化新闻活动。

新闻发言人要具备一定的政治素养、业务能力和工作技巧。新闻发言人作为党政部门的代言人，要有坚定的政治立场和政治信念，有较高的政策理论水平和诚实守信的职业道德，自觉遵守相关法律、纪律。新闻发言人作为重要新闻的发布者、阐述者，应对本部门的具体情况、运作机制、发展趋向、本领域的相关知识和政策法规等了如指掌、信手拈来。同时必须具备与各种媒体打交道的能力，熟悉信息传播和媒体运作规律，了解媒体基本需求等。新闻发言人要有良好的沟通能力，善于与媒体、记者沟通，充分了解他们的关切。应具有良好语言表达技巧，在传递重要信息过程中做到清晰、准确、简要，力戒套话空话。在新闻发布中，面对公众和媒体具有自信坦诚的心理素质和自然端庄的仪态，以增强新闻发布的亲和力和吸引力。

（三）信息公开

信息公开，是现代社会政府部门向公众、媒体、社会组织依法公开相关信息的重要方式。在我国，随着改革开放和现代化建设事业的推进，信息公开逐步制度化、规范化，在实践中不断完善。

拓展资源

《中华人民共和国政府信息公开条例》

2007年4月，国务院颁布《中华人民共和国政府信息公开条例》，对信息公开作出明确规定。2019年4月，国务院又对该条例作了修订，明确要求国家行政机关在履行行政管理职能过程中制作或者获取的，

以一定形式记录、保存的信息应依法按程序向社会和公众公开。行政机关公开政府信息，应当坚持以公开为常态、不公开为例外，遵循公正、公平、合法、便民的原则。这个条例的实施有力推动我国信息公开规范化制度化建设，有利于保障公民、法人及其他组织依法获取政府信息，有利于发挥政府信息对人民群众生产、生活的服务功能，同时为进一步丰富新闻报道内容、拓宽新闻宣传渠道提供制度保证。

按照《中华人民共和国政府信息公开条例》，国家行政机关应主动依法公布以下政府信息，如：涉及公众利益调整、需要公众广泛知晓或者参与决策的政府信息；行政法规、规章和规范性文件；国民经济和社会发展统计信息；扶贫、教育、医疗、社会保障、促进就业等方面的政策、措施及实施情况；突发公共事件的应急预案、预警信息及应对情况；环境保护、公共卫生、安全生产、食品药品、产品质量的监督检查情况等。

目前，我国政务信息公开主要有新闻发布、记者专访、集体采访、官方网站、政务微博、政务微信、政务客户端等形式。有条件的部门和地方还设立多语种官方网站，有利于对外传播信息。

政府信息是新闻宣传的重要内容。政府重要信息、重大政策公开发布后，中央和地方主要新闻媒体都在重要版面、重点时段及时报道解读，主动引领社会舆论；都市类、专业类媒体把握正确导向，针对受众不同需要，做分众化、对象化传播；重点新闻网站通过专题集纳、在线访谈、背景链接等方式，加强与网民互动，做好网上舆论引导。例如，2016年6月，国家统计局进一步健全国民经济运行情况月度经济数据发布会，通过新闻发布、官方网站及时公开发布月度国民经济运行情况和权威数据，并邀请中央主要媒体、重要行业媒体和外国媒体记者参加。发布会后，中央主要媒体在及时对内对外进行报道的同时，主动采访有关政府官员、专家学者，深入解读相关重大政策、权威信息和核心数据等；新媒体运用政务微博微信、图表图解、音频视频等方式互动传播，增强了新闻报道影响力、传播力，产生良好宣传效果。2020年初暴发的新冠肺炎疫情是新中国成立以来在我国发生的传播速度最快、感染范围最广、防控难度最大的一次重大突发公共卫生事件。国务院联防联控机制每天召开新闻发布会，及时发布党和国家的重大决策部署和抗击疫情新情况新进展的权威信息，主动回应社会和人民群众的信息需求，为新闻宣传提供了准确、权威、丰富的报道资源，为有效引导国内舆论，积极影响国际舆论发挥了重要作用。

第三节　新闻宣传效果和检验标准

开展新闻宣传，不仅要考虑新闻宣传的目的和意图，还必须考虑新闻宣传的效果，比如接受者的实际感受、认同程度和行动意愿。成功的新闻宣传应做到宣传目的和实际效果有机统一。

一、新闻宣传与文风

新闻宣传要取得好的效果，赢得群众的欢迎与信任，必须端正文风。文风体现党风、反映作风，直接关系着新闻报道的实际效果。文风好，就会有亲和力、感染力，人们就会爱读爱听爱看，新闻宣传就能实现应有的价值。

（一）坚持群众路线，重在转变作风

作风是文风的基础，文风是作风的体现。毛泽东说过："没有满腔的热忱，没有眼睛向下的决心，没有求知的渴望，没有放下臭架子、甘当小学生的精神，是一定不能做，也一定做不好的。"① 习近平也指出："要转作风改文风，俯下身、沉下心，察实情、说实话、动真情，努力推出有思想、有温度、有品质的作品。"② 在路上心里才有时代，在基层心里才有群众，在现场心里才有感动。

坚持新闻源于实践的马克思主义新闻观，把基层一线作为新闻工作的源头活水。好的报道来自基层、来自实践，没有深入一线的扎实采访，就写不出沾泥土带露珠的新闻，写不出打动人心的精品。著名记者穆青曾六访兰考、七下扶沟、八进辉县、四到宁陵、两上红旗渠，采写"河南农村见闻"组稿，用农民的语言，反映了农村经营管理体制改革的重大主题。各级各类媒体深入开展的"新春走基层"活动，就是转变作风、改进文风的重要尝试。每年春节前后，新闻工作者纷纷走进田间地头、城市街区、工厂车间、春运一线、边疆哨所，采写出一篇篇感人至深的新闻报道。中央电视台拍摄的《新疆塔县皮里村

---

① 《毛泽东选集》第 3 卷，人民出版社 1991 年版，第 790 页。
② 《习近平谈治国理政》（第二卷），外文出版社 2017 年版，第 333—334 页。

蹲点日记》中，孩子们的上学路险象环生、惊心动魄，让观众深感震撼和心疼；《杨立学讨薪记》中，一位普通农民工的际遇被数亿中国人共同关注。2017年春节，新华社记者跟随农民工兄弟长途跋涉回到湘西老家，在村口发现等待父亲归来的男孩，于是拍摄下父子默默对望的感人瞬间，融合报道《3岁的等待与33岁的归途》触动人心，引发强烈社会反响和广泛好评。

充分尊重新闻传播规律，提高服务社会发展的能力。好的文风体现的是对受众需求的满足，体现的是对新闻传播规律的尊重。要做到通过新闻报道指导实际工作、服务社会发展，就要从受众的需求出发，根据工作需要、新闻价值、社会效果决定是否报道、如何报道。2013年1月，新华社记者针对广大干部群众对餐饮浪费特别是公款浪费行为反映强烈的现象，采写《网民呼吁遏制餐饮环节"舌尖上的浪费"》，引起社会高度关注。之后，全国各地兴起厉行勤俭节约、反对铺张浪费的良好社会风尚。

（二）注意用事实说话，重在改进内容

文风好不好，关键看是否言之有物。假、大、空的文章充斥着套话、空话和公式化的语言，根本在于内容贫乏。提倡短、实、新，就要坚持实事求是，提高文章的现实针对性。

传播心理学的原理揭示，人们较难接受传播者的硬性说教，对空洞、死板、生硬、口号式的宣传常持抵触态度；而易于接受具体、生动、有说服力的事实信息。人们希望通过了解事实，自己作出判断，得出对事实的结论和看法；希望传播者以平等的方式说话，而不是高高在上、指手画脚、发号施令。

善于从群众容易理解的角度进行新闻宣传，把体现党的主张和反映人民心声统一起来。有些新闻宣传，侧重从上层领导机关工作的角度向下作宣传，而对群众的工作、生活和呼声要求则反映得很少，容易使人产生宣传上面精神多、反映下面情况少，报道领导活动多、反映群众生活少的感觉，有时还会产生一些新闻报道宣传味太浓、宣传腔太重、不真实、不可信的效果。为防止这种现象，新闻媒体在新闻宣传中就应当既热情宣传党的纲领路线、方针政策，及时传达政府机关的工作任务和工作要求，又充分反映人民群众的劳动业绩、工作经验、问题困难、建议要求。同时还要尊重公民的知情权，提供对群众生产生活有用的情况和信息。这样，新闻宣传才能真正受到群众的欢迎，达到预期目的，收到理想效果。

善于说那些具有现实针对性的话。新闻宣传要避免言之无物，就要深入调查研究，针对现实生活中和群众思想上迫切需要解决的问题，求真务实、析事明理。新闻宣传要紧紧围绕中央关注的重点、人民群众关心的热点、实际工作中的难点问题，深入挖掘经济社会生活中具有典型意义的新事物、新探索、新经验，及时反映带有全局性的新情况、新问题、新动向，求解时代命题、彰显时代主题。

2013 年中央电视台历时两个多月拍摄《儿童医院蹲点日记》，连续跟拍 20 多个孩子看病求医的过程，调查采访近百位医生，深入调查了长期困扰群众的号贩子问题，既全面揭示看病难、看病贵的深层次原因，又展示医生、医院和政府在解决看病就医问题上所做的种种努力。报道真实感人，反映社情民意，有效推动了问题解决。

（三）适应新变化，重在创新表达

随着信息网络技术快速发展，新媒体日益成为使用率更高的媒体形态，社交媒体、新闻客户端已成为重要资讯通道。面对传播环境和舆论生态的新变化新挑战，面对服务受众、引导舆论的新任务新要求，改文风尤其需要创新表达。

1. 创新报道形式

随着新兴媒体的迅速发展，新闻信息生产传播的即时性、互动性、多样性更加突出，用户和受众需求日益碎片化、分众化、精细化，信息内容、传播载体、平台渠道的更新越来越快，各种新技术新应用层出不穷。新闻宣传要善于与时俱进，在报道形式上积极尝试，不断创新。

在建党 95 周年前夕，新华社创新性地推出微电影《红色气质》，综合运用图片、视频、3D 动画等现代技术和手法，以 9 分 5 秒时长高度浓缩中国共产党 95 年的光辉历程，通过历史照片讲述与三维特效结合，回顾中国共产党近一个世纪以来所走过的道路，

拓展资源

《红色气质》
（视频）

展示一代代共产党人的信仰与追求、责任与担当、气质与情怀。影片上线不到一周就创下 5000 多万点击量，被誉为当年中国网络视听作品年度标杆，成为近年来引发轰动效应的现象级新媒体产品。

2. 创新呈现手段

新兴媒体发展快速，对传统新闻信息发布方式形成新挑战。传统媒体要积极运用新的采访工具和手段，在新的传播平台赢得主动。我国媒体在手段创新

方面正迈出重要步伐，尤其是中央主流媒体充分运用微博、微信、客户端、海外社交媒体平台、移动直播平台等新的传播平台，采用微视频、微电影、微动漫等各种微传播形式，推出直播态新闻、大数据新闻、机器人新闻、VR/AR、H5、无人机航拍、互动游戏等新形态产品，进一步增强新闻产品的吸引力和感染力。

2017 年 5 月 2 日至 11 日，中央电视台在对我国新一代国产大飞机 C919 成功首飞的连续报道中使用许多新的传播手段，在许多方面开创国内外同类报道的先河：首次通过伴飞飞机空中直播首飞，首次对首飞进行全程全媒体直播和全流程报道等。多样化的传播方式、传播渠道和传播平台相互配合，协同作用，不但使传播内容更加丰富多彩，而且大大拓展传播覆盖面和辐射力。

3. 创新表达方式

言之无文，行而不远。让报道真正走进群众的心坎，需要注意搜集和运用群众语言，创新表达方式。2016 年年初，新华社围绕"四个全面"战略布局的主题宣传，用年轻人喜闻乐见的语言和表达方式，创意策划《四个全面》说唱动漫 MV。MV 的唱词都是通俗易懂的大白话、大实话，运用说唱（RAP）这一流行时尚的表现方式，组合快闪、弹幕、波普、拼贴等互联网元素，采用混搭的形式，产生对比鲜明的新奇效果，引起网民强烈反响，浏览量超过一亿次。

二、新闻宣传效果的检验标准

（一）新闻宣传的效果要以人民群众是否接受和认可作为检验标准

新闻宣传的服务对象是广大人民群众，因此其效果如何应当以人民群众是否接受和认可作为检验标准。

1948 年，刘少奇在对华北记者团的谈话中明确指出："你们写东西是为了给人家看的，你们是为读者服务的。看报的人说好，你们的工作就是做好了。看报的人从你们那里得到材料，得到经验，得到教训，得到指导，你们的工作就是做好了。"[1]

2013 年，习近平在全国宣传思想工作会议上强调："宣传思想工作是做人的工作的，人在哪儿重点就应该在哪儿。"[2] 只有满足群众的需求，让群众从新

---

[1]　《刘少奇选集》上卷，人民出版社 1985 年版，第 396 页。

[2]　中共中央文献研究室编：《习近平关于全面建设小康社会论述摘编》，中央文献出版社 2016 年版，第 105 页。

闻宣传中得到所需要的各种信息，得到思想、工作和生活上的指导，这样的新闻宣传才能受到欢迎，也才能收到预期效果。

新闻宣传的实际价值和现实意义，在于宣传的内容和主张能为受众所接受和认可。对新闻工作者来说，要想取得良好的新闻宣传效果，就必须充分尊重受众的希望和要求，在此基础上采制和传播新闻。习近平指出，弘扬主旋律、传播正能量，"关键是要提高质量和水平，把握好时、度、效，增强吸引力和感染力，让群众爱听爱看、产生共鸣"[①]。如果新闻工作者所传播的新闻信息不能满足受众的需要，那么受众就会对新闻宣传采取冷漠或抵制的态度。特别是当受众急于了解与切身利益关系密切的某一事实真相，而新闻媒体却缺位或失语时，受众就会产生反感、排斥心理。在这种情况下，媒体就无法完成自己的新闻宣传任务，难以达到应有的宣传效果。

2018年12月，在改革开放40周年庆祝大会召开之际，新华社推出26件融媒体创意产品，这些创意产品为大会的召开预热升温，受到受众的喜爱追捧。其中，献礼微视频《父亲·我们·时代》，以子辈回忆父辈的视角穿越历史，通过回访40年间重要历史节点代表人物的子女，回望一幕幕历史点睛时刻，向父辈致敬、向奋斗者致敬。该视频全网浏览量超过2亿，覆盖人数超过4亿，线下开展的"与时代同框"互动活动，参与人数超过300万人次。以音乐为核心元素展现40年社会生活变迁的主题产品"留声40年"，以滚滚向前的地铁列车承载音乐、人生与时代故事，用音乐这种直抵人心的传播方式激发受众共鸣，引发用户海量分享，网上传播总量超过1.8亿人次。

新闻媒体和新闻工作者只有牢固确立受众意识，才能让报道形成亲和力。受众意识是新闻工作者对受众的认识观念、思想情感以及为之服务的自觉性的集中体现，是新闻工作者联系群众、贴近群众、服务群众和维护群众权益的黏合剂。

（二）新闻宣传要克服片面性，实现目的和效果的有机统一

新闻宣传中的片面性，是相对全面性而言的，主要是由新闻工作者思想方法上的片面性和绝对化造成的。因此，防止和克服新闻宣传中的片面性，要从客观存在的事实整体出发，辩证地、历史地描述事实，如实地反映客观事物的完整面貌。既要看到事物的这一面，又要看到事物的另一面，防止用绝对的、

---

① 《习近平谈治国理政》（第一卷），外文出版社2018年版，第155页。

片面的方法看待事物和描述事实，防止出现非正即反、非白即黑、非对即错的认识偏颇。

例如，在我国经济发展进入新常态的背景下，就要把握新常态下经济增速变化、结构优化、动力转化的新特点，既要看到一些过剩产能、低端产业面临的严重困难，也要看到一些战略新兴产业蒸蒸日上、异军突起的发展势头，避免得出"一叶障目"的错误结论。2015 年 10 月，国家统计局发布数据，当年前三季度我国 GDP 总值同比增长 6.9%，这是 GDP 增速自 2009 年二季度以来首次"破 7"。数据公布次日，《经济日报》即在时评版头条位置开设"辩证看待当前经济形势"专栏，连续刊发《既要看总量，还要看质量》《既要看速度，还要看结构》等重点评论，多角透视、辩证考量，既分析困难，又梳理亮点，对于消除人们对增速是否会进一步减缓的焦虑、提振对中国经济的信心发挥积极引导作用。

防止和克服新闻宣传中的片面性，还需要新闻工作者有宏观意识和大局观念，对新闻宣传要做统筹考虑和整体安排。特别是在发生突发事件或群体性事件、形成舆论热点的情况下，要沉着冷静，从容应对，不能人云亦云，轻易盲从，更不能一哄而上，争相炒作。

善于从不同的侧面、不同的角度，全方位、立体式地去反映事物。这就需要根据变化了的情况，适时调整和变换思维方式，多方面、多角度地分析问题、反映问题，向受众提供真实、客观、全面、立体的生动景象。

第四节　国际传播能力建设

传播力决定影响力。随着中国不断走近世界舞台中央，中国的发展理念、发展道路、发展模式受到国际社会前所未有的关注。这要求我们加快形成与我国综合国力和国际地位相适应的国际传播能力，把国家发展优势转化为话语优势，增强国际话语权，努力在国际舆论场中占据更大份额、发挥更大影响。

一、国际传播能力建设的任务和要求

（一）加快走出去步伐，建设国际一流媒体

传播力是国家软实力的重要内容。在信息技术高度发达的当今时代，要采用先进的传播手段提高传播能力，加强文化理念和价值观念的传播，努力掌握国际话语权。

建设国际一流媒体，掌握国际话语权一直是我国媒体的不懈追求。毛泽东早在 1955 年就提出，新华社要"把地球管起来，让全世界都能听到我们的声音。"① 党的十八大以来，党中央高度重视外宣工作和国际传播能力建设。我国媒体纷纷走出去参与国际传媒市场竞争，在全球初步建成覆盖广泛、技术先进、反应敏捷的新闻信息采集和传播网络；国际新闻信息加工能力不断增强，新闻产品数量、种类大幅增加；国际传播队伍不断壮大，从事国际传播的人员数量、海外采编人员数量和外籍雇员数量呈上升趋势。截至 2017 年年底，新华社在全世界 142 个国家和地区建立了 180 个驻外分社，本土之外的分支机构数量超过世界上任何一家媒体，拥有内派人员和外籍员工队伍近 2 000 人，已经形成世界性通讯社的架构；中国国际电视台建成包括英语、西班牙语、法语、阿拉伯语、俄语、纪录等 6 个电视频道，在全球 170 多个国家和地区实现了整频道或者部分节目落地，整频道用户超过 3.87 亿户。

从现实情况看，由于国际传播能力建设起步晚，加上价值观和语言文化差异，以及西方社会长期形成的偏见等因素，我国媒体的国际话语权、国际舆论引导能力建构仍处于发展阶段。与西方媒体相比，我国媒体在设置国际传播议程、引导国际舆论方面还有一定差距，"中国音量"与"中国体量"还不相称，国际舆论"西强我弱"的格局还没有根本改变。

（二）优化传播战略布局，形成整体协同效应

增强国际传播能力，要优化传播战略布局，加强顶层设计，优化资源配置，整合各方力量，形成共同做好国际传播的大格局。

1. 扩大对外传播工作主体，形成多元立体传播格局

对外传播工作的主体除媒体外，还包括各级政府部门、高校、研究机构以及其他社会组织等，政府部门直接策划实施的传播活动日益增多，智库等研究机构和非政府组织在国际传播中更加活跃，公共外交的理念深入人心。地方对外传播也是国际传播的重要组成部分，边疆省区往往具备地缘优势，善于把国家层面的国际传播能力建设与边疆省区的对外传播工作统筹起来，形成整体效应。

---

① 《毛泽东新闻工作文选》，新华出版社 2014 年版，第 226 页。

2. 增强对外传播工作的全局意识、协同作战能力

2016 年所谓"南海仲裁案"结果出台前后，人民日报、新华社、中央电视台等中央主要媒体主动设置议题，邀请专家学者进行权威解读评论，全方位阐述我国立场主张，有力批驳各种错误论调，及时澄清各种模糊认识，许多报道被美联社、路透社和 BBC 网站等外媒转引转述，为打赢这场外交战、舆论战提供有力支持。同样，在 2017 年反"萨德"入韩、反击日本右翼言论等国际舆论斗争中，有关各方步调一致，紧密配合，持续发声，形成外宣合力，以中国权威声音有效影响、引导国际舆论。

3. 科学配置全球资源，寻求重点突破

在亚太、非洲、中东等地区，我国主要外宣媒体派驻较强报道力量，与西方媒体相比已经在某些方面具有局部优势。在亚太地区，新华社报道时效大幅超过美联社、路透社、法新社西方三大通讯社，2016 年重大突发事件全球首发率达到 71%。在非洲，新华社、中央电视台、中国日报等媒体加快布局新闻信息采集网络，截至 2016 年年底，新华社在非洲撒哈拉以南地区已经建成 28 个分社，覆盖 47 个国家，有常驻记者 50 余人以及近 200 名本土雇员，新闻采集和传播能力得到大幅提升。

（三）拓展渠道平台，创新发展手段

加强国际传播能力建设，让中国声音真正走出去，还必须加大渠道、手段、方式、方法等创新力度，不断丰富新闻业态和产品形态。

1. 充分运用新技术，创新国际传播渠道平台

新媒体已经成为争夺国际话语权的重要工具。只有顺应媒体生态变革趋势，把传统媒体的内容优势和新兴媒体的传播优势有机结合起来，充分运用新技术新应用，创新对外传播平台和渠道，才能在新一轮国际传播能力竞争中赢得主动。人民网、新华网加强外语新闻频道建设，海外影响力快速提升。2017年 6 月，中国国际广播电台自主开发的"China 系列"多语种聚合型移动客户端在各大应用市场上线，开通多语言阅读、收听和收视功能，实现基于移动互联网的国际传播。

2. 加强内容建设，丰富产品形态

融合发展为国际传播产品形态创新提供广阔空间和全新要求，国际传播需要转换报道理念，生产更多轻量化、可视化产品，更好地适应海外用户需求变化。中国日报打破传统思维，大胆起用外籍记者上两会采访，用外国人的视角

讲中国两会故事，"英国小哥格雷格·方舟看两会"
"两会一分钟"两个视频栏目成为脸谱、推特等社
交媒体上的知名品牌。新华社运用说唱动漫的形式，
推出纪念汤显祖、莎士比亚逝世 400 周年的融媒体
产品《当柳密欧遇上杜丽叶》，将汤显祖和莎士比

亚作品中的人物形象和经典台词进行重构，采取流行的合成词方式，在诙谐
通俗中体现经典与深刻，英文版在国际社交媒体推出后，首日阅读量近 320
万次。

3. 坚持分众传播，推进媒体海外本土化发展

形成中国声音的本土化表达，需要把选题策划、生产制作、营销发行等环
节前移到对象国家和地区，逐步实现机构、人员、内容、平台本土化，更加精
准地定位传播产品和传播对象，提供更加符合国外受众需求的产品和服务。中
国国际广播电台在海外开展多种合作，积极推动整频率落地，建成超过 100 家
海外调频台，覆盖 50 多个国家和地区。中国日报坚持分众传播的理念，先后创
办美国版、欧洲版、亚洲版、非洲版等 9 个海外版，通过内容本土化有效提升
海外落地率和影响力。我国主要媒体还通过稿件交换、合办节目等方式，与国
外各类媒体开展广泛合作，不断创新走出去的方式。

二、讲好中国故事

习近平在党的十九大报告中明确提出，要"推进国际传播能力建设，讲好
中国故事，展现真实、立体、全面的中国，提高国家文化软实力"[①]。我们要更
好向世界介绍新时代的中国，"为中国走向世界、世界读懂中国作出新的更大
的贡献"[②]。

（一）提高能力水平

讲好中国故事，为中国走近世界舞台中央提供强大的舆论支持。当今世
界，不同制度模式和发展道路之间的博弈加剧，国际格局和国际秩序加速调整
演变。我国与外部世界在交往融合更加深化的同时，各种摩擦更加频繁，国际

---

① 习近平：《决胜全面建成小康社会　夺取新时代中国特色社会主义伟大胜利——在中国共产
　党第十九次全国代表大会上的报告》，人民出版社 2017 年版，第 44 页。
② 《习近平致信祝贺中国外文局成立 70 周年强调　不断提升国际传播能力和水平 更好向世界介
　绍新时代的中国》，《人民日报》2019 年 9 月 5 日。

舆论斗争更加激烈。一些西方敌对势力不愿意看到社会主义中国发展强大，不断对我国进行意识形态渗透。以"中国威胁论"为例，随着中国成为世界第二大经济体，"中国威胁论"也不断发展演变，形成包括中国"政治与模式威胁""经济与环境威胁""军事与地区威胁""价值与文化威胁"在内的多方面负面舆论。2017年，西方学者和智库又炮制出"锐实力"的新概念，成为"中国威胁论"的新版本。这些论调反映出西方某些势力顽固地以意识形态划线，坚持冷战思维和双重标准，对中国充满偏见。面对这种局面，迫切需要我们在全球范围发出有力声音、维护自身利益。

客观来看，我们在国际上有时还处于有理说不出、说了传不开的境地，存在着信息流进流出的"逆差"、中国真实形象和西方主观印象的"反差"、软实力和硬实力的"落差"，中国在世界上的形象在某些方面仍是"他塑"而非"自塑"。讲好中国故事，就是要让世界能够听得到、听得清、听得进中国声音，在国际重大事务中更有效地表达中国立场、阐述中国主张、提出中国方案，更好地维护中国的国际形象和国家利益。

讲故事是国际传播的最佳方式。讲故事就是讲事实、讲形象、讲情感、讲道理，讲事实才能说服人，讲形象才能打动人，讲情感才能感染人，讲道理才能影响人。在信息时代，谁的故事能打动人，谁就能拥有更多受众，实现更好的传播。塑造国家形象的效果、传播价值理念的力度、增进文化认同的质量，直接取决于我们讲故事的能力和水平。要讲真实的中国故事，避免失真失态、言过其实。要向世界展现一个真实、全面、立体的中国，树立中国历史底蕴深厚、各民族多元一体、文化多样和谐的文明大国形象，树立政治清明、经济发展、文化繁荣、社会稳定、人民团结、山河秀美的东方大国形象，树立坚持和平发展、促进共同发展、维护国际公平正义、为人类作出贡献的负责任大国形象，以及对外更加开放、更加具有亲和力、充满希望、充满活力的社会主义大国形象。讲好中国故事，要坚持"文以载道"，不能为了讲故事而讲故事，要把"道"贯穿于故事之中，通过引人入胜的方式启人入"道"，通过循循善诱的方式让人悟"道"。

（二）明确对象内容

讲好中国故事要树立明确的对象意识。要研究海外不同受众的习惯和特点，针对分众化、差异化态势，精准把握不同受众需求，使中国故事更为国际社会和海外受众所认同。

1. 讲好中国梦的故事

实现中华民族伟大复兴的中国梦，是中国近代以来最伟大的梦想，也是当代中国最宏大、最精彩的故事。中国人怎么想、怎么做，中国向何处发展、未来前景怎么样，都体现在中国人民追逐梦想、实现梦想的故事之中。围绕中国梦是国家富强、民族振兴、人民幸福之梦这个本质，讲清楚中国梦体现历史、现实、未来的紧密联系，是中华民族孜孜以求的质朴梦想和美好愿景，具有鲜明的中国特色、民族风格、文化底蕴。围绕中国梦是人民的梦，讲清楚中国梦是国家梦、民族梦、个人梦的有机统一，要依靠人民来实现，不断为人民造福。围绕中国仍然是世界上最大发展中国家的实际，讲清楚中国发展仍面临不少困难和挑战，实现中国梦需要付出艰苦努力。围绕坚持走和平发展道路，讲清楚中国梦是开放、包容、合作、共赢的梦，与各国人民的美好梦想息息相通，实现中国梦不仅造福中国人民，而且造福世界人民。

2. 讲好中国特色社会主义的价值观念和中华优秀传统文化的故事

道路问题是最根本的问题，独特的文化传统、历史命运和基本国情，注定我们必然要走适合自己特点的发展道路。中国特色社会主义道路是在改革开放40多年的伟大实践中走出来的，是在新中国成立70多年的持续探索中走出来的，是在对近代以来180年的中华民族发展历程的深刻总结中走出来的，是在对中华民族5000多年悠久文明的传承中走出来的。要讲清楚每个国家和民族的历史传统、文化积淀、基本国情不同，其发展道路必然有自己的特色。讲清楚中华优秀传统文化是中华民族自强不息、团结奋进的重要精神支撑，是我们最深厚的文化软实力。讲清楚中国特色社会主义植根于中华文化沃土、反映中国人民意愿、适应中国和时代发展进步要求，是我们最独特的优势。

3. 讲好中国的成就进步与和平发展的故事

随着中国的快速发展，国际社会越来越关注中国"从何处来、向何处去"，讲好中国故事，就要解疑释惑，使国际社会全面、客观、理性地看待和认识中国。要讲清楚中国的发展进步，介绍改革开放以来中国经济社会发展取得的巨大成就以及中国人民精神面貌发生的深刻变化，深入阐释中国发展进步的路径、轨迹和原因，用事实说明中国政治制度、经济政策、民生安排的正当性、合理性。讲清楚中国发展面临的挑战和战胜挑战的措施，用事实说明在中国这样一个拥有14亿人口的发展中大国搞现代化建设，困难之多、矛盾之复杂前所未有、世所罕见，中国有信心、有能力克服发展进程中的困难和矛盾，保持经济持续健康发展，推动社会进步。讲清楚中国的未来发展走向，介绍中国坚持以经济建设为中心、统筹推进"五位一体"总体布局和协调推进"四个全面"战略布局，努力实现"两个一百年"奋斗目标，说明中国坚持和平发展、开放发展、共同发展，通过争取和平的国际环境发展自己，又以自身发展维护和促进世界和平，从而增进国际社会对中国的了解，稳定国际社会对中国发展的预期，减少疑虑和误判。

（三）创新方法手段

用讲故事的方式来宣传中国，要不断创新载体和方式，把中国道路、中国理论、中国制度、中国精神、中国力量寓于其中，使人想听爱听，听有所思，听有所得。

把我们想讲的和海外受众想听的结合起来，把"陈情"和"说理"结合起来，把"自己讲"和"别人讲"结合起来。不仅面向城市和精英群体讲好中国故事，也要面向乡村和普通百姓讲好中国故事；不仅需要更多了解当地情况、掌握当地语言的传播人才，而且要将中国故事与当地的风俗文化、宗教观念相融合，做到中国故事的本土化。通过讲述好一个个生动案例，让中国故事成为国际舆论关注的话题，让世界知道中国人民为人类文明进步作出了什么贡献、正在作出什么贡献、还要作出什么贡献，让全世界都能听到并听清中国声音，让中国声音赢得国际社会的理解和认同。

用好多种渠道和载体。用好新闻发布机制，政府部门通过新媒体手段、新的社交平台，运用新闻发布机制与网民积极交流互动，往往能收到很好的传播效果；善于借助外力，与西方媒体开展合作传播，借筒传声、借台唱戏，如中国日报与 36 家国际主流媒体和对象国主要媒体合作发行《中国观察报》（*China Watch*），期均发行量超过 500 万份；用好重大活动和领导人重要出访的有利契机，党和国家领导人利用其重要影响力在国际场合讲述中国故事、传播中国声音、阐释中国理念，本身就是最具权威影响的国家形象塑造，是最有成效的国际传播实践；用好多种文化形式，如"中国文化年"等系列文化交流活动、奥运会、世界杯等大型国际体育比赛，亚太经合组织（APEC）、财富论坛等国际性论坛，世博会、园博会、世园会等国际性展览，亚洲文明对话大会、中国共产党与世界政党高层对话会等各种层次的国际性会议及学术交流活动，通过交流合作影响国际舆论。

如 2018 年召开的"一带一路"记者组织论坛，通过了《"一带一路"记者组织合作共识》。在 2019 年 4 月举行的第二届"一带一路"国际合作高峰论坛期间，广泛开展智库和媒体交流，"一带一路"国际智库合作委员会的成立和"一带一路"新闻合作联盟首届理事会议的召开是其中的标志性成果。多层次的交流合作，增进了国际社会对中国的了解，让中国故事更加深入人心。

三、构建融通中外的话语体系

（一）从话语到话语体系

话语是人类交往的前提条件，它是人们在特定语境中通过语言符号系统进行思想沟通的载体。话语还是某些机构通过界定和传播特定语言来运用其权力的手段。话语作为表述思想的语言，也是一种权力。一个国家在世界上的声音能否传得开、形象能否树得起、影响能否打得出，一个重要因素就在于话语能否被国际社会听得到、听得清、听得进。

话语体系反映人类交往活动中交往主体通过语言符号建立起来的表达与接受、解释与理解、评价与认同等多重关系，包括术语、概念、命题、范畴、判断、语言、思想等要素。因此，话语体系作为思想观念的重要内容和表征方式，在民族和国家内部发挥着重要的凝聚、融合以及教化的作用，是国家软实力的重要组成部分。有时我们在国际上有理说不出的一个重要原因，就是话语体系没有完全建立起来。因此，创新对外宣传方式，加强话语体系建设任务紧迫。

我国话语体系建设总体上还处于发展阶段。丰富的中国实践有待于催生出同样丰富的中国话语，现有的中国话语还不能充分、有效地解释中国经验、中国道路。建设对外话语体系，要用中国理论阐释中国实践，也要用中国实践丰富中国理论，不断从实践中获取真知真理。

人类命运共同体从"中国话语"到"国际话语"的发展过程，为我们构建对外话语体系带来深刻启示。2012 年，党的十八大报告正式提出"倡导人类命运共同体意识"。2013 年 3 月，习近平在莫斯科国际关系学院演讲，第一次用"命运共同体"的概念向世界传递中国对人类文明走向的思考。此后，他在各种国际场合反复阐释人类命运共同体的理念，揭示人类利益和价值的通约性，在国与国关系中寻找最大公约数，这一理念在国际社会引发强烈共鸣。2017 年 2 月 10 日，"构建人类命运共同体"写进了联合国社会发展委员会第 55 届会议决议，2018 年 3 月 23 日，"构建人类命运共同体"再次被写进联合国人权理事会第 37 届会议决议，成为被世界各国普遍接受和广泛认同的国际话语。

（二）打造融通中外的新概念、新范畴、新表述

新闻宣传既要有铁的事实、好的道理，还得有耳目一新、引人入胜的表达。新闻工作者要善于挖掘事实，也要善于提炼标识性概念，打造易于为国际社会所理解和接受的新概念、新范畴、新表述。

这些概念、范畴、表述既要符合中国国情，有鲜明的中国特色，又要与国外习惯的话语体系、表述方式相对接，易于为海外受众所理解和接受。既要以中国核心价值观为支撑，在对外传播中充分体现我们自身的价值理念、实际情况和立场主张，又要以"美人之美、美美与共"的开放包容姿态，积极反映中外之间的话语共同点、利益交汇点，贴近外国受众思维和语言习惯，学习借鉴国外有益的文明成果，使中外话语体系更好地相融相通。

打造融通中外的新概念、新范畴、新表述，要把习近平新时代中国特色社会主义思想宣传好、阐释好、传播好，将其作为对外话语体系建设的重点，形成完整准确的表达和阐述方式。中国正成为全球新思想的发源地、新动能的发动机，要针对外界关注的一些涉华重要问题，及时作出新的概括，提出新的概念、新的表述，准确反映中国在这些方面的发展进步，亮出中国观点、表明中国立场。

用中国理论解释中国实践，用中国实践丰富中国理论。从我国改革发展的最新实践中挖掘新材料、发现新问题、提出新观点、构建新理论，增强中国国情、中国理念、中国道路的解释力和说服力。深入研究重大理论和现实问题，深入研究国际社会对中国的关注重点，深入研究不同文化之间的沟通交流方式，争取在一些重大问题的话语体系建设上有所突破，在更广泛领域构建起既有中国特色、中国气派，又能与国际社会开展有效对话的话语体系。

学习思考题：

1. 怎样理解新闻宣传的任务和作用？

2. 简述我国新闻宣传的主要内容。

3. 什么是主题宣传？请结合近期党和国家的重点工作，谈谈如何策划主题宣传。

4. 请结合近期的新闻报道谈谈新闻宣传如何做到宣传目的和实际效果的有机统一。

5. 请结合近期的报道案例，谈谈如何做好新时代的典型宣传。

6. 我国媒体在国际传播能力建设上有哪些重要进展？请结合实际谈谈如何加强和改进国际传播能力建设。

第八章 新闻舆论

新闻舆论是社会舆论的重要组成部分。通过新闻舆论来引领导向、团结人民、凝心聚力，是党的新闻舆论工作的职责和使命。中国特色社会主义新闻事业必须牢牢坚持正确舆论导向，承担起新闻舆论工作的职责和使命，把提高新闻舆论引导能力放在重要位置，从时度效着力，构建舆论引导的新格局。

第一节 新闻舆论的内涵与特征

新闻舆论是通过新闻手段反映公众意见而形成的舆论。它包括舆论主体、舆论客体和舆论表现形式三个基本要素，并具有现实性、引导性和影响力等基本特征。

一、新闻舆论的内涵

（一）舆论的基本概念

舆论，在中国古籍中含有"众人之言论"①的意思。在英语中，其对应词为Public Opinion，直译成汉语即"公共意见"或"公众舆论"，这与汉语中舆论的本义相近。舆论是社会生活中公众对某一事态所持的意见和看法。公众是舆论的主体，事实或事态是舆论的客体，意见、看法或者情绪是主体对客体的判断，是舆论的表现形式。

舆论和舆情是两个相关联的概念，但有一定区别。广义上讲，舆情泛指各种舆论的态势和情形，和舆论概念有相似之处；狭义上讲，舆情指的是关于具体舆论事件、舆论现象的分析或报告。在我国的新闻传播活动中，通过舆情来了解社情民意，实事求是地分析舆论的过程与结果，有利于把握正确舆论导向，唱响主旋律，壮大正能量。

（二）新闻舆论的内涵

新闻舆论是通过新闻手段来反映和表达的公众意见，是一种特定的舆论存

---

① 在古代，"舆"字的本义为车厢或轿。《考工记》记载"舆人为车"，"舆人"则是指造车的工匠。在后来的语义演化中，"舆人"逐渐成为"众人"的意思。

在形态和表现形式。新闻手段指的是各种形式的新闻传播活动，因此，在新的媒介环境下，新闻舆论所表现的形态是多样的，所反映的公众意见是普遍和多元的。

舆论学研究认为，新闻舆论一般分为潜舆论、显舆论和行为舆论。潜舆论指的是一定时期普遍存在于公众但未通过媒体表达出来的观点、意见和情绪，是一种"隐藏"起来的舆论，有时也被称为社会心态或者社会情绪；显舆论指的是由一定的社会事件引发的、公众表达出来的观点、意见和情绪，并且通过媒体得到广泛传播，是一种"显现"出来的舆论；行为舆论指的是公众受到舆论的影响所表现出来的行为反应，有时会直接干预事件的进展，混杂了理智和非理智的成分。

（三）新闻舆论的三个基本要素

一是公众——新闻舆论的主体。在我国，公众（法律意义上的公民）是新闻舆论的主体部分。按照我国宪法规定，中华人民共和国公民在法律面前一律平等，任何公民享有宪法和法律规定的权利，同时必须履行宪法和法律规定的义务。一切享有政治权利的公民都可以对国家事务、社会事务发表意见。

二是最新事态——新闻舆论的客体。最新事态是新闻舆论的客体部分，而公众对最新事态的关注和议论，既是新闻舆论的一个基本特征，也是构成新闻舆论的一个基本要素。

三是媒体表达——新闻舆论的表现形式。新闻舆论须借助媒体的公开传播才能够形成并发挥作用，媒体表达是其基本表现形式。党和政府代表人民的根本利益，新闻媒体要在党的领导下发挥舆论引导的能动性，坚持正确的舆论导向。

二、新闻舆论的产生条件和形成过程

（一）新闻舆论产生需要具备的三个条件

1. 要具备引发新闻舆论的新闻事件

事实是新闻的本源，也是新闻舆论的本源，是引发新闻舆论的原因。没有事实，就没有新闻，也就没有新闻舆论。能够引发新闻舆论的新闻事件，既可能是社会事件，也可能是自然事件。比如 2015 年 6 月 1 日发生的"东方之星"号客轮翻沉事件，是新中国成立以来在中国内河流域发生的严重航运事件，情况极其复杂，引发国内外舆论关注。事件发生后，党中央、国务院高度重视，各部门科学施策展开全力救援。与此同时，我国主流媒体通过快速、准确、权威、生动、丰富的信息传播，反映舆论关切，引导舆论走向。该事件的救援处置和信息公开得到国内外媒体的积极评价，获得公众的认可。

2. 要具备有利于媒体表达舆论的社会环境

在一定程度上，社会大环境是新闻媒体表达舆论的关联条件。党的十八大以来，全面深化改革取得重大突破，围绕坚持党的领导、人民当家作主、依法治国有机统一，我国不断发展更加广泛、更加充分、更加健全的人民民主。现阶段，人民群众思想观念活跃、文化水平和媒介素养不断提升，社会舆论的表达渠道畅通，这些都为营造良好的新闻舆论氛围奠定基础。

3. 要具备强有力的新闻传播阵地

新闻媒体是舆论传播的重要载体，是新闻舆论传播的基本物质手段，反映舆论、表达舆论、引导舆论，是新闻媒体的主要功能之一。因此，新闻舆论的顺畅传播，需要拥有强有力的新闻媒体并充分发挥其舆论监督的作用。

（二）新闻舆论形成的阶段

新闻舆论的形成过程包括多个阶段，主要分为：

1. 引发阶段

当新闻事件引起公众的普遍关注并引发不同意见，这些意见需要通过媒体开展讨论的时候，新闻舆论就孕育而生。在互联网传播环境下，更多的新闻事件进入舆论场，加速了舆论的发酵。

2. 形成阶段

经过思想交流、酝酿讨论形成的意见，通过媒体传播后，形成新闻舆论。在我国，依据党、政府和公众的意志、愿望形成的共同意见通过新闻媒体得到反映和表达，标志着居于主流地位的新闻舆论形成。互联网已成为舆论的重要传播平台，新闻舆论与网络舆论相互影响，使得新闻舆论的形成间隔更短、速度更快、频率更高。

3. 影响扩大阶段

新闻舆论一旦形成，通过各种媒介及时、充分、广泛的传播，就可以使更多的公众了解，并对其思想和行为产生一定影响。因此，新闻舆论一经形成和传播，就会产生巨大社会影响力。

4. 影响消退阶段

当某一社会事件引发的新闻舆论产生效应并促使事件得以处置后，公众的关注和讨论会逐渐减弱。舆论影响的平息，标志着该新闻舆论告一段落。有的时候，新的社会事件引发新的舆论，也会转移公众对前一事件的关注。

三、新闻舆论的基本特征

新闻舆论具有现实性、引导性和影响力三个基本特征。

（一）新闻舆论的现实性

新闻舆论的现实性，是指新闻舆论反映社会事实，并对现实世界产生影响。新闻舆论反映的对象通常都是最新事态，是当前社会生活中最受关注或最为敏感的问题。新闻舆论由最新事态引发形成后，通常会对公众产生直接的影响，或启发公众对最新事态的思考，或引导他们参与对现实问题的讨论。总之，新闻舆论对公众更好地认识最新事态，推动最新事态的解决和向前发展，具有很强的现实指导作用。

（二）新闻舆论的引导性

新闻舆论的引导性，是指新闻舆论对公众的意见、态度和行为所产生的引导作用。公众的意见是多种多样的，正如黑格尔所说："公众舆论中真理和无穷错误直接混杂在一起。"[①] 因此，我国新闻媒体作为党、政府和人民的舆论工具，必须对各种意见加以区分，重点反映的应该是居于主流地位的意见和态度。这就是说，新闻媒体所反映的新闻舆论，应当符合党和政府的路线方针政策，符合真实、全面、客观、公正的新闻报道原则，符合法律法规和新闻职业道德的要求。新闻舆论通过新闻媒体的迅速广泛传播，就能在更大范围内被公众认知、了解和接受。通过各种不同意见的交流、讨论和争辩，公众会调整、补充或改变自己对社会事态固有的看法和意见，进而形成新的社会舆论。新闻舆论的这种引导作用是其发挥自身社会功能和作用的重要表现。

（三）新闻舆论的影响力

新闻舆论的影响力，是指新闻舆论对公众精神上的感染力与感召力。新闻媒体通过弘扬真善美，抨击假恶丑，表扬先进，批评落后，有利于帮助公众确立、强化和提升思想认识、道德观念，引导公众调整自己的行为，使之更加符合社会道德准则，进而提高整个社会的道德水准。马克思曾把舆论看作社会中

---

① ［德］黑格尔：《法哲学原理》，商务印书馆 1961 年版，第 333 页。

一种"普遍的、隐蔽的和强制的力量"①。新闻舆论从精神上和道义上影响公众，多数时候不是立竿见影，而是循序渐进的。新闻舆论对公众的影响不像法律、行政手段那样具有强制力，但新闻舆论所蕴含的道德感召、典型示范以及由此形成的社会认同、群体合力等，在一定程度上可以发挥出法律和行政手段无法替代的作用。

第二节　新闻舆论导向的基本要求

新闻舆论导向是指新闻媒体依据一定的思想和立场，运用新闻手段引导社会舆论的传播行为。新闻舆论作为一种思想观念形式，与政治、法律、哲学、道德、宗教等一样，都属于社会意识形态。

坚持正确新闻舆论导向是巩固主流意识形态的内在要求，是社会主义新闻工作的基本方针。舆论导向正确，可以对贯彻落实党的路线方针政策起到动员、鼓舞作用，对先进文化和科学知识起到积极的弘扬、普及作用，对社会不良现象和错误思想观念起到及时的鞭挞、抑制作用。在新形势下，坚持以正确舆论引导人，要做到所有工作都有利于坚持中国共产党领导和我国社会主义制度，有利于推动改革发展，有利于增进全国各族人民团结，有利于维护社会和谐稳定。

一、坚持正确舆论导向的重要性

新闻媒体的一个重要功能是反映、表达和引导舆论。新闻媒体作为重要的舆论载体，是上层建筑的有机组成部分。任何一个国家和政党要保持社会的稳定和发展，维护国家和人民的利益，都必须重视新闻舆论导向。坚持正确舆论导向也是社会主义新闻媒体应当担负的重要职责和使命。

（一）坚持正确舆论导向是掌握意识形态领导权的要求

新闻舆论导向与党的意识形态工作紧密相关，正确的新闻舆论导向有利于巩固全党全国人民团结奋斗的共同思想基础。党的十九大报告指出，牢牢掌握意识形态工作领导权，要高度重视传播手段建设和创新，提高新闻舆论传播

---

① 《马克思恩格斯全集》第 1 卷，人民出版社 1995 年版，第 385 页。

力、引导力、影响力、公信力。

历史和现实都告诉我们，舆论的力量绝不能小觑。好的舆论可以成为国家发展的"推进器"、民意的"晴雨表"、社会的"黏合剂"、道德的"风向标"，不好的舆论则会成为民众的"迷魂汤"、社会的"分离器"、杀人的"软刀子"、动乱的"催化剂"。从东欧剧变、苏联解体的教训看，错误的舆论导向起到推波助澜的恶劣作用。21世纪初，一些国家和地区相继发生了"颜色革命"，其中一个重要原因，就是这些国家的执政党在西方敌对势力的压力下丧失对本国舆论的引导能力。前事不忘，后事之师，这些国家的教训值得反思。

（二）坚持正确舆论导向是加强国家治理能力建设的要求

坚持正确舆论导向是巩固和加强党的执政地位、加强国家治理能力建设的必然要求。营造良好的舆论环境，是治国理政、定国安邦的大事。在社会主义建设和改革开放过程中，我国加快推进国家治理体系和治理能力现代化，更好地发挥我国社会主义制度优越性。党的十九届三中全会提出，面对复杂多变的国际形势、艰巨繁重的国内改革发展稳定任务，要深化党和国家机构改革、推进国家治理体系和治理能力现代化。国家治理能力建设是一个系统工程，新闻媒体要坚持正确舆论导向，充分发挥坚定信心、凝心聚力、团结鼓劲的作用。

坚持正确舆论导向对于巩固党的执政地位，提高党的执政能力，对于坚持和发展中国特色社会主义现代化事业具有重要意义。坚持正确舆论导向、营造安定团结的良好舆论氛围，也是决胜全面建成小康社会，进而全面建设社会主义现代化强国、实现中华民族伟大复兴的重要保障。

（三）坚持正确舆论导向是维护社会和谐稳定的要求

坚持正确舆论导向有助于促进社会和谐，维护社会稳定。构建社会主义和谐社会是中国共产党从全面建设小康社会、开创中国特色社会主义事业新局面的全局出发而提出的一项战略任务。社会的和谐，离不开思想的和谐、舆论的和谐。

舆论引导工作是疏导公众情绪、调节社会矛盾、协调各方利益的有效手段。做好舆论引导工作、把握正确舆论导向，有利于统一思想、凝聚力量、振奋人心，引导公众正确认识热点、难点问题，形成积极向上、团结和谐的舆论局面。

二、政治方向是新闻舆论导向的核心

新闻舆论导向最根本、最重要的是坚持正确的政治方向。新闻媒体的舆论导向，总是会直接或间接地反映一定的政治立场、政治主张和政治观点。

（一）坚持党性原则，同党中央保持高度一致

坚持正确的政治方向，最根本的是要坚持党性原则，坚持党对新闻舆论工
作的领导。新闻媒体坚持党性原则指的是，"党的新
闻舆论媒体的所有工作，都要体现党的意志、反映党
的主张，维护党中央权威、维护党的团结，做到爱
党、护党、为党；都要增强看齐意识，在思想上政治
上行动上同党中央保持高度一致。"① 党管宣传、党
管意识形态、党管媒体是坚持党的领导的重要方面，
党和政府主办的媒体是党和政府的宣传阵地，必须要无条件地宣传党的主张。

坚持正确的政治方向，是做好新闻工作的立足点，是一个需要长期坚持的
重要原则和制度。习近平强调，"新闻宣传工作首要的是解决好政治立场、政
治方向的问题，任何时候任何情况下始终保持政治立场坚定，政治方向明确。
讲政治是新闻宣传工作的重要立足点。"② 这些重要论断，表明坚持党性原则、
坚持政治方向在新闻舆论导向中的重要性。

（二）宣传习近平新时代中国特色社会主义思想和基本方略

坚持正确的政治方向，要大力宣传党的基本理论、基本路线、基本方略。
中国共产党以马克思列宁主义、毛泽东思想、邓小平理论、"三个代表"重要
思想、科学发展观、习近平新时代中国特色社会主义思想作为自己的行动指
南。在新的形势下，新闻舆论工作要深刻领会习近平新时代中国特色社会主义
思想的精神实质和丰富内涵。

舆论引导要紧紧围绕党的基本方略：坚持党对一切工作的领导，坚持以人民
为中心，坚持全面深化改革，坚持新发展理念，坚持人民当家作主，坚持全面依
法治国，坚持社会主义核心价值体系，坚持在发展中保障和改善民生，坚持人与
自然和谐共生，坚持总体国家安全观，坚持党对人民军队的绝对领导，坚持"一
国两制"和推进祖国统一，坚持推动构建人类命运共同体，坚持全面从严治党。

总的来说，我国新闻媒体要通过舆论引导，不断增强中国特色社会主义道
路自信、理论自信、制度自信、文化自信，为决胜全面建成小康社会、开启全
面建设社会主义现代化国家新征程营造良好的、浓厚的舆论氛围。

---

① 《习近平谈治国理政》（第二卷），外文出版社 2017 年版，第 332 页。
② 习近平：《干在实处 走在前列——推进浙江新发展的思考与实践》，中共中央党校出版社
　　2006 年版，第 310 页。

（三）坚持党性与人民性相统一

坚持正确的政治方向，要坚持党性与人民性相统一的原则。人民是历史的创造者，是决定党和国家前途命运的根本力量，以人民为中心是中国特色社会主义的本质要求。2013 年 8 月 19 日，习近平在全国宣传思想工作会议上强调，"党性和人民性从来都是一致的、统一的。坚持党性，核心就是坚持正确政治方向，站稳政治立场，坚定宣传党的理论和路线方针政策，坚定宣传中央重大工作部署，坚定宣传中央关于形势的重大分析判断，坚决同党中央保持高度一致，坚决维护中央权威。"[1]"坚持人民性，就是要把实现好、维护好、发展好最广大人民根本利益作为出发点和落脚点，坚持以民为本、以人为本，解决好'为了谁、依靠谁、我是谁'这个根本问题。"[2] 明确"党性与人民性从来都是一致的、统一的"，这是党在理论建设和社会主义实践上的重大创新，对新闻舆论工作更是意义重大。

在舆论引导中，坚持党性与人民性相统一，必须把体现党的主张和反映人民心声统一起来，要树立以人民为中心的工作导向，把服务群众同教育引导群众结合起来，把满足需求同提高素养结合起来，多宣传报道人民群众的伟大奋斗和火热生活，多宣传报道人民群众中涌现出来的先进典型和感人事迹，丰富人民精神世界，增强人民精神力量，满足人民精神需求。

三、坚持正确舆论导向的基本目标

新闻舆论导向的基本目标分为总体目标和具体目标。

总体目标是：坚持正确舆论导向，"做到所有工作都有利于坚持中国共产党领导和社会主义制度，有利于推动改革发展，有利于增进全国各族人民团结，有利于维护社会和谐稳定。"[3] 在中国特色社会主义进入新时代和媒介技术加速变革的背景下，新闻舆论导向要适应分众化、差异化传播趋势，加快构建舆论引导新格局。明者因时而变，知者随事而制，新闻舆论导向也要坚持理念、手段和方法的创新，提升新闻舆论引导的能力和水平。

具体目标是：新闻媒体通过议程设置，将重要的新闻议题凸显出来，进入

---

[1] 《习近平谈治国理政》（第一卷），外文出版社 2018 年版，第 154 页。

[2] 中共中央宣传部：《习近平总书记系列重要讲话读本（2016 年版）》，学习出版社、人民出版社 2016 年版，第 193 页。

[3] 《习近平新闻思想讲义（2018 年版）》，人民出版社、学习出版社 2018 年版，第 27 页。

公众关注和讨论的范围，以达成比较一致的社会意见和广泛的共识。由于舆论的形成总是依据一定的客观社会事实，舆论的存在是自然而然的，是一种普遍的传播现象，所以媒体的功能之一就是真实地、正确地、全面地反映舆论，进而通过媒体的传播来引导舆论，引导公众对社会现实形成符合实际的、正向的、积极的看法和评价。

总体而言，新闻舆论导向所涉及的方面非常广泛。"新闻舆论工作各个方面、各个环节都要坚持正确舆论导向。各级党报党刊、电台电视台要讲导向，都市类报刊、新媒体也要讲导向；新闻报道要讲导向，副刊、专题节目、广告宣传也要讲导向；时政新闻要讲导向，娱乐类、社会类新闻也要讲导向；国内新闻报道要讲导向，国际新闻报道也要讲导向。"[1]

我国互联网发展十分迅速，网信事业取得历史性成就，正在向实现网络强国战略目标迈进。互联网不仅成为我国公众获取信息的重要渠道，而且也是舆论的"集散地"和"放大器"。毋庸置疑，"宣传思想工作是做人的工作的，人在哪儿重点就应该在哪儿"[2]，互联网的舆论引导迫在眉睫、势在必行。

新闻舆论工作应当致力于建设清朗的网络空间，营造良好网络生态，正确引导网络舆论。网络舆论引导主要在于凝聚网民共识，使网上、网下形成同心圆。"让互联网成为我们同群众交流沟通的新平台，成为了解群众、贴近群众、为群众排忧解难的新途径，成为发扬人民民主、接受人民监督的新渠道。"[3]

在新闻采编的环节上，新闻舆论导向贯穿在新闻采集、撰写、编排、发布等各个环节，覆盖新闻报道的全流程。无论采写人员、编辑人员，还是审看人员、签发人员，都要坚持新闻舆论导向。

在新闻报道的方式上，无论文字报道、图片报道、音视频报道还是融媒体报道，都要加强导向意识，坚持正确的舆论导向，承担舆论引导的重要职责。

第三节 新闻舆论引导的原则与方法

随着媒体格局、舆论生态、传播技术的深刻变化，加强传播手段的建设和

---

[1] 《习近平谈治国理政》（第二卷），外文出版社2017年版，第332—333页。
[2] 中共中央宣传部：《习近平总书记系列重要讲话读本（2016年版）》，学习出版社、人民出版社2016年版，第204页。
[3] 习近平：《在网络安全和信息化工作座谈会上的讲话》，人民出版社2016年版，第8页。

创新，提高新闻舆论传播力、引导力、影响力、公信力，是我国新闻媒体面临的新形势、新要求。提高新闻舆论引导能力，要遵循新闻传播规律，创新方法手段，掌握新形势下舆论引导的特点，把握好时度效原则，提高舆论引导的针对性和实效性、吸引力和感染力。

一、新时代舆论引导的新要求

（一）中国特色社会主义进入新时代对舆论引导提出新要求

中国特色社会主义进入新时代，我国社会主要矛盾发生历史性变化，对党和国家工作提出许多新要求。我们要在继续推动发展的基础上，着力解决好发展不平衡不充分问题，大力提升发展质量和效益，更好满足人民在经济、政治、文化、社会、生态等方面日益增长的需要，更好推动人的全面发展、社会全面进步。提高舆论引导能力，营造良好舆论环境，是新时代摆在我国新闻媒体面前的突出任务，要牢牢坚持团结稳定鼓劲、正面宣传为主的基本方针，注重提高舆论引导质量和水平，增强吸引力和感染力。

（二）媒介技术和传播格局的变化对舆论引导提出新要求

进入 21 世纪以来，信息传播技术的飞速发展和受众需求的多样化改变了舆论引导的格局。我国互联网的基础设施已比较健全，移动互联网高速发展，互联网普及率高。随着微博、微信等社交媒体的发展，以及虚拟现实、大数据、云计算、人工智能等新技术的快速兴起，信息传播格局发生迅猛变化。传播的多元化、分众化、小众化成为现实，两微一端成为新闻媒体的标配，个性化内容推送、网络直播、短视频、微视频、知识付费更是方兴未艾。媒介技术发展和传播格局的改变，为新闻舆论引导带来新的要求和挑战。

在媒体深度融合发展的背景下，新型的主流媒体呼之欲出，在重大事件的报道中，新媒体的作用日益凸显，对于提升新闻舆论引导能力起到极大推动作用。2014 年 8 月，中央全面深化改革领导小组第四次会议明确提出要加快传统媒体与新兴媒体融合发展，推动传统媒体和新兴媒体在内容、渠道、平台、经营、管理等方面的深度融合，着力打造一批形态多样、手段先进、具有竞争力的新型主流媒体，建成几家拥有强大实力和传播力、公信力、影响力的新型媒体集团，形成立体多样、融合发展的现代传播体系。

（三）国际舆论格局的变化对舆论引导提出新要求

进入新时代，我国媒体要立足全球舞台、坚守中国立场，统筹国内国际两个大局，为国家和谐发展营造和平稳定的国际舆论环境。

在世界经济复苏乏力、局部冲突和动荡频发、全球性问题加剧的大环境中，中国经济发展进入新常态，国家全面推进中国特色大国外交，倡导构建人类命运共同体，促进全球治理体系变革。一方面，随着我国国际影响力和文化软实力的逐步增强，中国对世界的贡献不断提高；另一方面，"西强我弱"的国际舆论格局亟待改变，我国国际传播能力还需进一步提升。因此，舆论引导要推进国际传播能力建设，讲好中国故事，展现真实、立体、全面的中国，积极有效地提高国家文化软实力，有效影响国际舆论。

（四）网络舆论形态的变化对舆论引导提出新要求

随着互联网的快速发展，网络空间中的信息流动和意见表达已经成为舆论的一种重要表现方式。一般意义上，网络舆论指的是在网络空间中公众对于某一事件或社会现象所持的意见或看法。我国的网民数量已经超过总人口的一半，因此网络舆论尽管不等同于社会舆论，只是部分地呈现社会意见，但也是反映舆论状况的重要风向标，是人们感知、观察舆论的主要窗口。正如习近平指出："很多网民称自己为'草根'，那网络就是现在的一个'草野'。网民来自老百姓，老百姓上了网，民意也就上了网。"[①]

媒体或者相关机构通过网络意见收集、网络数据挖掘、网络情绪分析等手段对舆论作出分析和研判，这就是通常所说的网络舆情。网络舆情的监测、应对以及网络舆论的引导，是国家互联网治理的重要组成部分，考验着各级党政部门的执政能力和水平。面对复杂的网络舆论，尤其是突发公共事件、社会热点事件、重大公共政策、社会民生议题等形成的网络舆情，如果应对不及时，措施不到位，就会影响网络舆论引导的效果。

拓展资源

习近平：《在网络安全和信息化工作座谈会上的讲话》

网络舆论具有鲜明的互联网传播特征。网络舆论具有自发性，网民来自四面八方，利用互联网提供的传播渠道可以便利地发表意见；网络舆论具有匿名性，多数时候难以辨别网络舆论中的个人身份；网络舆论具有多元性，不同利益群体、社会阶层的意见汇聚在一起；网络舆论的产生常具有突发性，舆论构成一般比较复杂，网络舆论的发酵、爆发、扩大和平息有着自身的规律；网络

---

① 习近平：《在网络安全和信息化工作座谈会上的讲话》，人民出版社 2016 年版，第 7 页。

舆论具有一定的群体极化和茧房效应，常常是理性和非理性的混杂、情绪和信息的混杂、真相和假象的混杂；网络舆论具有自净化功能，网络信息可以通过交互进行求证、证伪，从而通过信息循环辨别出真相和流言、谣言。除了这些特征之外，网络舆论同样具有现实性、引导性、影响力等舆论特征。

面对网络舆论形态的新变化、新特点、新要求，要努力提高舆论引导水平。

第一，正确认识网络舆情。网络舆情是对网上形成的舆论的一种研判，一定程度上反映舆论状况，但不是舆论本身。要理性看待网络舆情，将其当作网络舆论引导的决策参考。舆论的主体是公众，网络舆论、网络舆情的根本在于社会问题的解决和人心凝聚。要通过网络舆情，帮助党和政府改进实际工作，解决人民群众关心的现实问题，引导人民群众凝聚共识。提高网络综合治理能力，形成党委领导、政府管理、企业履责、社会监督、网民自律等多主体参与，经济、法律、技术等多种手段相结合的综合治网格局。

第二，提升网络舆论素养。增强网络舆论的分析能力和网络舆情的应对能力，做到处变不惊、理性对话、科学引导。习近平指出："各级党政机关和领导干部要学会通过网络走群众路线，经常上网看看，潜潜水、聊聊天、发发声，了解群众所思所愿，收集好想法好建议，积极回应网民关切、解疑释惑。"① 要善于利用权威主流媒体，发挥其在网络舆论引导中的权威性、及时性和公信力，构建网上网下同心圆。

第三，稳妥做好网络舆情的管理和引导。要做到短期引导与长期引导相结合，"堵"与"疏"相结合，重点在于疏导，标本兼治。要建立长效的网络舆情管理机制，包括舆情监测机制、应急机制、引导机制、问责机制等。互联网不是法外之地，要"依法加强网络空间治理，加强网络内容建设，做强网上正面宣传，培育积极健康、向上向善的网络文化"。② 根据《中华人民共和国网络安全法》《互联网信息服务管理办法》《互联网新闻信息服务管理规定》等法律法规，对网络舆论进行依法管理、科学引导，营造一个风清气正的网络空间。

第四，加强网络舆情分析。要从主体、信息流、意见流、网络情绪、网络

---

① 习近平：《在网络安全和信息化工作座谈会上的讲话》，人民出版社 2016 年版，第 7 页。
② 习近平：《在网络安全和信息化工作座谈会上的讲话》，人民出版社 2016 年版，第 9 页。

行动、社会心态、社会问题等方面入手，尊重和把握互联网传播规律，具体问题具体分析，科学研判，妥善应对。要区分网络上合理的意见表达和流言、谣言的传播，区分网络意见和网络情绪，区分理性的网络舆论与非理性的网络舆论，区分不同互联网传播平台上舆论的特征，注意网络舆论的过程性和演化周期，密切关注线上和线下的舆论互动，把握网络舆论引导的时度效原则。

二、新闻舆论引导的时度效原则

面对新形势和新要求，新闻舆论引导既要创新方法，也要遵循新闻传播规律。时度效是检验新闻舆论引导水平的标尺，无论是主题报道、典型报道、成就报道，还是突发公共事件报道、热点引导、舆论监督，都要从时度效着力，体现时度效要求。时，就是新闻舆论引导要把握好时机、节奏；度，就是新闻舆论引导要把握好力度、分寸；效，就是新闻舆论引导要注重效果、实效。

（一）把握舆论引导的时机和节奏

第一，新闻媒体在舆论引导过程中，要做到第一时间发现舆情、搜集相关信息、研判舆情、发现敏感问题。时效性是新闻价值的一大要素，也是新闻传播活动的一大特征。在互联网新媒体传播环境下，新闻报道力争做到全时性、即时性、全天候、全过程、全方位、零时差、零距离。只有在舆论引导中占据"第一落点"，才能够让权威信息的发布走在社会舆论前面。

第二，按照及时、准确、公开、透明的原则，主动发布新闻事件及其处置的权威信息，积极回应群众关切。不但要第一时间介入、第一时间发布，而且要及时、主动、密集发布权威信息。传播学中的"首发效应"，指的就是人们接受新闻信息时，第一时间获得的印象往往容易形成先入为主的效果。及时地回应社会关切，先声夺人、赢得主动，确保在舆论引导中首发定调。

第三，把握持续发布、连续发布、动态发布的原则。新闻媒体应当按照舆论引发、形成、影响扩大、影响消退四个阶段，根据相关节点，持续、动态地发布信息。在一定程度上，密集的信息发布有利于牢牢把握舆论走向，压缩谣言滋生的空间。同时把握好舆论形成的四个阶段和发布的时机，每一个阶段都要有明确的主题，新闻报道的层次要清晰，不回避敏感问题，要言之有物，提供扎实、丰富的权威信息。

（二）把握舆论引导的力度和分寸

第一，增强报道的力度。新闻报道该造势的要造势，但不能在个别用词上大造其势；该突出的要突出，但不能渲染过头，搞成堆砌式的宣传；该有力度的要有力度，但不能为了取悦受众而失去方向性，不能盲目地报道而失去准确性，不能为了吸引眼球而失去真实性，不能为了过分渲染细节而违背新闻职业道德规范。

第二，把握报道的尺度。本着积极采访、审慎播发的原则，严格依据权威发布进行报道，恰如其分地掌握舆论引导的密度和尺度，既不能把大事说小，也不能把小事说大。什么问题适宜在什么范围内报道，什么问题强化报道，什么问题淡化报道，都要掌握好火候。要区分不同情况、不同内容，合理运用不同的媒体和宣传报道方式。

第三，开掘报道的深度。深度，指的是媒体要提供更多的专业解释和事实报道，使公众获得的信息更加完善、更加对称。一般而言，当公众拥有越来越多的信源，获得的信息零星化、碎片化时，受众往往倾向于片面判断、情绪大于理性、观点大于事实。因此，深度报道有助于消除公众在一些认识上的不确定性，引导公众从态度判断转向事实判断。

第四，报道要有温度。温度，指的是报道的态度要诚恳，要有人文关怀，要用真挚的情感打动受众。以"深圳山体滑坡事件"的舆论引导为例，2015年12月20日，深圳市光明新区发生特别重大滑坡事故。事故发生后，主流媒体及时报道，持续发声，尤其注意把握舆论引导的力度和分寸。新华网在12月26日刊登一张照片，题为《哀痛的深圳：在警醒中前行》。当天是深圳滑坡事故遇难者的"头七"祭日，照片中，参与救援的武警水电部队官兵脱帽默哀，表达对逝者的哀思。这张图片不仅讲述新闻事实，也传递人文关怀，彰显人性光辉，拓宽了报道的角度，增加了新闻的温度。

（三）注重舆论引导的效果与技巧

第一，新闻舆论引导要体现实效性。有无实效性具体说就是新闻舆论引导能否获得受众的认同，能否让人民群众满意，能否凝聚社会共识。新闻媒体既要尊重民众的知情权，积极回应社会关切，又要善于因势利导，引导民众正确认识事实，鼓劲不添堵、帮忙不添乱，助力事件稳妥处置，以取得最佳舆论引导效果。新闻媒体只有坚持以人民为中心，坚持走群众路线，了解公众关切，找准思想认识的共同点、情感交流的共鸣点、利益关系的交汇点、化解矛盾的切入点，才能真正实现新闻舆论引导的效果。

第二，新闻舆论引导要体现权威性。舆论引导的权威性，是指新闻媒体在报道新闻和引导舆论方面所具有的令人信服的力量和威望。增强舆论引导的权威性，新闻媒体就需要严格遵守新闻真实性原则，客观地、实事求是地报道和评析新闻事件，以情动人、以理服人，只有这样，舆论引导才会有吸引力和感染力。同时，要发挥新闻评论在反映舆论、引导舆论方面的重要作用。新闻评论要避免空洞的说教，更不能以势压人，而是要通过摆事实、讲道理，深刻而有说服力的分析、公正求实的评论来提高舆论引导的权威性。

第三，新闻舆论引导还要注重艺术性。舆论引导要把握规律，体现舆论引导的艺术性。舆论引导是新闻报道深刻的思想性和精湛的技巧的统一，需要不断改进文风，不断丰富报道方式，创新报道手法。一方面，要注重联系实际阐释理论，围绕关切解读政策，针对问题解疑释惑，增强舆论引导的说服力、亲和力、感染力；另一方面，要善于把重大主题寓于生动的表达形式之中，越是重大的主题，越应该用大众易于理解接受的方式来表现。

拓展资源

《小账本连着大情怀》
（视频）

在媒体融合发展的大背景下，融媒体作品逐渐成为新闻舆论引导的重要手段。以近两年全国两会报道为例，新华社推出"现象级"短视频《小账本连着大情怀》，在舆论引导中占领制高点、把握主动权，吸引广大网友频频转发、纷纷点赞。

三、社会热点的舆论引导

社会热点，是指一段时间内公众高度、集中关注的事态或问题。在一定意义上讲，社会热点问题是新闻舆论引导中的重点和难点。做好热点问题的引导，就要研究社会热点的一般规律，按照时度效的要求，做到主动引导、及时引导、深度引导、有效引导。

（一）跟踪热点问题，及时回应社会关切

新闻聚焦热点，热点产生效应，这符合新闻报道的特定规律。新闻媒体要善于跟踪社会热点、报道社会热点、引导社会热点。面对热点问题，新闻媒体不能回避，而要做到政治坚定、头脑清醒、正确分析、积极引导。

针对网上舆论的热点问题，力求及早发现、及早研判、及早引导。在网上舆论引发和形成阶段，就要跟踪舆情发展、制订应对方案，防止形成被动局面。围绕舆情特点，反映党和政府所做的工作，阐明政策措施，引导网民理性讨论问题、表达意见，把公众情绪引导到健康、理性的轨道上来。在网上舆论影响扩大阶段，避免和防范过激行为和情绪化反应，一旦负面舆论占主导，应强力干预、全面出击、冷却热点。在网上舆论影响消退阶段，保持一定的引导力度以防止反弹，确保舆论热度平稳消退。对重大突发公共事件的报道，力求在第一时间准确发布权威信息，及时表明党和政府的立场态度、工作进展和处置情况，保持信息披露渠道畅通，最大限度压缩负面消息和谣言的传播空间。

社会热点的舆论引导，要准确把握引导时机，及时回应社会关切。媒体在报道社会热点问题时，要解疑释惑、理顺情绪、化解矛盾，积极回应公众关切，合理引导社会预期，及时管控不良炒作。比如，2018 年 4 月 11 日，北京市发布《北京市积分落户操作管理细则（试行）》，决定从当月 16 日起正式启动首批积分落户申报工作。中央和北京市属共 22 家主流媒体的 38 位记者参加新闻发布会，第一时间报道并解读政策，线上线下多渠道设置报道议题。针对舆论场中的一些疑问，主流媒体积极回应民众关切、解疑释惑，牢牢把握舆论方向，为积分落户申报工作提供有力的舆论支持。

（二）以事实为根据，营造正向舆论氛围

热点问题的舆论引导，要深入社会进行实地调查，坚持用事实说话，反映人民群众最为关切的热点、难点、痛点问题。要从党和国家的方针政策出发，营造良好氛围，促进问题解决。

在热点问题的引导过程中，要以事实为根据，不能仅仅简单地提出问题，而要科学地分析问题，正确地回答问题。在引导过程中，要及时掌握舆情动态，把握导向，阐明政策，消除疑虑，化解矛盾，把公众情绪引导到健康、理性的轨道。比如，2012 年中央八项规定出台后，各地媒体围绕"厉行勤俭节约、反对铺张浪费"主题进行广泛而深入的报道，既选取敏感话题、敢于碰硬，又坚持实事求是的原则，避免情感带入，还精心选取典型案例，发挥热点问题的舆论引导功能。

热点问题的舆论引导，要加强正面引导，唱响网上主旋律。"网民来自老百姓，老百姓上了网，民意也就上了网"，"要了解群众所思所愿，收集好想法好建议，积极回应网民关切、解疑释惑"。[①] 在舆论引导中，可以多发布党和政

---

① 习近平：《在网络安全和信息化工作座谈会上的讲话》，人民出版社 2016 年版，第 7 页。

府解决问题的重大举措，多报道各级政府关心群众疾苦、解决群众切身利益问题的实际事例；也可以通过网上重大典型宣传或者组织网上爱心活动，大力弘扬中华民族传统美德和社会主义道德风尚，以亲情、友情和助人为乐等作为报道内容。

（三）采用融合手段，有效设置媒体议程

热点问题的舆论引导，要善于采用传统媒体和新媒体的各个渠道，充分利用社交媒体的优势，运用公众参与、专家访谈、互动讨论、多媒体报道等方式方法，多角度、多侧面地进行热点引导，促进问题的妥善解决。同时，还要深入研究新形势下不同受众群体的接受习惯和心理特点，从群众的关注点和兴奋点入手，遵循热点引导的可信性原则、权威性原则、接近性原则和渐进性原则，准确把握舆论引导的时机、节奏和力度。提倡积极、主动、稳妥，反对炒作、渲染、夸大，使热点引导取得析事明理、解疑释惑的效果。

热点问题的舆论引导，要善于设置议题。尤其是在事关国家主权、国家利益以及与人民群众切身利益密切相关的重大事件、热点焦点问题上，主流媒体要在第一时间站出来，掌握发声的主动权。例如 2016 年《人民日报》官方微博关于"南海仲裁案"的报道，在所谓的仲裁案发布结果之前，发表图文微博"这才是中国，一点都不能少"，建立话题"中国一点都不能少"，转发量高达500 多万次，阅读数达 3 亿次。这一舆论引导掷地有声，有理、有利、有节，既充分强调事件的重要性，又旗帜鲜明地表明我方的原则立场，提升了主流媒体影响力，是把握时度效原则的成功案例。

四、突发公共事件的舆论引导

突发公共事件是国内外关注的焦点，也是新闻舆论引导的难点。突发公共事件，是指突然发生，造成或可能造成重大人员伤亡、财产损失、生态环境破坏和严重社会危害，危及公共安全的紧急事件。由于突发公共事件是在人们毫无准备的情况下发生的，不确定性较大，新闻价值较高，一经媒体传播很容易引起全国乃至全世界的关注。

突发公共事件的公开程度、处置方式及传播速度，很多时候直接或间接关系到社会稳定和人心安定，关系到党和政府在人民群众中的威信，关系到我国的国际形象和新闻媒体的信誉。如果舆论引导不当，往往会酿成严重后果，甚至给社会带来动荡。

（一）及时准确，公开透明报道

突发公共事件往往成为媒体报道的重要新闻。面对重大突发公共事件，媒体要坚持及时准确、公开透明、有序开放、有效管理、正确引导的原则，尽快启动突发公共事件新闻报道应急机制，做到第一时间披露权威信息，争取舆论引导的第一落点，抢占舆论引导的先机，防止炒作曲解。

第一，突发公共事件发生后，新闻媒体应对事件迅速反应，抢占舆论高地，将经过多方核实的准确消息及时报道，澄清事实。主流媒体要及时介入，避免被动，要多讲事实，重讲态度，少讲观点，慎讲结论，决不能让观点跑在事实前面。

第二，重要信息严格依据权威发布进行报道，严把消息来源。突发公共事件的报道要以权威部门发布信息为准；根据应急处置部门发布的权威信息及时报道处置进展，准确报道涉及人员伤亡、失踪人数和财产损失的信息；确保信息准确，不随意引用未经证实的数据和信息，不随意猜测事件背后的原因。

第三，善讲故事，把握自然平实基调。挖掘人性化故事，尊重采访对象个人特色，使用原汁原味的采访语言，不生硬、不拔高；要体现人文情怀，但要避免煽情；完整准确报道突发公共事件背后的法律法规政策，突出政府各项措施以及所采取的行动；努力发掘、利用可靠确凿的数据讲述故事。

第四，积极稳妥回应社会关切。回应社会关切要及时准确、公开透明，满足人们的信息需求，增强社会各阶层之间的相互沟通和理解。新闻媒体要积极主动制止流言、谣言的传播，释疑解惑，消除群众的恐慌心理，形成健康、有序的舆论环境，维护安定团结的政治局面，提高党和政府的威信与媒体的公信力。

以"东方之星"客船翻沉事件的舆论引导为例。2015年6月1日，"东方之星"客船在从南京驶往重庆途中突遇罕见强对流天气，在长江中游湖北监利水域沉没。灾难发生后，中央电视台迅速报道、及时回应，对党和政府组织的救人、救灾行动进行重点报道。通过"特别直播"，全程跟踪、全面报道客船翻沉、扶正、打捞等处置环节。特别是在现场将镜头聚焦潜水员，报道他们勇敢无畏的精神和科学专业的救援行动，点面结合，重点突出，还原事实真相，澄清灾难原委，生动体现了时度效原则。

（二）依法依规，遵守职业道德

2007年以来，《中华人民共和国突发事件应对法》《中华人民共和国政府信息公开条例》等法律法规以及相关文件的出台，为我国新闻媒体对突发公共事件的报道提供法律法规依据。

有关的法规及文件要求：突发公共事件发生后，相关政府部门应按有关规定统一、准确、及时发布信息；新闻媒体也应当依法依规，及时准确报道突发公共事件的真实信息，保障人民群众的知情权，协助突发公共事件的处置和善后工作。

突发公共事件的舆论引导，还应当遵守新闻职业道德规范。归纳起来，主要有这样几个方面：一是要平衡公众信息需求与可能对当事人造成的伤害两者之间的关系，充分预判新闻报道可能造成的影响，避免造成"二次伤害"，引发舆情次生灾害；二是要严守法治，避免道德审判，尊重事实，尊重当事人的法律权益，不被社会舆论绑架；三是不渲染、不说教、不诱导，不迎合低俗的好奇心和窥探欲，避免泄露个人隐私；四是对来源不实，或是造成伤害等不良影响的报道及时予以公开澄清，并郑重道歉。

（三）统筹规范，把握方向尺度

突发公共事件的舆论引导，要做到统筹兼顾，统一规范，打通各个渠道，把握好方向与尺度。第一，统筹兼顾，指的是实际处置工作和舆论引导工作要同步驱动，齐头并进，新闻媒体和事件的处置部门要密切配合。第二，统一规范，指的是各个传播渠道的标准应是一致的，各媒体要管理好所属网站，网上网下报道要坚持统一标准。第三，打通各个渠道，指通过门户网站、微博、微信、手机 APP 等各类新媒体终端，多层次、多形态地灵活发布信息。第四，把握好方向与尺度，指既要加强选题策划和议题设置，引导公众客观、全面地认识事件的现状、原因、处置等真实情况，又要把握好轻重缓急，增加信息发布的频次，连续滚动发布信息。

第四节　新闻舆论监督的含义与特点

新闻舆论监督是人民群众通过新闻媒体对国家和社会事务进行监督、评议的重要途径，是社会主义民主的重要形式，是我国社会主义监督体系的重要组成部分。党的十九大报告指出，要健全人民当家作主制度体系，发展社会主义民主政治，要保障人民知情权、参与权、表达权、监督权，各级领导干部要增强民主意识，发扬民主作风，接受人民监督，当好人民公仆。

新闻舆论监督的主体是人民群众，监督的主要对象是公共权力、公共事务和公众人物。新闻舆论监督应遵循依法监督、准确监督、科学监督、建设性监督的原则。"舆论监督和正面宣传是统一的，新闻媒体要直面工作中存在的问题，直面社会丑恶现象，激浊扬清、针砭时弊，同时发表批评性报道要事实准确、分析客观。"①

一、新闻舆论监督的含义

舆论监督有广义和狭义之分。

广义的舆论监督，是指公民通过各种公开形式对国家和社会事务进行监督的行为。公民在了解情况的基础上，通过一定的传播媒介和渠道表达意见，行使法律赋予的监督权，以影响公共决策。

狭义的舆论监督，是指新闻舆论监督，即人民群众通过新闻媒体，对国家和社会事务进行监督的行为。新闻舆论监督是一种特殊的监督形态，不是一种强制性的社会控制力量，不具有法律强制力。但是，它可以借助新闻媒体的传播优势，反映公众对社会现象、社会问题的普遍意见，是代表公众对社会现实所作出的主动回应，在实施社会监督方面具有较强的影响力和权威性。

2018 年 3 月，十三届全国人大一次会议通过《中华人民共和国监察法》，标志着中国特色国家监察体制形成，由此推进党的纪律检查体制和国家监察体制改革，构建集中统一、权威高效的中国特色国家监察体制，实现了党内监督和国家机关监督、党的纪律检查和国家监察有机统一。在中国特色国家监察体制的框架下开展新闻舆论监督，并与其他监督机制相互协调、相互补充，能增强监督的合力与实效。

二、新闻舆论监督的主体与客体

（一）新闻舆论监督的主体

新闻舆论监督的主体是人民群众。人民群众当家作主是社会主义民主政治的本质与核心。宪法赋予人民群众言论自由的权利，以及对任何国家机关和国家工作人员提出批评和建议的权利。人民群众通过新闻媒体发表自己的观点、意见和

---

① 《习近平谈治国理政》（第二卷），外文出版社 2017 年版，第 333 页。

建议，对违背公共利益、滥用权力等社会不良现象，对国家机关及其工作人员的错误和渎职行为进行揭露和批评，以唤起全社会的关注，督促问题的解决。

新闻媒体是人民群众实行舆论监督的重要载体。通过新闻媒体形成公众舆论，监督法律的实施，监督党和政府方针政策的贯彻情况，监督领导干部的权力使用情况，这是党和人民群众的根本利益所在。

（二）新闻舆论监督的客体

新闻舆论监督的客体主要是指新闻舆论批评与监督的对象。新闻媒体服务于社会的公共利益，因此，新闻舆论监督的主要对象是公共权力、公共事务和公众人物。凡是与公共资源、公共利益相关的机构、人物和事务，一般来说都有接受舆论监督的义务。

党政机关、司法机关及其公职人员，是新闻舆论监督的重点对象。我国宪法明确规定，一切国家机关和国家工作人员必须依靠人民的支持，经常保持同人民的密切联系，倾听人民的意见和建议，接受人民的监督，努力为人民服务。各级党政机关、司法机关及其公职人员，特别是党政领导干部，因为掌握各种权力，更应接受广大党员和人民群众的监督。

社会团体及其成员以及公众人物，也是新闻舆论监督的对象。他们为公共利益服务，享用公共资源，其行为具有不同程度的社会影响，必须受到公共监督。各类企业及其产品或服务面向市场，具有广泛的公共效应，与群众利益密切相关。企业行为是否合乎法律规范、社会准则、公共道德，同样属于新闻舆论监督的范围。

新闻媒体在舆论监督方面不可享有特权。就法律地位而言，新闻媒体与监督对象是完全平等的。一方面，媒体有依法监督的权利；另一方面，监督对象也有进行解释和答辩的权利，以及对新闻媒体的失实报道或侵权报道提出批评甚至提起诉讼的权利。

三、新闻舆论监督的特点

新闻舆论监督有以下主要特点：

（一）公开性

新闻媒体的报道是公开的，新闻舆论监督的基本途径也是公开报道和评论，即把某件事实或议题公开在阳光下，并给予政治、法律、道德等方面的评价。新闻舆论监督使舆论以新闻的形式进行传播，将监督的具体内容公开化。

新闻舆论监督的力量因为公开性而得以强化。

新闻舆论监督的公开性也体现在涉及对象的广泛性方面。各个团体、各个阶层的公众，都能够通过媒体参与新闻舆论监督，对公众人物进行舆论监督。公开的新闻舆论监督，会产生广泛的影响，不仅使当事人受到监督和批评，也会对其他人产生警示和教育作用。

新闻舆论监督的公开性特征，是尊重人民群众主体地位、保障人民群众政治权利的体现，有利于保障人民的知情权、参与权、表达权、监督权。

（二）及时性

及时性也是新闻舆论监督的特征之一。一方面，随着互联网技术的变革与发展，信息传播的时效性越发凸显，许多事件一经发生就迅速成为社会焦点。如果新闻舆论监督无法及时解疑释惑、回应关切，就难以发挥应有的作用，甚至会因为错失时机而导致流言、谣言满天飞。另一方面，监督的对象也要及时反馈信息、作出有效回应，尽快采取恰当措施，促进事态朝着积极的方向发展。在新闻舆论监督中，无论是机构还是个人，应做到及时反馈、公开表态、吸取教训、改正错误。

（三）准确性

真实性是新闻的生命。新闻报道要根据事实来描述事实，既准确报道个别事实，又从宏观上把握和反映事件或事物的全貌。新闻舆论监督主要是通过新闻报道来开展的，因此要坚持真实性原则，确保事实的准确、真实、全面和客观。缺乏准确的事实，新闻舆论监督就无从谈起，甚至会产生负面效果。马克思说过："要求的手段既是不正当的，目的也就是不正当的。"[①] 要真正发挥新闻舆论监督的功能，维护党和人民群众的切身利益，所根据的事实必须是准确的、真实的，不能为了达到监督的目的而捏造事实、歪曲事实，同样还要避免因为没有掌握全面的事实而造成偏差。总之，媒体发表批评性报道、进行舆论监督，事实要准确，分析要客观，不要充当"裁判官"，避免"媒体审判"。

第五节　新闻舆论监督的原则与方式

舆论监督必须在法律、法规和政策许可的范围内实施，注重监督的合法

---

① 《马克思恩格斯全集》第 1 卷，人民出版社 1956 年版，第 74 页。

性。毛泽东曾就新闻舆论监督做过精辟的论述："报纸上的批评，要实行'开、好、管'的三字方针。开，就是要开展批评。不开展批评，害怕批评，压制批评，是不对的。好，就是开展得好。批评要正确，要对人民有利，不能乱批一阵。什么事应指名批评，什么事不应指名，要经过研究。管，就是要把这件事管起来。这是根本的关键。党委不管，批评就开展不起来，开也开不好。"① 舆论监督作为新闻工作的重要职能，必须坚持新闻的真实性原则，注重监督的准确性；必须善于找到具有代表性的、对推动事业发展有显著作用的话题，注重监督的科学性；必须坚持对党负责和对人民负责的一致性，注重监督的建设性；必须坚持党的领导，遵守监督的组织纪律。具体来说，新闻舆论监督应遵循如下基本原则。

一、依法监督

新闻媒体要按照相关法律法规，依法开展舆论监督。新闻舆论监督所揭发的一般都是违反党和政府的方针政策、违背党纪政纪、践踏法律的人和事。因此，新闻媒体必须在党的领导下，在宪法和法律规定的范围内进行舆论监督，严格依法办事。新闻舆论监督报道的内容必须符合宪法和法律的要求，不得诋毁社会主义制度，不得泄露国家机密，不得危害国家安全，不得侵犯国家、集体和个人的合法权益。

新闻舆论监督的权利是宪法赋予的，是党和人民赋予的。无论是党报、党刊、通讯社、广播电台、电视台，还是其他各类报刊、新兴媒体，都要接受法律的约束。互联网上的新闻舆论监督，应遵守《中华人民共和国网络安全法》《互联网信息服务管理办法》《互联网新闻信息服务管理规定》等法律法规的要求。新闻媒体和记者要摆正自己的位置，在法制的框架内考虑问题、决定取舍，不能"包揽诉讼""包打天下"，不能以曝光威胁被监督对象，不能把新闻舆论监督作为提高收视率、发行量、点击率的手段，更不能打着新闻舆论监督的旗号牟取私利。

特别要引起重视的是，新闻舆论监督要避免"媒体审判"。所谓"媒体审判"，是指新闻媒体利用其报道或评论，超越司法程序，对正在审理的案件进行所谓的"分析定性""定罪量刑"，公开对这些问题作出判断和结论，以其明

① 《毛泽东新闻工作文选》，新华出版社 2014 年版，第 222 页。

显的倾向性引导受众，形成足以影响法院独立审判的舆论氛围，从而使审判在不同程度上失去公正性和权威性。同时，新闻媒体也要善于运用宪法法律维护好、运用好舆论监督的权利，敢于坚持原则，顶住压力，克服困难，不为权势所屈，不为利益所诱，切实维护新闻媒体和新闻工作者的良好形象。

二、准确监督

新闻媒体的监督报道必须准确反映事实，坚持用事实说话，使被监督者心服口服，使新闻舆论监督发挥积极的作用。同一般性的新闻报道相比，新闻监督类报道直接涉及一些人的切身利益，所以要求更高、难度更大。如果事实模糊，漏洞百出，甚至虚构杜撰、捏造"事实"，将会产生很大的负面影响。新闻工作者一定要深入细致、作风扎实，坚持到第一线去搜集第一手信息，注意多方核实情况，真正摸清事实的全过程，把握事件的本质，绝不能单靠几份材料、听几句介绍就发表议论。新闻工作者还要对掌握到的各方面材料去伪存真，不能以偏概全、一叶障目。

新闻舆论监督所反映的问题往往比较复杂，因此，事实调查一定要全面，兼顾各方，把事件的重点和主线突出出来，以利于被监督者知错、改错，易于受众从事实中把握本质，明辨是非。对相关事件的评价，一定要客观公正，立论公允，要以党和国家有关法律、政策为标准，摒除一切私利，排除各种现实利益的引诱，防止主观臆断、感情用事。

三、科学监督

坚持科学监督的原则，就是以科学的精神、科学的态度、科学的方法开展舆论监督，善于从各种现象中找到具有典型意义的事例，以使舆论监督对党和国家的事业发展发挥推动作用。舆论监督不是简单的负面报道，如果只抓住具体的、微观的负面事件进行监督，而不考虑这些事件是不是具有代表性、典型性，很可能在宏观上背离时代主旋律，削弱舆论监督应有的作用。

新闻媒体在开展舆论监督时，要从党和国家工作大局出发，紧密配合中心工作，要全面、历史、辩证地看问题，准确把握社会生活的本质和趋势，选取对推动事业发展具有显著作用的事件，特别要对那些损害群众利益、那些应该解决但长期未得到解决的问题进行监督，推动有关地方和部门改进工作。要注意从全面的、辩证的、发展的角度审视被监督对象，避免只看到一个方面而忽视其他方面，切忌简单化、片面化和绝对化，切忌讲过头话。

坚持科学监督还应该讲究时度效原则，把握时机、掌握节奏、讲究策略、统筹平衡、注重效果，不能片面追求监督的数量。在敏感时期，对敏感问题，要慎重开展新闻舆论监督，防止授人以柄，引发不稳定因素，形成负面效应。在舆论监督的方法上，要注意选择具有普遍警示作用、有代表性的事例进行剖析，不猎奇、不炒作、不渲染，不追求轰动效应；要注意公开批评与内部报道相结合，要以适当方式进行反映。

四、建设性监督

新闻舆论监督应该是建设性的。开展新闻舆论监督，应始终以重在建设为导向，站在维护国家和人民利益的立场上，以改进工作、解决问题为目的，发挥新闻舆论监督在统一思想、凝聚力量、促进改革发展、维护社会稳定中的积极作用。紧紧围绕党和国家的中心工作，抓住群众关注、政府重视、具有普遍意义的问题，把群众的意见和政府的解决办法联系起来，有针对性地开展新闻舆论监督，以促进问题的解决。坚持有始有终，跟踪报道问题的处理结果，反映党和政府的改进措施，引导社会舆论向积极的方面发展。

坚持建设性监督十分必要。社会生活有光明面，也有阴暗面，阴暗面的情况、性质也各不相同。对于人民内部的缺点和错误，应当揭露和批评，但这种揭露和批评应该是善意的、同志式的、有益于改进工作的。建设性监督，重点是维护人民群众的根本利益，着眼于帮助党和政府改进工作。在舆论监督中，多做维护团结、促进和谐的工作，多做弘扬正气、鞭挞丑恶的工作，多做理顺情绪、化解矛盾的工作。

学习思考题：

1. 简述新闻舆论的基本特征。

2. 新闻舆论的产生一般需要哪些条件？坚持正确舆论导向有何重要意义？

3. 新闻舆论引导要坚持哪些原则？突发公共事件的舆论引导要注意哪些方面？

4. 请选择近年来的一则新闻舆论事件，分析其形成的过程以及舆论引导的方法。

5. 根据具体的新闻舆论案例，谈谈如何把握好新闻舆论引导的时度效原则。

6. 请简述新闻舆论监督的主要特点和开展新闻舆论监督应遵循的基本原则。

第九章　新闻出版自由

　　新闻出版自由是一个具体的、历史的概念，经历从封建社会到资本主义社会再到社会主义社会三个发展阶段，形成分属三个不同阶级的新闻出版自由。新闻出版自由是相对的，在不同历史阶段、不同国情、不同社会制度下具有不同的内容和表现形式。无论何种社会条件下的新闻出版自由，都要受到法律的规范和具体国情的制约。

第一节　新闻出版自由的内涵及其历史发展

　　新闻出版自由是新闻出版活动得以进行的基本条件，它赋予一个国家的公民按照自己的意愿自由发表意见和交流信息的权利。新闻出版自由从提出口号到形成制度，经历一个漫长的发展过程，体现着社会不同阶级争取政治权利的斗争。

一、新闻出版自由的内涵

　　新闻出版自由是公民政治权利的重要组成部分，是公民言论、出版自由权利在新闻传播活动中的具体表现和运用。言论自由是指公民在法律规定范围内，享有按照自己的意愿并通过语言形式自由发表意见和交流信息的权利。出版自由是指公民在法律规定范围内，享有创办印刷媒体或电子媒体并通过它们按照自己的意愿自由发表意见、交流信息的权利。

　　2018年十三届全国人大一次会议修正的《中华人民共和国宪法》（以下简称《宪法》）第三十五条规定："中华人民共和国公民有言论、出版、集会、结社、游行、示威的自由。"本宪法条文中虽然没有出现"新闻出版自由"这一专用词，但它确认了我国公民享有通过新闻媒体自由发表意见、交流信息的权利。

　　我国宪法中涉及公民言论和出版自由的内容还见于不同条文中。如《宪法》第四十条规定："中华人民共和国公民的通信自由和通信秘密受法律的保护。除因国家安全或者追查刑事犯罪的需要，由公安机关或者检察机关依照法律规定的程序对通信进行检查外，任何组织或者个人不得以任何理由侵犯公民的通信自由和通信秘密。"第四十七条规定："中华人民共和国公民有进行科学研究、文学艺术创作和其他文化活动的自由。国家对于从事教育、科学、技术、文学、艺术和其他文化事业的公民的有益于人民的创造性工作，给以鼓励和帮助。"这些规定从不同方面进一步落实和保障公民言论、出版自由，体现对公民言论、出版自由的保护、支持和鼓励。

权利与义务是相互依存的。公民在行使言论出版自由权利的同时必须履行相应义务。如《宪法》第五十一条规定："中华人民共和国公民在行使自由和权利的时候，不得损害国家的、社会的、集体的利益和其他公民的合法的自由和权利。"其他相关规定还包括："中华人民共和国公民有维护国家统一和全国各民族团结的义务"，"中华人民共和国公民有维护祖国的安全、荣誉和利益的义务，不得有危害祖国的安全、荣誉和利益的行为"，"必须遵守宪法和法律，保守国家秘密"等。

2020年5月28日颁布、2021年1月1日施行的《中华人民共和国民法典》也对言论、出版自由行使的边界作出具体规定，明确指出："自然人的人身自由、人格尊严受法律保护。"（第一百零九条）"自然人享有生命权、身体权、健康权、姓名权、肖像权、名誉权、荣誉权、隐私权、婚姻自主权等权利。"（第一百一十条）"侵害英雄烈士等的姓名、肖像、名誉、荣誉，损害社会公共利益的，应当承担民事责任。"（第一百八十五条）

此外，我国还先后出台《出版管理条例》《中华人民共和国政府信息公开条例》等行政法规，对新闻出版自由作出具体规定和保障。如《出版管理条例》规定："公民依法行使出版自由的权利，各级人民政府应当予以保障。"（第五条）"公民可以依照本条例规定，在出版物上自由表达自己对国家事务、经济和文化事业、社会事务的见解和意愿，自由发表自己从事科学研究、文学艺术创作和其他文化活动的成果。合法出版物受法律保护，任何组织和个人不得非法干扰、阻止、破坏出版物的出版。"（第二十三条）

《中华人民共和国政府信息公开条例》则从保障公民、法人和其他组织依法获取政府信息、提高政府工作透明度的角度，要求行政机关及时、准确地公开政府信息，并通过政府公报、政府网站、新闻发布会以及报刊、广播、电视等便于公众知晓的方式公开。它明确规定："各级人民政府应当在国家档案馆、公共图书馆、政务服务场所设置政府信息查阅场所，并配备相应的设施、设备，为公民、法人和其他组织获取政府信息提供便利。"（第二十五条）这些法律法规细化公民言论、出版自由的具体实现途径，为落实新闻出版自由提供基本保障。

二、新闻出版自由的发展过程

新闻出版自由经历从提出观念到形成制度的长期发展过程。最早提出新闻出版自由思想的是西方资产阶级启蒙思想家。1644 年，英国资产阶级启蒙思想家约翰·弥尔顿为了反对英国带有浓厚封建色彩的《出版管制法》，在英国国会发表《论出版自由》的演说，第一次旗帜鲜明地提出"出版自由"的口号。弥尔顿主张人们有认识事物、抒发己见、讨论观点的言论自由。他认为，人是有理性的，能够辨别真伪和是非，因此，应当让人们自由发表意见和接触各种思想，并根据自己的理性作出判断和选择；真理可以在与各种思想的公开竞争中自我校正，并最终战胜谬误。弥尔顿的观点反映新兴资产阶级已经不满足于单纯牟取经济利益，开始要求按照资产阶级的理想方式治理国家。

资产阶级夺取政权后，开始以法律的形式确认新闻出版自由是公民的民主政治权利，并制定相应的法律制度保障这一权利。1789 年，法国大革命推翻了封建波旁王朝，国民议会制定并通过的《人权和公民权宣言》（即《人权宣言》）指出，自由表达思想和意见是人类最宝贵的权利之一，每个公民都有言论、著作和新闻出版自由，但对滥用自由要承担相关责任。这是第一次用法律的形式将新闻出版自由作为公民的一项基本权利固定下来。1791 年，美国国会通过《宪法修正案》，其中第一条明确规定：国会不得制定法律剥夺言论或新闻出版自由。此后，保障新闻出版自由权利的条文被纷纷写进各国宪法，成为民主政治制度的重要标志。把新闻出版自由作为公民的一项基本权利载入宪法，置于法律保护之下，应当说是一个巨大的历史进步。

新闻出版自由从观念的提出到制度的确立，经历将近 150 年的时间。资产阶级争取新闻出版自由的斗争，最初表现为争取办报自由。在封建社会，处于统治地位的封建势力对创办新兴报纸采取严厉的限禁政策，仅在英国就先后出现皇家特许出版制度、皇家特许出版公司、皇家出版法庭等政法制度和机构。英国新兴资产阶级为打破这些限禁进行不懈的斗争，直到 1694 年才取得废除特许制的胜利，争得办报自由。之后，资产阶级进一步争取以报道国家权力中心的活动和监督批评政府为内容的报道权利——表达自由。但是，执政当局运用多种手段限制这种自由，制定《叛国法》《诽谤法》《渎神法》等法律，禁止刊登不利于政府的消息和言论。对于这些限制，资产阶级进行坚决斗争，最终赢得胜利。20 世纪爆发的两次世界大战，使人们争取新闻出版自由的斗争发展到争取知情权和获知自由的阶段。战时各交战国都对新闻传播活动和信息流通实行严格管制，竭力扩大"保密"范围，引起人们强烈不满。战后，随着人们对战争的反思和社会思潮的日益多元和活跃，人们要求了解政府机构工作情况的呼声越来越高。1948 年，联合国大会通过的《世界人权宣言》指出，人人有权通过任何媒介寻求和接受信息。这一文件的通过，标志着新闻出版自由发展到获知自由的阶段。新闻出版自由的内涵已经成为包括办报自由、表达自由、获知自由等权利在内的集合性概念。

马克思主义经典作家对新闻出版自由的进步性给予高度评价。马克思曾经说过，"没有新闻出版自由，其他一切自由都会成为泡影"。[①] 列宁在领导俄国革命的过程中，也充分肯定早期新闻出版自由口号的进步性，他认为："'出版自由'这个口号从中世纪末直到 19 世纪成了全世界一个伟大的口号"，"因为它反映了资产阶级的进步性，即反映了资产阶级反对僧侣、国王、封建主和地主的斗争"。[②]

资产阶级建立稳固的国家政权后，虽然形式上将新闻出版自由规定为所有公民的权利，但实质上无产阶级不仅没有享受到这一权利，而且还常常遭到各种形式的限制甚至镇压。无产阶级为了获得自己的新闻出版自由，只能继续高举自由的大旗，向资产阶级争取自己应该享有的权利。马克思和恩格斯为实现工人阶级的新闻出版自由权利奋斗了一生，他们把工人阶级争取新闻出版自由、言论和结社自由的斗争看作争取"火和水"的斗争，看作工人阶级争取自己生存条件的斗争。他们认为，没有新闻出版自由，就不可能有工人运动，没有这些基本的权利，工人阶级就不可能获得自身的解放。列宁深刻、尖锐地揭露和批判资产阶级新闻出版自由的欺骗性和虚伪性。他指出："在全世界，凡是有资本家的地方，所谓出版自由，就是收买报纸、收买作家的自由，就是买通、收买和炮制'舆论'帮助资产阶级的自由。"[③]"人民的自由，只有在国家

[①] 《马克思恩格斯全集》第 1 卷，人民出版社 1995 年，第 201 页。
[②] 《列宁全集》第 42 卷，人民出版社 2017 年版，第 93 页。
[③] 《列宁全集》第 42 卷，人民出版社 2017 年版，第 93 页。

的全部政权完全地和真正地属于人民的时候，才能完全地和真正地得到保障。"①十月革命胜利后，列宁采取许多措施，保障人民新闻出版自由的实现。

无产阶级相继在一些国家取得政权以后，便开始确立社会主义新闻出版自由，把言论、出版自由作为全体人民的民主权利写入宪法。比如，苏联1936年的宪法规定，苏联人民享有新闻出版自由的权利。在我国，新中国成立前夕通过的《中国人民政治协商会议共同纲领》和现行的《宪法》，都规定公民享有言论、出版自由权利。

新闻出版自由经历从封建社会到资本主义社会再到社会主义社会三个发展阶段，因而形成分属三个不同阶级的新闻出版自由。这种更替在总趋势上是一个不断进步的发展过程，但不同阶级的新闻出版自由在性质上是根本不同的。在社会主义制度下，人民当家作主成为国家的主人，广大人民群众普遍享有民主权利，真正享有新闻出版自由。

第二节　新闻出版自由的具体性和相对性

新闻出版自由是具体的而非抽象的，是相对的而非绝对的。所谓抽象的、绝对的新闻出版自由，在现实中是不存在的。

一、新闻出版自由的具体性

在现实生活中，新闻出版自由的具体性主要表现在以下三个方面：

（一）新闻出版自由是具体的阶级的自由

在阶级社会里，包括自由、民主在内的政治权利都有阶级性，新闻出版自由也不例外。从根本上说，新闻出版自由的阶级性是由占有精神生产资料的特定阶级决定的。掌握物质生产资料的统治阶级同时也掌握着社会的精神生产资料，因而，新闻出版自由也就成了统治阶级享有的特权。列宁一贯反对抽象地谈论新闻出版自由，他说："我们倒要弄弄清楚是什么样的出版自由？是干什么用的？是给哪一个阶级的？"②可见，新闻出版自由只能是具体的阶级的自由，

---

① 《列宁全集》第13卷，人民出版社2017年版，第67页。
② 《列宁全集》第42卷，人民出版社2017年版，第93页。

要么是资产阶级的新闻出版自由，要么是无产阶级的新闻出版自由，抽象的、超阶级的新闻出版自由是不存在的。

（二）新闻出版自由的内容是具体的

新闻出版自由作为一种公民权利，可分为一项项具体可行使的权利。比如，1951 年国际新闻学会提出新闻出版自由的四项标准：采访自由、传播自由、出版自由和表达自由。在我国，新闻出版自由不仅仅是新闻工作者的权利，也是普通公民的权利。对普通公民来说，新闻出版自由包括获得和接受国内外重大新闻信息的获知自由，对各种事件发表意见的表达自由，通过新闻媒体交流思想和观点的传递自由，利用新闻媒体批评国家机关及其工作人员的渎职行为及各种腐败现象的批评自由等。对新闻工作者来说，新闻出版自由包括采访自由、写作自由、传播自由和批评自由。可见，新闻出版自由不是抽象的自由，而是有具体内容的自由。

（三）新闻出版自由实现程度与具体的历史条件紧密相连

资产阶级新闻出版自由的产生与发展，是同资产阶级反对封建统治的斗争以及资本主义社会的经济制度和政治制度紧密相连的。它经历从自由竞争逐步走向垄断的不同发展阶段，形成特有的规模、形式和特点，最终被垄断资产阶级和垄断传媒集团牢牢控制。社会主义国家的新闻出版自由也经历由不充分到逐渐充分、从不完善到逐步完善的发展过程。随着社会主义事业的发展，新闻出版自由正朝着不断扩大和完善的方向发展，特别是改革开放以来，报刊的普及率大幅提高，收音机和电视机逐渐成为人们生活的日用品，随着网络技术的发展，手机等更多终端广泛运用于传递和接收新闻信息，为人民群众获取新闻信息提供更为便捷的物质条件和先进的技术手段。社会主义民主政治的不断进步和人民群众日益提高的文化水平以及信息传播技术的迅猛发展，使新闻出版自由的实现手段较之过去更加全面和丰富。

二、新闻出版自由的相对性

新闻出版自由从来都不是绝对的、无条件的、没有限制的，而是相对的、有条件的、有限制的，都要受所在国宪法、法律的规范和约束，都要服从服务于国家的根本利益，遵从社会伦理道德和公序良俗。

（一）新闻出版自由受宪法和法律的制约

在法治社会，尊重法律是一切行为的底线。各国的宪法和法律在赋予公民新闻出版自由权利的同时，也对新闻出版自由进行不同程度的规范和限制。比如，我国宪法要求公民在行使自由权利的时候，不得损害国家、社会、集体利益和其他公民合法权利。美国法律对新闻出版自由也有一系列限制，如"不得扰乱社会""不得藐视法庭""不得诽谤和诋毁他人"等。1948 年联合国新闻自由会议通过的《国际新闻自由公约草案》也明确指出，凡在新闻中泄露国家机密、危害国家安全者，意图煽动他人以暴力变动政府制度或扰乱治安者，意图煽惑人民犯罪者，均应依法予以惩罚。总之，新闻媒体及其从业人员必须在国家宪法和法律允许的范围内行使新闻出版自由权利。

（二）新闻出版自由服从服务于国家利益

任何一个国家都强调国家利益的重要性、独特性和不可替代性。新闻出版自由在维护国家利益方面也不能例外。西方国家强调新闻出版自由要服从和服务于国家利益，在这一点上，它们表现得非常充分。1999 年科索沃战争时，BBC 驻贝尔格莱德记者约翰·辛普森因为"在报道中未能与政府的口径保持一致"，被斥为"没有达到一个老记者'应有的标准'"，接连遭到英国政府的严厉批评。2001 年 10 月，美国总统国家安全事务助理赖斯在与美国五大电视台的新闻主管举行电话连线会议时警告说，如果不经剪辑和内容分析就播出拉登及其助手的电视录像带，可能招致严重后果。2003 年 3 月 20 日，美国发动伊拉克战争。美军中央司令部新闻中心为新闻记者规定"三不准"政策，即不能问美军和联军伤亡情况，不能提与目前正在进行的军事行动有关的问题，不能问与今后军事行动计划有关的问题，否则就要被清理出去。美国战地记者、普利策新闻奖获得者彼得·阿内特，只因为在接受伊拉克国家电视台采访时说了"美国初步作战计划已经失败，他们没有料到伊军抵抗如此顽强"之类的话，就被美国政府扣上"安慰和帮助敌人"的帽子，最后被美国全国广播公司解雇。据统计，在伊拉克战争前后，美国四大电视网节目中393 名接受访谈的人，只有 3 人的言论与反战有关，不到总数的 1%。为了美国的战略利益，美国媒体成为配合美国军事行动的舆论工具，甚至不惜制造和策划拯救大兵林奇、伊拉克精锐力量投降等不实报道，借以摧垮伊拉克人的抵抗意志。

（三）新闻出版自由受社会伦理道德和风俗习惯的影响

各国各民族都有自己的文化传统、风俗习惯和价值观念，特别是有些民族禁忌和宗教戒律等，一旦遭到触犯，不管是有意的还是无意的，都有可能引起轩然大波。这些伦理道德和风俗习惯对新闻媒体起到很大的约束作用。

综上所述，世界上没有绝对的新闻出版自由，只有相对的新闻出版自由。任何一个国家都有自己独特的经济制度和政治制度，这些基本制度代表占统治地位阶级的利益，同时也规范和制约着新闻媒体的言行。在资本主义社会，新闻媒体若是公开反对资本主义的经济制度和政治制度，将被视为"大逆不道"。在社会主义社会，一切反对社会主义经济制度和政治制度的言行也将受到批评、反对和抵制。所以，新闻出版自由必然要受到社会的调控，使之在法律允许和不违背国家利益的范围内发展。

第三节　不同社会制度下的新闻出版自由

在不同的社会制度下，新闻出版自由的享有主体及享有的程度是不同的。在资本主义国家，资产阶级居于统治地位，新闻出版自由是少数人的自由。在社会主义国家，人民群众居于国家的主体地位，新闻出版自由是多数人的自由。

一、资本主义新闻出版自由的实质

尽管资产阶级在历史上为争取新闻出版自由曾经发挥过积极作用，在今天仍在标榜维护所有公民的新闻出版自由，但资本主义社会的新闻出版自由无法掩盖其维护资产阶级根本利益的实质。

（一）资本主义新闻出版自由本质上是资产阶级垄断财团享有的权利

列宁在批判资本主义新闻出版自由时深刻指出，"出版自由就是富人有出版报纸的自由，就是由资本家霸占报刊"[①]，"那些关于绝对自由的言论不过是一种伪善而已。在以金钱势力为基础的社会中，在广大劳动者一贫如洗而一小撮富人过着寄生生活的社会中，不可能有实际的和真正的'自由'"[②]。资本主义国家的宪法、法律明文规定，全体公民都享有新闻出版自由的权利。但是，在资本主义私有制条件下，随着垄断资本向新闻行业的渗透，新闻传媒业的竞争日益加剧，新闻媒体越来越集中到垄断资本家手中，新闻出版自由成为少数

---

① 《列宁全集》第 33 卷，人民出版社 2017 年版，第 51 页。
② 《列宁全集》第 12 卷，人民出版社 2017 年版，第 96 页。

垄断资本集团及其所有者享有的权利，起着维护资产阶级利益的作用。

西方资本主义国家新闻业普遍实行私有化和商业化，绝大多数报刊、广播、电视落入少数财团手中。自 20 世纪 90 年代中后期起，美国媒体出现加速并购的发展趋势。1996 年，迪士尼以 190 亿美元收购美国广播公司（ABC），1999 年维亚康姆出资 397 亿美元收购哥伦比亚广播公司（CBS）。2000 年，美国在线宣布以 1 810 亿美元收购时代华纳，成立美国在线—时代华纳公司，所有形式的媒体都被整合到这一"巨无霸"传媒公司中，虽然这一并购最后以失败落幕，但仍然显示美国媒体对并购的狂热。2007 年，默多克的新闻集团以 50 亿美元收购道·琼斯公司，由此，美国新闻频道收视率第一的福克斯电视台、国家地理频道、《华尔街日报》等媒体被纳入新闻集团。2013 年，亚马逊首席执行官杰夫·贝索斯以 2.5 亿美元从格雷厄姆家族手中收购《华盛顿邮报》。

大型新闻传媒集团每年营业收入高达数百亿美元，绝大多数媒体集团还有众多地方分台和附属频道，媒体资源不断向少数利益集团集聚。媒体并购和运营的巨额资金不要说普通民众，就连一般的资本家也无力承担，所以真正拥有创办新闻媒体实力的只能是大资本家和垄断资本集团。谁有钱谁就有自由，谁钱多谁享有的自由就多，新闻出版自由成了少数人的特权。

西方垄断财团和广告公司凭借充足的财力控制新闻媒体，并利用新闻媒体发表意见、传递信息。在资本主义国家，广告收入是新闻媒体的"血液"，如果广告收入在总收入中达不到一定比例，新闻媒体就要亏本，难以继续生存下去。垄断财团和广告公司正是抓住新闻媒体这一"软肋"，利用广告控制媒体。新闻媒体若是违背他们的意愿，触犯他们的利益，他们就可以用撤销广告相威逼，直到媒体俯首就范。因此，一家经常刊登大量电脑广告的报纸，一般不会发表不利于微软、英特尔等大公司的新闻。一家财经报纸，也可能因广告而撤下支持工人罢工的社论。

英国批判学者詹姆斯·卡伦通过详细的历史考察发现，在英国报业史上曾经占据重要地位的工人阶级激进报纸的衰落，可以部分归因于广告商对报业所实施的战略化控制。随着广告税的取消，市场成为报业生存的关键。"这就迫使激进派报纸重新界定其目标受众，而这反过来又迫使它们缓和自身的激进主义倾向，从而吸引广告商所需要的那部分读者。"因此，"激进派报纸要想在新的经济环境当中生存下来，只能通过以下两条道路：要么调高市场去吸引那些广告商所需要的目标受众；要么局限在工人阶级的小圈子之中，用捐款等渠道来弥补在自身掌控范围之内的亏损。一旦它们走出原来的小圈子，去吸引日益壮大的工人阶级受众群，就招致了自身的灾祸。因为纸张的生产成本超过了报纸的销售净价，所以发行量的增加就意味着亏损额的增长——除非有来自不断增长的广告收入的支持。"[1] 历史和现实两个层面都印证新闻出版自由在一定程度上不过是受"资本奴役"的自由。

新闻媒体编辑部的编辑方针和对重大事件的报道，也都摆脱不了垄断资本的控制和影响。新闻出版自由中最实质的权利——新闻媒体的创办权、使用权和新闻信息的发布权，都掌握在垄断资本集团和资本家及其代理人手中。编辑、记者如果不按照老板的意志行事，就会给自己带来麻烦，甚至丢掉工作。美国媒体大亨默多克承认自己对旗下报纸编辑的立场影响巨大，他掌握着文稿的最后裁决权。1981 年英国《泰晤士报》被默多克收购后，短短三年中数易主编。

（二）资本主义新闻出版自由是资本主义政治制度的重要组成部分

在资本主义国家，资产阶级营垒存在各种不同的政党和政治派别集团，分别代表着资产阶级不同集团的利益。为了争夺经济利益和政治权力，各个垄断财团之间的矛盾经常激化，代表不同集团利益的政党和新闻媒体互相攻讦。当某一垄断财团从自己的切身利益出发，对政府制定的某项政策感到不满的时候，代表该财团利益的报纸就会出面批评政府。虽然从表面上看，西方新闻界经常对政府进行批评，但从本质上看：首先，资产阶级主流媒体的批评以民意代表的批评方式出现，实质上代表的却是新闻媒体幕后老板们的观点，这些观点大多是财团与财团、在野派与在朝派之间的斗争通过新闻舆论工具的反映。其次，这些批评不管如何尖锐，都不可能触动资本主义的根本制度。资本主义新闻出版自由有自己的底线，那就是不得违背资产阶级的根本利益，不能触动资本主义私有制。最后，这些批评是资产阶级调节内部之间关系的一种手段。通过这种手段，资产阶级各个集团可以进行利益的再分配，平衡和兼顾各集团的利益，从而把政权牢牢地置于整个垄断资产阶级的控制之中。

（三）资本主义新闻出版自由成为西方发达国家推行其政治目的重要手段

一些西方发达国家常常打着"新闻出版自由"的旗号，支持和鼓励本国新

---

[1]　［英］詹姆斯·卡伦：《媒体与权力》，史安斌、董关鹏译，清华大学出版社 2006 年版，第124—125 页。

闻媒体对其他国家的内政说三道四、指手画脚，其实际意图在于输出西方民主制度和价值观念，实现其政治图谋。这种干涉其他国家内政的行为通常是根据它们随意设定的标准，去评判社会主义国家新闻出版自由的状况，指责和攻击社会主义国家正当的新闻管理；或者以资本主义新闻出版自由为借口，插手干涉其他国家内政。2011 年以来，西方主流媒体在西方国家策划和导演的一系列"颜色革命"中起到推波助澜、煽风点火的作用，其政治倾向在有关选举的新闻报道中表现得特别明显：如果是西方支持的反对派赢得大选，媒体就称选举公正、结果不容置疑；如果是它们不满意的政党候选人赢得大选，媒体就指责选举舞弊，煽动"街头政治"。

用双重标准界定和评价别国内政是西方所谓的"新闻自由"惯用手法。美国政府少数人在全球抗击新冠肺炎疫情中竟肆意抹黑中国就是例证。据 2020 年

拓 展 资 源

《白宫竟批美国之音偏袒中国》

4 月 10 日美联社报道，白宫官员猛烈抨击由美国政府资助的独立媒体美国之音有关报道"偏袒中国"，称其"利用中国政府的统计数字绘出图表，将中国新冠肺炎死亡人数与美国的数据进行比较"。对此，美国之音召集人公开辩解说："这些数据都是援引白宫新闻稿发布的统计图表，而这些都引自约翰斯·霍普金斯大学的统计数据，全世界都在使用这些数据。"[1] 即使是美国政府资助、监管的媒体的客观报道，如不符合其政治意图，也要受到严厉指责。这不但体现了美国政府标榜的"新闻自由"的虚伪性，也充分暴露了其利用所谓"新闻自由"实现政治图谋的本质。

二、社会主义新闻出版自由的性质和特点

我国社会主义新闻出版自由是在中国共产党领导人民夺取政权、建立新中国后发展起来的。它以马克思主义为指导，立足我国国情，并在实践中不断丰富和完善。社会主义新闻出版自由与资本主义新闻出版自由存在本质上的区别。

（一）我国社会主义新闻出版自由的性质

社会主义新闻出版自由是人民群众通过新闻传播活动实现的言论、出版自由。

---

① 《白宫竟批美国之音偏袒中国》，《参考消息》2020 年 4 月 12 日。

1. 社会主义新闻出版自由是最广大人民共同享有的自由

我国的新闻出版自由建立在以公有制为主体、多种所有制经济共同发展的社会主义基本经济制度的基础之上，社会的物质和精神生产资料掌握在人民手中。社会主义新闻事业属于人民所有，人民理所当然成为新闻事业的主人，人民享有包括新闻出版自由在内的各项民主政治权利。社会主义国家在人类历史上第一次使社会上最大多数的人享有新闻出版自由这一权利。在社会主义中国，新闻媒体不是个人的私有财产，而是属于党和人民的事业。社会主义国家不仅用法律的形式把新闻出版自由作为公民的一项政治权利确定下来，而且切实保证新闻出版所需要的一切生产资料由人民及其组织直接掌握和支配，这就从根本上摆脱私有资本对新闻事业的控制，为广大人民真正享有新闻出版自由提供可靠保障。

2. 社会主义新闻出版自由是社会主义民主权利的重要组成部分

在社会主义国家，人民通过新闻媒体享有知情权、表达权、参与权和监督权，享有获知国内外大事最新变动真实信息的权利，发表各种参政议政意见的权利，对党和政府的工作提出建议和批评的权利，对党政机关及其工作人员实行舆论监督的权利，在学术上和艺术上开展自由讨论的权利。新闻媒体承担着实现和维护人民群众上述权利的责任和义务。

3. 社会主义新闻出版自由以剥夺敌对阶级和敌对势力的新闻出版自由为前提

无产阶级在夺取政权之后，首先着手进行的一项工作就是关闭和取缔敌对的、反动的报刊。十月革命胜利后，列宁说："我们早些时候就声明过，我们一旦取得政权，就要查封资产阶级报纸。容许这些报纸存在，就不成其为社会主义者了。"[1] 根据列宁的指示和政府颁布的《出版法令》，苏维埃政府关闭了那些刊登资产阶级反革命宣言的报刊。在我国，中国人民解放军在胜利横渡长江、取得解放战争决定性胜利的伟大进程中，也首先接管和关闭帝国主义和国民党政府的新闻机构。剥夺敌对阶级和敌对势力的新闻出版自由，是建立和巩固人民当家作主的新的社会制度的必然要求，本质上也是为了更好地保证广大人民群众的新闻出版自由。

（二）我国社会主义新闻出版自由的特点

我国社会主义新闻出版自由的性质，决定了它具有如下特点：

---

[1] 《列宁全集》第 33 卷，人民出版社 2017 年版，第 54 页。

1. 社会主义新闻出版自由摆脱了资本控制

社会主义以公有制为主体的经济基础决定新闻出版自由是人民群众不受资本控制而享有的平等权利。我国对境外资金进入新闻媒体实行严格限制，以不介入和不干涉新闻业务活动，不谋求对新闻媒体报道权和编辑权的控制为先决条件。新闻事业的经营和管理由人民委托的代表及机构来实行。媒体的经营活动强调把社会效益放在第一位，经济效益要服从社会效益，不允许搞新闻商品化，不允许把新闻事业变成谋求个人或小集团私利的工具。这就使新闻事业能够摆脱资本控制，新闻出版自由不会成为少数人依靠个人财力便能占有和独享的特权，而是广大人民群众真正、广泛、普遍的权利。

2. 社会主义新闻出版自由强调充分自由和正确导向的统一

现阶段，一方面要看到人民内部客观上存在着不同的意见，舆论的多样化状况是普遍的和经常的。应该尊重人民在宪法范围内有发表各种不同意见的自由权利，允许和支持不同意见的自由交流，通过讨论求得认识上的一致。另一方面要始终坚持正确的舆论导向，引导人民群众在大是大非问题上取得一致认识。既要创造条件让人民畅所欲言，又要把群众的思想和意见及时引导到更加符合人民群众整体利益和长远利益的轨道上来。禁止一切危害社会主义基本制度、危害国家安全和社会稳定的言论。

3. 社会主义新闻出版自由坚持民主和法治、自由和纪律的统一

社会主义国家尊重和保护新闻出版自由，为新闻事业的发展创造宽松的舆论环境，从而进一步调动新闻媒体及其从业人员的积极性、主动性和创造性。但是，实践中也有滥用新闻出版自由、违法违规的情况。个别新闻媒体及其从业人员有意或无意地背离事实真相，触犯政策法规和宣传纪律，造成对公民权利的侵犯，从而影响社会的稳定；个别新闻媒体及其从业人员超越职权范围，干预司法程序，或利用职权和工作便利，为自己或他人牟取不正当利益等，这些情况都给正常的社会秩序带来不良影响。

三、社会主义新闻出版自由的发展和完善

在人类历史上，社会主义新闻出版自由存在的时间还不长，需要经历一个从不充分到逐渐充分、从不完善到逐渐完善的发展过程。新中国是在半殖民地半封建社会基础上建立起来的，生产力水平低下，社会物质财富匮乏；在思想和文化方面，存在着封建意识的残余，社会主义民主法治还不完善，社会成员

的整体文化素质有待进一步提升。改革开放以后，我国经济社会发展取得巨大进步，中国特色社会主义进入新时代，为社会主义新闻出版自由的发展开辟了广阔前景。同时也要看到，我国社会的主要矛盾发生历史性变化，发展中的不平衡不充分问题日益凸显，社会主义制度还不够完善、不够成熟，民主法治还不够健全，新闻出版自由有待进一步发展和完善。

社会主义新闻出版自由的发展与完善，离不开整个社会经济、政治和文化的发展。马克思主义认为，权利永远不能超出社会的经济结构以及由经济结构所制约的社会文化的发展。只有在全面建成小康社会的基础上建成富强民主文明和谐美丽的社会主义现代化强国，社会主义新闻出版自由的发展和完善才有更加坚实的物质基础；只有大力推进社会主义政治文明建设，实现社会主义民主政治的制度化、规范化、程序化，把坚持党的领导、人民当家作主和依法治国有机统一起来，社会主义新闻出版自由的发展和完善才会有宽松的政治环境；只有大力加强社会主义精神文明建设，提高广大人民群众的民主意识和综合素质，社会主义新闻出版自由的发展和完善才会有更多的参与者和受益者。

在发展和完善社会主义新闻出版自由的过程中，既要反对停滞不前、故步自封的观点，又要反对盲目超前、不顾实际的观点。在党和政府的坚强领导下，在考虑国情和客观条件的同时，注意吸收借鉴人类文明的一切有益成果，才能建成与建设富强、民主、文明、和谐、美丽的社会主义现代化强国的目标相适应的，有中国特色的社会主义新闻出版自由。

学习思考题：

1. 简述新闻出版自由的含义。

2. 我国宪法和法律法规中对公民言论、出版自由有哪些具体规定？

3. 怎样理解新闻出版自由的具体性和相对性？

4. 请结合具体案例，谈谈如何看待资本主义制度下的新闻出版自由。

5. 我国社会主义新闻出版自由的特点有哪些？

第十章 新闻法治

加强社会主义新闻法治建设，实现新闻工作依法运作，对保障公民新闻出版自由权利，规范新闻媒体及新闻工作者的新闻传播活动，提高党和国家管理新闻媒体的科学性和权威性，有着重要意义。

第一节 新闻法治的内涵

全面依法治国、建设社会主义法治国家是中国共产党领导人民治理国家的基本方略。依法治国方略普遍适用于政治、经济、文化、社会生活的各个方面，同样适用于新闻领域。新闻法治就是国家依据一定的法律制度和管理体系，调整新闻传播活动中各种权利义务关系的手段。要对公民和法人依法享有的新闻传播活动的权利与义务提供法律和制度保障，提高公民和法人的新闻传播法治意识，完善中国特色社会主义新闻法治，为社会主义新闻事业健康发展提供法治保障。

一、新闻法治的含义

在法治社会，任何行为都必须服从法律、遵守法律。一旦出现违法的行为，违法者都必须承担法律责任。

新闻法治是社会主义法治的有机组成部分，加强社会主义新闻法治建设是完善社会主义民主和法治的内在需要。新闻法治首先要保障和实现公民的知情权、参与权、表达权、监督权。新闻法治的目标是国家权力机关通过对各类新闻主体权利、义务的具体调整而实现的。新闻行政管理机关、新闻媒体、新闻工作者以及作为受众的公民在新闻传播过程中，形成一系列具体的权利义务关系。正是这些权利义务关系的运行与实现，构成新闻法治及其管理体系的基本内涵。

二、新闻法治涵盖的法律关系

新闻法治涵盖的法律关系主要包括三个层面：新闻机构和新闻主管机关之

间的管理体制关系，新闻机构和社会公众、社会组织之间的服务与被服务的关系，新闻机构和新闻工作者之间的聘用合同关系。

（一）新闻传播管理关系

新闻传播管理关系，是指政府新闻主管机构，包括国家新闻出版、互联网信息管理等行政管理部门和新闻传播机构形成的管理与被管理关系。

在新闻传播管理的法律关系中，政府的地位十分特殊。政府要通过新闻传播立法来明确新闻媒体的创办，新闻事业在国家政治生活中的地位、功能以及新闻从业者的权利和义务，依法保障新闻媒体的正当传播行为，同时有权依法监管新闻媒体的设立、运作、经营等活动及其传播内容等重大事项，并依法行使对新闻媒体的行政管理职责。同时，党和政府主办的媒体承担引导和调控舆论，传达和宣传政府政令、措施等职责。

（二）新闻传播服务关系

新闻传播服务关系，是指新闻媒体与国家机关、公民、法人之间因新闻宣传、信息传播、提供娱乐、发布广告等形成的服务与被服务关系。新闻媒体与公民（受众、报道对象等）之间的新闻传播服务关系，是建立在平等、自愿、公平、互不隶属的民事关系的基础之上的。

新闻媒体及其从业者有义务为贯彻党和政府的路线方针政策进行新闻宣传，为满足受众的知情权提供信息、表达意见。新闻媒体及新闻从业者在履行这些职务行为时，负有反映舆论的责任，包括公正反映不同意见的责任，同时新闻媒体要尊重公民的表达自由，不披露公民不愿意公开的意见，不歪曲、篡改公民的意见；不迎合部分受众的低级趣味而传播淫秽、低俗、暴力的信息，以致危害未成年受众的身心健康。

（三）新闻传播职务关系

新闻传播职务关系，是指新闻媒体与其新闻从业者之间的劳务合同关系，主要涉及新闻机构内部管理，包括行政管理、人事管理、财务管理、劳务管理等，使人尽其才、物尽其用，达到提高工作效率、增加经济收入、扩大社会影响的目的。

新闻单位依据一定的条件招聘记者、编辑、主持人等，双方依据聘用合同，确定各自的权利和义务关系。新闻工作者应该恪守职责，履行职务，同时新闻单位也应该维护新闻记者的合法权益。自 2014 年起，我国媒体的记者证申领人员要与其所在新闻单位签署保密承诺书和职务行为信息保密协议。

三、新闻法治的法律依据

新闻法治的法律依据，是指规范新闻传播活动的法律根据和来源。新中国成立以来特别是改革开放以来，我国的新闻法治建设取得巨大成就，为保障新闻传播活动的健康有序发展，为社会主义现代化建设营造良好的舆论氛围发挥重要作用。

与世界上多数国家一样，我国没有制定专门的新闻法和出版法，有关新闻传播的法律规定散见于宪法和各类法律、法规和规章中。以宪法为统领，以相关法律和行政法规、地方性法规为主干，以部门规章为补充，比较完整的中国特色社会主义新闻传播法律体系，构成了我国现行新闻传播法治的基本框架。

（一）宪法

《宪法》第二十二条明确规定我国新闻事业的性质："国家发展为人民服务、为社会主义服务的文学艺术事业、新闻广播电视事业、出版发行事业。"

《宪法》第二条、第三条、第四十一条等，都规定公民享有参与国家管理的权利。第二十七条、第四十一条规定，公民享有对国家机关及其工作人员的监督权。第三十五条规定公民言论自由的权利："中华人民共和国公民有言论、出版、集会、结社、游行、示威的自由。"第四十一条规定公民的监督权利："中华人民共和国公民对于任何国家机关和国家工作人员，有提出批评和建议的权利。"

此外，《宪法》第三十八条规定："禁止用任何方法对公民进行侮辱、诽谤和诬告陷害"；第五十三条规定："中华人民共和国公民必须遵守宪法和法律，保守国家秘密"。这些都是对新闻传播活动主体基本义务的规定。

（二）法律

我国的法律中，有很多条款都从不同角度对新闻传播活动中可能涉及的新闻媒体，以及公民个人的权利与义务予以明确规范。比如《中华人民共和国刑法》规定："以造谣、诽谤或者其他方式煽动颠覆国家政权，推翻社会主义制度的"，"为境外的机构、组织、人员窃取、刺探、收买、非法提供国家秘密或者情报者"，构成"危害国家安全罪"；严禁"捏造事实诬告陷害他人"，禁止"公然侮辱他人或者捏造事实诽谤他人"。《中华人民共和国保守国家秘密法》

对国家秘密的范围、保密制度和泄密的法律责任作出完整规定。《中华人民共和国著作权法》对新闻作品的著作权保护问题作出界定。《中华人民共和国广告法》对新闻媒体的广告行为进行详细规定，对广告行为与新闻传播行为进行明确划分。

我国有关新闻传播活动的法律规范已基本形成，如《中华人民共和国民法典》《中华人民共和国国家安全法》《中华人民共和国著作权法》《中华人民共和国突发事件应对法》《中华人民共和国未成年人保护法》《中华人民共和国老年人权益保障法》《中华人民共和国妇女权益保障法》《中华人民共和国网络安全法》《中华人民共和国境外非政府组织境内活动管理法》等。这些法律法规中都有条文对新闻媒体及其从业人员从事新闻传播活动的相关义务作出基本规范，使得保障公民和新闻机构的合法权益、规范新闻传播活动等基本实现有法可依、有章可循。

（三）行政法规

行政法规广义上是指国家行政部门制定的规范性文件；狭义上专指我国国务院为领导和管理国家各项行政工作，根据宪法和法律制定的规范性文件，例如《出版管理条例》《印刷业管理条例》《音像制品管理条例》《广播电视管理条例》《信息网络传播权保护条例》《中华人民共和国政府信息公开条例》《中华人民共和国外国常驻新闻机构和外国记者采访条例》等。这些规范性文件从管理的角度，对新闻媒体的设立条件、传播行为以及相应的行政责任等问题予以规范。

（四）地方性法规

我国的地方性法规是由省、自治区、直辖市以及省、自治区人民政府所在地的市和经国务院批准的市级人民代表大会及其常务委员会，根据行政区域的具体情况和实际需要，在不与宪法、法律、行政法规相抵触的前提下，依法定程序所制定的规范性文件。在我国，地方性法规对建立和完善现有的新闻法治框架具有探索性作用。如 2003 年 1 月 1 日开始实施的《广州市政府信息公开规定》，是我国第一部全面规范政府信息公开行为的地方性法规，在推动政府信息公开方面有着重要意义。之后，各省区市相继制定政府信息公开规定，2008 年 4 月《上海市政府信息公开规定》出台，2014 年 6 月《北京市政府信息公开规定》公布。根据相关地方性法规，现在一些省区市每年向社会发布政府信息公开工作年度报告，如《海南省 2019 年政府信息公开工作年度报告》。

（五）行政规章

行政规章分为部门规章和地方政府规章两种。部门规章是指国务院所属部委，在本部门权限内制定的各种行政法律规范文件。比如，为做好新闻管理工作，国家新闻出版管理部门制定《出版物市场管理规定》《报纸出版管理规定》《期刊出版管理规定》《外商投资图书、报纸、期刊分销企业管理办法》《新闻记者证管理办法》《新闻单位驻地方机构管理办法（试行）》等部门规则章程。地方政府规章，是指有权制定地方性法规的人民政府所制定的区域性规则章程。

近年来，国家新闻出版管理部门先后出台一系列规范性文件，加强对新闻单位、新闻采编人员和新闻采编活动的管理。其中重要的规范性文件有《关于保障新闻采编人员合法采访权利的通知》《关于严防虚假新闻报道的若干规定》《关于加强报刊传播证券期货信息管理工作的若干规定》《新闻采编人员不良从业行为记录登记办法》《关于加强新闻采编人员网络活动管理的通知》等。这些规范性文件丰富和完善了我国的新闻传播法律体系，也是规范我国新闻单位、新闻采编人员和新闻采编活动的重要规则，是我国新闻单位及其从业人员在新闻采编活动中必须严格遵守的规章。

（六）其他法律依据

1. 最高人民法院的司法解释

在我国，最高人民法院为贯彻实施有关法律，颁布一系列司法解释。这些司法解释中涉及调整新闻传播活动的规定具有很强的针对性，在具体的司法实践中往往会得到优先使用，因此它也是新闻法治的法律来源。例如，《最高人民法院关于审理名誉权案件若干问题的解释》对新闻侵权问题就作出明确规定。

2. 国家管理机关的行政命令、重要文件等

在新闻传播实践中，国家管理机关的命令和文件发挥着规范具体新闻传播活动的作用，此类文件也是新闻法治的法规来源。

除了以上这些明确的法律依据之外，在实践中，新闻政策也对规范和保障新闻传播活动起着重要作用。新闻政策是指国家或地方行政机关对新闻事业所规定的活动准则。它是党和政府管理新闻事业的重要手段和基本方法。从广义上讲，新闻政策包括新闻事业的管理政策、新闻报道政策、新闻队伍建设方针

等；从狭义上讲主要是指新闻报道政策，包括新闻报道原则、编辑方针和新闻宣传纪律等。

在我国，新闻政策是党和政府及其宣传主管部门为维护国家、社会和人民群众的共同利益，保证新闻宣传工作正常进行，针对一些具体问题制定的原则性规定，是新闻机构及其从业人员应遵守的规章制度。

第二节　新闻传播活动主体的权利与义务

新闻传播活动的主体包括公民和法人。公民是指具有一个国家的国籍，根据该国法律规范享有权利和承担义务的自然人。法人是指具有民事权利能力和民事行为能力，依法独立享有民事权利和承担民事义务的组织。依照我国有关法规，法人必须同时具备四个条件：依法成立，有必要的财产和经费，有自己的名称、组织机构和住所，能够独立承担民事责任。

2020 年 5 月 28 日颁布、2021 年 1 月 1 日施行的《中华人民共和国民法典》规定，我国法人分为营利法人、非营利法人、特别法人。其中，非营利法人包括事业单位、社会团体、基金会、社会服务机构等。新闻媒体一般属于非营利法人中的事业单位范畴。公民、新闻媒体及新闻工作者构成新闻传播活动主体。我国宪法和法律保障公民和法人的言论与出版自由，直接体现为公民和法人享有依法从事新闻传播活动的权利。

一、公民、新闻媒体和新闻工作者从事新闻传播活动的权利

权利是义务的对应概念，是指法律对公民或法人能够做出或不做出一定行为，并要求他人相应做出或不做出一定行为的许可。从法律意义上看，权利就是受到法律保护的利益。马克思主义认为，权利是社会经济关系的一种法律形式。权利的典型特征是，它与义务相互依存，任何权利的实现总是以义务的履行为条件，同样，义务的承担者也必然享有法律保护的相应权利。公民、新闻媒体和新闻工作者从事新闻传播活动的权利主要体现在以下几方面：

（一）新闻工作者的采访权与公民的知情权

新闻工作者的采访权是指记者依法获取新闻信息的权利，记者搜集信息的过程就是行使上述权利的过程。公民的知情权是公众获取政府决策信息和社会

公共信息的权利，受到宪法的保护。宪法和法律保障新闻工作者的采访权，体现对人民群众知情权的尊重。公民的知情权与新闻工作者的采访权是辩证统一的。

1. 新闻工作者的采访权是实现公众知情权的手段

宪法规定公民依法享有对国家机关和国家工作人员的监督权。公民行使监督权的前提是能够获取国家机关行使权力过程中的相关信息，享有知情权。在当代社会，新闻媒体是公众了解国家机关决策和社会其他信息的主要渠道。实现公民的知情权，就必须依法保障新闻工作者的采访权。

人民群众享有通过新闻媒体获得相关信息的权利。主要包括：人民作为国家的主人享有通过新闻媒体获取各种信息的权利；享有了解国内外各种动态信息以提高自己生存质量的权利；享有通过媒体表达自己的意愿和要求，使媒体成为参政议政平台的权利。可见，新闻工作者的采访权是实现公民知情权的前提和保障。

采访权还来源于《宪法》第三十五条规定的言论自由。宪法保护的言论自由，其内在含义自然也包括从事新闻传播活动的自由。这项权利具体到新闻采访活动中，就表现为采访权。

2. 采访权是新闻工作者应有的工作权利

新闻工作者的工作权利属于社会职业权利，主要包括知情权、表达权、著作权和监督权。采访权是新闻工作者一切职业活动的前提，没有对新闻工作者采访权利的保障，新闻宣传、信息传播以及舆论监督就无从谈起。因此，新闻工作者的采访权利集中体现了知情权和表达权（报道权）的统一。采访权的行使需要依法进行。为保障新闻记者的正常采访活动、维护新闻记者和公众的合法权益，自2009年10月起施行的《新闻记者证管理办法》明确规定："在中华人民共和国境内从事新闻采编活动，须持有新闻出版总署核发的新闻记者证。"

3. 新闻媒体的报道权也是公民的言论出版自由的内容

新闻媒体的报道权也叫发表权、表达权或传播权。它是指新闻工作者在符合社会规范和媒体宗旨的前提下，通过采访获得新闻素材后，其新闻作品享有在媒体上发表的权利。[①]我国法律对新闻媒体报道权的保护和限制，体现在宪法

---

① 新闻报道权的主体同时包括其他公民，即任何公民都有权利在新闻媒体上发表自己的新闻作品。

和其他法律条款及其相关司法解释中。言论和出版自由是公民的一项基本权利，它是公民行使表达权最重要的手段和法律依据。新闻工作者除了作为公民拥有这种权利外，从社会职业角度看，这种权利体现在新闻信息传播系统中，就是新闻媒体的报道权。

4. 维护新闻工作者合法权益，最重要的就是保障其正当的采访报道权

国家新闻出版管理部门先后发布多个保障新闻采编人员的采访报道自由和合法权益的规范性文件。2007 年发布的《关于保障新闻采编人员合法采访权利的通知》明确指出：新闻采访活动是保证公众知情权，实现社会舆论监督的重要途径，有关党政机关及其工作人员要为新闻机构合法的新闻采访活动提供便利和必要保障。新闻采编人员合法的新闻采访活动受法律保护，任何组织和个人不得干扰、阻碍。新闻单位要为所属新闻采编人员从事新闻采访活动提供必要保障。新闻单位要及时为符合资格条件的新闻采编人员申请发放新闻记者证。在采访活动中，新闻记者应主动向采访对象出示新闻记者证。在新闻采访过程中如遇到可能发生冲突的情况，新闻采编人员可请求有关部门进行协调或提供援助。

2008 年发布的《关于进一步做好新闻采访活动保障工作的通知》重申：要依法保护新闻机构和新闻记者的合法权益，要支持新闻记者的采访工作。各级政府部门及其工作人员应为合法的新闻采访活动提供相应便利和保障，对涉及公共利益的信息应及时主动通过新闻机构如实向社会公布，不得对业经核实的合法新闻机构及新闻记者封锁消息、隐瞒事实。

（二）公民、新闻媒体舆论监督权与政府信息公开义务

舆论监督权是公民的一项政治权利。由于公民的这一权利常常是通过新闻媒体实现的，因此，一般意义上舆论监督权特指新闻舆论监督权。

舆论监督权是公民依法通过各种渠道了解社会政治、经济、文化生活等信息，并发表各种意见和建议，对社会政治、经济、文化生活进行批评、实行监督的权利。舆论监督的对象主要是党政机关及其工作人员、社会团体及其成员以及公众人物等。《宪法》第四十一条规定："中华人民共和国公民对于任何国家机关和国家工作人员，有提出批评和建议的权利；对于任何国家机关和国家工作人员的违法失职行为，有向有关国家机关提出申诉、控告或检举的权利，但是不得捏造或者歪曲事实进行诬告陷害。""对于公民的申诉、控告或者检举，有关国家机关必须查清事实，负责处理。任何人不得压

制和打击报复。"

为保障舆论监督权的行使，《宪法》第二十七条规定："一切国家机关和国家工作人员必须依靠人民的支持，经常保持同人民的密切联系，倾听人民的意见和建议，接受人民的监督，努力为人民服务。"这是对政府接受监督的基本义务的规定。

舆论监督的主体是人民群众，他们享有法律赋予的监督权，而被监督者承担着不得妨碍监督的义务。与此同时，舆论监督主体在行使监督权时，也对被监督者承担义务，即《宪法》中规定的监督者"不得捏造或者歪曲事实进行诬告陷害"，"禁止用任何方法对公民进行侮辱、诽谤和诬告陷害"。以《宪法》为依据，我国民法、刑法及其司法解释中明确规定，任何个人和组织不得侵害公民、法人的名誉权和人格尊严。同时，被监督者享有申辩的权利。2009年2月12日，在上海务工的王帅在天涯论坛发表揭露河南省灵宝市大王镇政府部门野蛮征地的帖子，被定为"诽谤"罪而受到刑拘，引发群众抗议。灵宝市有关部门经核查认定王帅发帖诽谤案为错案，对相关人员予以追责。

尊重媒体，保证新闻工作者的舆论监督权。2016年，习近平指出，要"善于运用媒体宣讲政策主张、了解社情民意、发现矛盾问题、引导社会情绪、动员人民群众、推动实际工作"[1]；"善于运用网络了解民意、开展工作，是新形势下领导干部做好工作的基本功。"[2] 这就要求各级领导干部对舆论监督要有承受力，不能怕自己的"形象""利益"受到损害而限制媒体采访报道，要正确对待和支持舆论监督。

我国媒体是党和政府与人民群众之间的重要桥梁，是服务党和政府工作大局、服务广大群众的重要工具，是传递事实、澄清谬误、引导舆论的重要渠道。实际工作中有个别地方和领导干部对媒体的作用重视不够，沟通联系不够。一些地方在发生突发事件后，有的领导干部没有运用媒体及时发布信息、引导舆论、回应关切，造成严重后果。

各级领导干部要欢迎舆论监督，主动接受舆论监督，通过运用舆论监督改正缺点和错误，努力把工作做得更好。树立开放、开明的态度，善待媒体，对记者不应求全责备，把舆论监督看作对地方工作的支持，为舆论监督创造一个

---

① 《习近平谈治国理政》（第二卷），外文出版社2017年版，第334页。
② 习近平：《在网络安全和信息化工作座谈会上的讲话》，人民出版社2016年版，第7页。

良好的政治环境。

（三）保护新闻作品的著作权

著作权也叫版权，是著作权人对其文学、艺术和科学作品依法享有的专有权利，是知识产权的重要组成部分。

根据《中华人民共和国著作权法》的规定，新闻作品中的通讯、特写、访谈录、评论、分析性新闻、调查报告等，只要具备作品所要求的独创性，相应的著作权人享有著作权。

著作权人的权利内容包括两个方面：著作人身权和著作财产权。著作人身权是作者依法享有的以人身权益为内容的权利。它不同于普通民事权利中的人身权，著作人身权是基于作品的产生而生效的，并不是每个自然人都可以享有的，它依附于作品而存在。著作人身权包括发表权、署名权、修改权、保护作品完整权等内容。著作财产权是著作权人依法拥有以各种形式使用其作品的权利，主要包括使用权、许可权、转让权、报酬获得权等内容。新媒体时代，网络侵犯著作权案较多。如 2005 年《中国经济时报》发表记者作品《水危机解除　哈尔滨渐渐复苏》，某网站未经许可转载该文。《中国经济时报》发出起诉，提出著作权诉求。法院做出民事判决，判定该网站侵犯原告著作权，承担赔礼道歉、赔偿损失的民事侵权责任。

伴随着新闻传播媒介的多样化，新闻生产者和二次传播新闻平台之间的矛盾渐趋复杂化。以前，侵权主体主要是商业新闻网站，随着一些不依赖于传统媒体的独立网站参与新闻信息的采写，这些网站也开始变成被侵权者。而与此同时，移动互联网大发展催生大批新闻资讯类客户端（APP），这些客户端在无偿转载传统媒体新闻的同时，还再次转发一些传统网站已转发的新闻。比如某报刊授权某网站可以转载它的新闻，但是如果未授权的客户端转发此报刊在某网站上的新闻，客户端就同时侵犯两家媒体权益。以往的新闻版权侵权是直接复制新闻内容进行发布，同时标明新闻来源，而一些客户端的侵权行为则是通过链接跳转的方式，链接到新闻源处，也标有新闻来源。客户端将这些新闻用于商业盈利行为，如果未征得被转载方的同意，而只是通过技术行为无偿使用，则会同时侵犯两家媒体的版权。2011 年 9 月完成改版的某网站于 12 月开始发布反侵权特别公告，其中第一号就指控部分媒体有侵权行为；2014 年 6 月初，标榜"不做新闻生产者，只做新闻搬运工"的移动客户端遭到《广州日报》的维权起诉。

我国法律对侵犯著作权行为规定了民事责任、行政责任和刑事责任制度（第四十七条、第四十八条）。有 11 项侵犯著作权和邻接权的行为应当承担民事责任，还有 8 项侵权行为在承担民事责任的同时还可以由著作权行政管理部门给予行政处罚；构成犯罪的，依法追究刑事责任。

全社会要营造关心、理解新闻工作者，维护其合法权益的良好氛围，保障媒体的采访报道权、舆论监督权和新闻作品的著作权。

二、公民、新闻媒体和新闻工作者从事新闻传播活动的义务

义务是权利的对应概念，是指法律对公民或法人必须作出或禁止作出一定行为的约束，是公民或法人按法律规定应尽的责任。

新闻采访权、报道权和监督权作为民事权利，其行使的规则是"法无明文禁止"即为权利的范围。对公民、新闻媒体和新闻工作者从事新闻传播活动义务的禁止性规定，主要包括：

（一）新闻报道不得危害国家安全

世界各国政府和立法机关都把维护自己国家的安全和利益作为首要任务，都通过立法程序禁止任何危害国家安全的行为，严格维护国家的安全和利益，这在所有国家都是通行的。在新闻传播活动中，此类违法行为主要有两种情况：一是煽动危害国家安全，二是泄露国家秘密、非法获取并向境外非法提供国家秘密。

1. 禁止煽动危害国家安全

我国法律法规严格禁止煽动危害国家安全的言行。《中华人民共和国刑法》规定："以造谣、诽谤或者其他方式煽动颠覆国家政权，推翻社会主义制度的"，"为境外的机构、组织、人员窃取、刺探、收买、非法提供国家秘密或者情报者"，构成危害国家安全罪。关于煽动行为的规定，《中华人民共和国刑法》列出六项罪名：一是煽动分裂国家罪，二是煽动颠覆国家政权罪，三是煽动民族仇恨和民族歧视罪，四是煽动暴力抗拒法律实施罪，五是煽动军人逃离部队罪，六是宣扬恐怖主义、极端主义、煽动实施恐怖活动罪。其中前两项属于"危害国家安全罪"，后四项的犯罪客体都不是国家安全，但按照总体国家安全观，都无疑与国家安全相关。《中华人民共和国网络安全法》《中华人民共

和国电信条例》《出版管理条例》及《广播电视管理条例》等也有相应的规定，如关于禁止刊载和传播"反对宪法确定的基本原则"，"危害国家的统一、主权和领土完整"，"危害国家的安全、荣誉和利益"，"煽动民族分裂，侵害少数民族风俗习惯，破坏民族团结"等内容。

2. 禁止泄露国家秘密

世界各国对新闻媒体保守国家秘密都有严格的法律规定，有些国家还为此制定专门的法律，禁止泄露国家秘密的行为。我国对媒体保守国家秘密有系统的规范。除《中华人民共和国宪法》《中华人民共和国刑法》及有关司法解释对新闻传播活动具有法律约束力外，有些法律条文还对新闻传播活动做出专门规定。如《中华人民共和国保守国家秘密法》规定："报刊、图书、音像制品、电子出版物的编辑、出版、印制、发行，广播节目、电视节目、电影的制作和播放，互联网、移动通信网等公开信息网络及其他传媒的信息编辑、发布，应当遵守有关保密规定。"《中华人民共和国国家安全法》明确规定任何个人和组织都应当"保守所知悉的国家秘密"。

（二）新闻报道不得危害社会正常秩序和损害社会公共利益

新闻传播活动对社会公共秩序有重大影响，具有稳定和调控社会秩序的功能。新闻传播中渲染凶杀、暴力和淫秽等内容，污染社会风气，诱发社会犯罪，破坏社会正常秩序。法律禁止传播危害社会正常秩序的内容，包括禁止传播渲染淫秽、色情、赌博、恐怖活动内容，禁止造谣诽谤，禁止宣扬邪教，禁止宣扬破坏民族平等和团结等内容。法律禁止侵害未成年人、妇女、残疾人、老年人等特殊社会群体的权益。新闻传播应高度重视保护未成年人、妇女、残疾人、老年人等特殊群体的合法权益。

《中华人民共和国刑法》规定有"制作、复制、出版、贩卖、传播淫秽物品牟利罪"。《中华人民共和国未成年人保护法》规定："禁止任何组织、个人制作或者向未成年人出售、出租或者以其他方式传播淫秽、暴力、凶杀、恐怖、赌博等毒害未成年人的图书、报刊、音像制品、电子出版物以及网络信息等。"《中华人民共和国民法典》规定："侵害英雄烈士等的姓名、肖像、名誉、荣誉，损害社会公共利益的，应当承担民事责任。"

《中华人民共和国突发事件应对法》规定，编造并传播有关突发事件事态发展或者应急处置工作的虚假信息，或者明知是有关突发事件事态发展或者应急处置工作的虚假信息而进行传播的，责令改正，给予警告；造成严重后果的，依法暂停其业务活动或者吊销其执业许可证；负有直接责任的人员是国家工作人员的，还应当对其依法给予处分；构成违反治安管理行为的，由公安机关依法给予处罚。

（三）新闻报道不得危害公民合法权益

保护被报道者及受众的合法权益，主要指新闻媒体不得侵害当事人的人格权、债权及其他权利，如果给当事人造成损害则应承担相应的法律责任。《中华人民共和国刑法》规定，禁止"公然侮辱他人或者捏造事实诽谤他人"。《中华人民共和国民法典》规定：自然人的人格尊严受法律保护，自然人享有名誉权、荣誉权等权利。

新闻媒体和新闻从业者在履行自己的职务行为时，其正当合法的权益应该受到法律的保护，包括正当的采访、报道、批评、评论社会人物和社会事件的权利，同时，也有尊重采访对象的正当权利和合法要求的义务，如为消息来源保密，注意保护采访对象的姓名权、肖像权、名誉权、隐私权和荣誉权等。

1. 新闻报道不得侵害采访对象的名誉权

名誉是涉及自然人或法人的整体形象或综合形象的社会评价。作为一种社会评价，名誉概念的内涵由于主体的性质差别而有所不同。对公民来说，名誉是指社会对个人品行、思想、道德、名声、才干、能力等的评价。而法人没有公民的这种专属性特征，法人的名誉通常指公众对其社会活动、经济活动等方面成果的评价。

名誉权是指公民和法人对其自身名誉所享有并受法律保护的不受他人侵害的权利。名誉权有两类，即公民的名誉权和法人的名誉权。公民的名誉权指的是公民的个人名誉依法享有不受侵害的权利。法人的名誉权指的是法人的社会组织形象等名誉依法享有不受侵害的权利。

常见的新闻媒体侵害被采访者名誉权的情况主要有三种：一是新闻侵权行为人的传播行为造成他人名誉权被损害；二是所传播的内容有特定的指向性；三是所传播的内容具有诽谤性，即行为具有不法性。具有上述侵权行为的行为人，法律将根据新闻侵害名誉权的损害结果判定其过错，并依法进行制裁。

2. 新闻报道不得侵害采访对象的隐私权

隐私包括自然人与社会公共利益无关、不与他人共享的私人活动信息的全部内容。隐私权是自然人依法享有的、自由支配与社会公共利益无关的私人活动信息的权利。我国宪法和法律对个人的隐私权依法提供保护，任何人或组织均不得侵害。《中华人民共和国未成年人保护法》特别规定："任何组织或者个人不得披露未成年人的个人隐私。"

新闻媒体侵害采访对象隐私权的行为主要表现在：一是未经采访对象同意，公开当事人（如刑事案件受害人）的姓名、照片和住宅地址，使他人足以辨认出当事人。特别是涉及性犯罪的新闻报道，由于涉及当事人婚姻关系、恋爱关系的信息，不仅会使受害人再次受到精神伤害，而且对当事人未来的社会关系变动也会带来不利影响。因此，新闻媒体对受害人基本情况实施保密，已成为各国新闻界公认的道德准则。二是不恰当地公开采访对象的财产状况、生理缺陷、家族病史等私人信息。三是未经采访对象或当事人同意，在媒体上公开其已成为历史的犯罪行为或不光彩的行为。四是对公众人物的婚恋信息，未经本人同意而进行渲染。五是对他人的婚外情、婚外性关系的不当公开等。

新闻报道侵害他人隐私权的发生，从根本原因考察，是新闻报道体现的公民知情权与公民个人隐私权之间的矛盾造成的。新闻的特征之一就是公开报道，而隐私权的特征之一就是强烈的封闭性，二者的矛盾导致了它们的冲突。此外，新闻媒体为了提高发行量或收视率，有时甚至为了满足某些公众的猎奇和"窥私"心理，而造成侵害个人隐私权行为的发生。常见的新闻报道侵害采访对象隐私权的采访方式有：安装窃听器，对当事人的行踪紧追不舍地监视、拍摄和记录，未经允许强行或秘密进入当事人住宅实施秘密采访，私拆当事人信件及偷摄、偷录他人的文件资料，此外，还有被称为"第一网络暴力"的"人肉搜索"，通过网络活动寻找热点事件当事人并公开其不应公开的信息，严重影响其正常生活，等等。新闻报道侵害隐私权的行为一旦发生，必然会造成损害结果，一般表现为对被侵害人的精神损害和财产损失。侵权人经法庭判决认定其具有过错的，应依法追究其法律责任。

处理公民隐私权与公众知情权之间的矛盾，涉及公共利益与新闻价值关系的协调问题。正常情况下，不与社会公共生活发生联系的普通人，媒体要尊重其隐私权，对违反法律或对社会生活产生不良影响的人，公开报道不构成侵害隐私权。在具体问题处理上，新闻工作者更应以谨慎和尊重他人合法权益的态度，做到没有事实根据的、没有把握的，坚决不报道；对当事人不应公开身份和姓名的，不得公开；刊播涉及个人隐私的内容，必须进行技术处理，防止引

起新闻纠纷。英国《世界新闻报》侵犯隐私权案是典型案例。2011 年 7 月 4 日，英国《卫报》披露，《世界新闻报》在 2002 年非法窃听失踪少女米莉·道勒及其家人的电话，干扰警方破案。7 月 6 日，英国首相卡梅伦要求展开独立调查。7 月 10 日，《世界新闻报》因窃听丑闻正式停刊。

3. 新闻报道不得侵害采访对象的肖像权

肖像是通过人工技艺绘制或通过摄影、摄像等技术创作的人物形象。肖像权是自然人和法人依法享有的个人或法人各种形象不受侵害的权利。新闻报道中使用他人的肖像，是国际公认的对肖像的合理使用，可以无须征得肖像人的同意。新闻报道使用肖像，主要是指在新闻图片、录像中出现他人肖像，以及为新闻报道或评论配发一些含有肖像的图片、录像等。新闻报道对肖像的合理使用情况包括：使用具有新闻价值的人物的肖像，使用参加具有报道价值的活动的人的肖像，为行使正当舆论监督而使用他人肖像等。新闻媒体使用他人肖像，主要是在两种场合：一是在新闻作品中，二是在广告作品中，两者都有侵害公民肖像权的可能。新闻侵害肖像权行为的主要表现有：一是未经本人同意，拍摄与新闻报道无关、不具有新闻价值的照片和录像，即侵害他人肖像制作专有权；二是未经本人同意，在新闻媒体中使用与新闻内容无关的肖像；三是未经本人同意，使用他人肖像在新闻媒体上进行商业宣传。对上述侵害行为应承担的法律责任，要根据损害结果、行为与损害结果之间的因果关系和过错的性质判定。

4. 新闻报道不得侵害报道对象的债权和其他权利

当恶意的新闻报道侵犯了他人的债权和其他权利而造成损失时，新闻媒体也需要承担相应的民事责任。判定此类侵权行为的构成要件是，侵权人主观上是恶意的。例如：2001 年某市演出公司举办大型演唱会，邀请几位歌手，预售出 1 万多张票。此时，某晚报在娱乐版用半个版的篇幅，以大字标题报道其中一位著名歌手由于严重感冒，正在日本治疗，不能到场演出。消息发布的第二天，很多歌迷纷纷退票，演出公司收到退票 8 000 多张。后来演唱会按期举办，该歌手到场演出，但演出公司蒙受了经济损失，对某晚报提起诉讼。对于此案，法院判定该晚报行为属于恶意侵权，应当承担赔偿责任。

另外，当公民的表达内容构成有独创性的作品时，新闻媒体应尊重公民的著作权。公民或者法人出于商业或其他目的以货币交换每天版面或时间段进行广告宣传时，双方的权利义务受《中华人民共和国广告法》的调整。公民在接受服务过程中如果发现自己的权益受到侵害，如在电视剧中过多地插播商业广告，侵犯或者严重影响受众的收视效果，观众也可以依法提起侵权诉讼。

（四）新闻报道不得妨害司法公正和司法秩序

新闻媒体和司法机关作为两种独特而重要的社会力量，有着广泛而密切的联系。司法工作的侦查、起诉、法庭辩论、审判过程具有情节性、故事性强的特点，蕴含着丰富的新闻价值要素，对新闻媒体具有强烈的吸引力，历来是媒体关注的热点。而新闻媒体广泛的社会影响力及其所体现的公共舆论力量，也使得司法机关十分重视媒体的导向功能，力图与媒体保持密切的联系，从而形成两者之间的复杂关系。从积极的方面看，正确的新闻报道有助于审判的公正进行；公正的审判有助于维护和加强司法机关的权威形象，弘扬法治精神。从消极的方面看，一是媒体对司法案件的不当报道与评论妨碍法院独立行使审判权；二是媒体对司法审判结果的某种评价会削弱司法机关的威信，有损司法形象。

独立行使审判权是指法官在裁决案件时，以公平、公正、不偏不倚为原则，不受法庭外任何力量或信息的影响，独立审判的法律权力。常见的新闻媒体对司法独立行使审判权的侵害行为有：新闻媒体的舆论放大功能，往往使媒体成为法庭外的社会力量，对案件的报道可能营造出某种对法官产生巨大压力的舆论氛围，使得司法人员无法做到冷静判断和公正裁决；新闻媒体和新闻工作者的职业视角常常将司法案件当成新闻事件进行传播，与法律要求的事实认证等程序相去甚远，极容易将新闻报道衍变成"媒体炒作"甚至"媒体审判"。新闻媒体对法院独立行使审判权的侵害，主要体现在媒体的不当报道与评论方面。对新闻媒体涉司法报道进行必要的规范，有助于司法独立行使审判权。

对新闻媒体进行适当的限制也是国际通行的惯例。联合国在《公民权利及政治权利国际公约》中明确规定：法院如认为由于种种原因若公开审判势必影响司法，有权禁止新闻界及公众旁听审判程序之全部或一部分。此外，1994 年 9 月，世界刑法协会通过的《关于刑事诉讼法中的人权问题的决议》

规定，媒体对法庭审判的报道，必须避免产生预先定罪或者形成情感性审判的效果。

司法限制新闻媒体的主要形式有：在法庭审理案件中，媒体不得泄露国家秘密、商业秘密和当事人的隐私，不得发表有悖于相关法律、法规的新闻报道和言论。在具体做法上，《最高人民法院关于严格执行公开审判制度的若干规定》和我国现行法庭规则规定：媒体在法庭上要遵守法庭纪律，不得擅自记录、录音、录像和摄影，不得擅自进行电视实况转播，不得在开庭时采访或提问，也不得在法庭上当场批评司法审判结果等。

（五）依法依规做好新闻工作

新闻媒体和新闻从业人员要增强新闻传播中的守法意识，在行使自己职权的同时，还要依法承担社会责任，履行基本义务。采访是新闻工作者通过正当手段获取具有新闻价值信息的专业权利，是媒体与社会最直接的接触渠道，也是比较容易侵害他人权益的环节（特别是隐性采访）。在日益激烈的媒体竞争中，记者千方百计"抢""挖"新闻，很容易造成对公民权益的侵害。新闻工作侵害公民合法权益的主要表现是：一些新闻媒体超越自己的权限，越俎代庖，对采访对象采取与记者或媒体角色身份不相符合的行为，造成公民合法权益被侵犯。如有的记者在采访过程中，违规翻阅被采访部门账目，构成侵权行为；有的为了个人或小团体的私利而故意充当他人的"枪手"，制作有失公允的新闻和评论，损害当事人的合法权益；一些案件报道中，普遍存在着情节过细、猎奇血腥、变相涉黄、暴露未成年人隐私信息等问题。新闻工作者要防止在新闻采访活动中侵害他人的合法权益，就需要学法、懂法和守法，增强守法意识，并善于依法维护自己的权利，要在法律规约下进行采访活动。

增强新闻写作中记者的自觉守法意识。记者在写作新闻时首先要熟悉有关法律规定，熟悉党和政府的政策、法规；在采访素材的使用上，要注意新闻事实的准确，防止张冠李戴；消息来源要交代清楚，这既是新闻报道的要求，也是对当事人、目击者和消息提供者的尊重，同时也表明他们对新闻来源应承担责任。新闻报道中涉及的重要观点和意见要与当事人"见面"，防止曲解当事人的本意。

增强新闻编排工作中编辑的自觉守法意识。新闻编辑在修改作品时，要注意保护作品的完整性，避免发生歪曲、篡改作品的侵权行为。对于揭露批评性质的新闻报道，编辑要与记者一起核实事实的准确性，注意措辞、用语的分寸，防止情绪化或过激的用语，同时要向媒体的法律顾问咨询，防止发生侵权行为。

第三节　依法规范网络媒体传播秩序

新兴媒体和传播技术的迅猛发展，对社会主义新闻法治建设提出了新的更高要求。进一步完善社会主义新闻法治体系，规范新媒体传播秩序，是中国特色社会主义新闻法治建设的紧迫任务。

一、新兴媒体发展对新闻法治建设提出新要求

网络时代，全球传媒行业正在发生剧烈而深刻的变化，随着传播技术迭代发展，新媒体不断改变传播形态，拓展传播空间，从门户网站到微博、微信、客户端，传播形态的每一次突破，几乎都会引发媒介管理使用规范的讨论。新媒体快速发展带来一系列法治规范问题。比如，网络大量转载侵犯著作权问题、"算法"推荐新闻背后隐藏的商业利益问题、无处不在的视频直播和微信朋友圈带来的隐私保护问题、短视频直播平台的内容低俗化问题等。同时，社交平台快速发展，大量"业余记者"涌入传播行业，相当一部分社交平台从业人员，没有经过系统、专业的新闻培训，专业能力不强，自律意识较差，对点击率、转发率的过度追求往往以牺牲社会责任为代价。

媒体融合发展对媒体的传统管理方式也形成挑战。比如，对微信公众号、新闻客户端等新的发稿平台和终端，还没有建立健全严格的采编流程，缺乏相应的管理规范，导致新闻信息缺乏真实性、准确性、客观性等，虚假新闻和低俗新闻也时有出现。个别新兴媒体热衷追捧娱乐明星、网络红人，炒作个人隐私、情感绯闻，宣扬炫富享乐等低俗媚俗之风，影响人们正确世界观、人生观、价值观的培育。

随着网络技术和移动终端的普及，利用网络平台违法犯罪的现象易发频发。互联网上的非法行为主要可归为八类，包括：假冒公共机构、媒体发布信息，发布、传播淫秽信息，发布暴恐信息，发布虚假广告，发布谣言，发布破坏民族团结言论，诽谤他人，侵犯他人隐私等。这些非法行为对社会正常秩序

造成不良影响，亟须依法加强规范管理。

二、依法构建良好网络秩序

互联网是一个社会信息大平台，人们从互联网上获得信息、交流信息，互联网对人们的求知途径、思维方式、价值观念等产生重要影响。习近平指出："网络空间天朗气清、生态良好，符合人民利益。网络空间乌烟瘴气、生态恶化，不符合人民利益。谁都不愿生活在一个充斥着虚假、诈骗、攻击、谩骂、恐怖、色情、暴力的空间。"① 依法构建良好网络秩序，有利于保障广大网民合法权益。

2016 年，在全国网络安全和信息化工作座谈会上，习近平指出："互联网不是法外之地。利用网络鼓吹推翻国家政权，煽动宗教极端主义，宣扬民族分裂思想，教唆暴力恐怖活动，等等，这样的行为要坚决制止和打击，决不能任其大行其道。"② 这对依法构建良好网络秩序提出明确要求。

构建良好网络秩序的一个重要方面就是规范和引导网络舆论传播行为，坚持依法治网、依法办网、依法上网。我国的互联网管理已逐步走上依法治网的轨道。2010 年 7 月 1 日正式实施的《中华人民共和国侵权责任法》第三十六条明确规定：网络用户、网络服务提供者利用网络侵害他人民事权益的，应当承担侵权责任。2013 年以来，国家又加大对网络谣言、网络诽谤的打击力度。最高法院、最高检察院于 2014 年 9 月颁布相关司法解释，对网络谣言等的量刑边界进行明确量化，不仅让网络诽谤的定罪有了客观标准和依据，也对其他领域网络犯罪行为的判定起到重要借鉴作用。

我国陆续在互联网领域推出一批法律法规。如国家互联网信息办公室制定的《即时通信工具公众信息服务发展管理暂行规定》（2014 年 8 月）、《互联网用户账号名称管理规定》（2015 年 2 月）和《互联网新闻信息服务单位约谈工作规定》（2015 年 4 月）先后出台。

2014 年 10 月，为加强新闻网站编辑记者队伍建设，提高队伍整体素质，国家新闻出版广电总局和国家互联网信息办公室联合下发《关于在新闻网站核发新闻记者证的通知》，明确规定在全国新闻网站正式推行新闻记者证制度。

---

① 习近平：《在网络安全和信息化工作座谈会上的讲话》，人民出版社 2016 年版，第 8 页。
② 习近平：《在网络安全和信息化工作座谈会上的讲话》，人民出版社 2016 年版，第 8 页。

2017年5月，国家互联网信息办公室发布新版《互联网新闻信息服务管理规定》，由全国人大常委会法工委、国家互联网信息办公室等部门牵头起草的《中华人民共和国网络安全法》《中华人民共和国电子商务法》分别于2017年6月和2019年1月出台施行，对加强互联网信息内容管理、促进互联网新闻信息服务健康有序发展，作出一系列明确规定。

三、营造风清气正的网络空间

新闻媒体在提供互联网新闻信息服务的过程中，要遵守宪法、法律和行政法规，既服务网民又引导其需求。坚持正确舆论导向，发挥舆论监督作用，促进形成积极健康、向上向善的网络文化，维护国家利益和社会公共利益。

（一）自觉落实主体责任，加强新媒体内容审核把关

较之于传统媒体，以互联网为代表的新媒体具有更明显的互动性、即时性、跨时空和多元化的特征。特别是伴随社交平台的发展，人人都是信息源，都可以利用网络随时随地发布信息，传播方式也更加多元多样，传播效率大大提高。而与此同时，信息碎片化、表达极端化等问题也相应出现，对于专业化的网络机构来说，社会责任更重，对新闻记者的要求也更高。新闻媒体采编人员要牢固树立真实是新闻生命的观念，自觉在网络新闻的采、写、转、编等环节确保真实性。网络采编人员要增强法治意识，发挥专业优势，全面增强信息甄别能力、传播效果预判能力以及对网民需求的捕捉分析等能力。加强行业自律，恪守新闻专业准则，自觉落实主体责任，完善内容审核把关、监督检查机制，针对网络空间中匿名信源、多元信源的特点，加强内容监控，依法清理网络谣言和各类有害信息。

（二）用正确的思想价值引领、培育健康理性的网络文化

新闻媒体担负着引领社会思想和价值导向、澄清谬误、明辨是非、成风化人、凝心聚力的重要职责，必须始终不渝坚持正确的舆论导向和价值取向，做好网上舆论工作。努力培育和践行社会主义核心价值观，用社会主义核心价值观和人类优秀文明成果滋养人心、滋养社会，培育积极健康、向上向善的网络文化。

作为网络文化产品的重要提供者，新闻媒体要适应人民群众对网上新闻信息日益增长的需求，创新工作理念和内容生产传播方式，不断推出导向正确、格调高雅、形式多样、贴近受众、服务性强的新闻信息产品，丰富人民群众的

精神文化生活。

　　积极教育引导广大网民提高文化素养和媒介素养，遵守互联网秩序，依法上网、文明上网，理性表达、有序参与，增强辨别是非、抵御网络谣言的能力，共同营造风清气正的网络空间。完善网上舆情发现、研判、处置、回应机制，做到网上舆论的热点在哪里，舆论引导就跟进到哪里。对重大突发事件和网络舆情热点，第一时间发布权威消息，最大限度遏制不良信息、虚假信息、网络谣言的传播。有理有利有节地开展网上舆论斗争，有效压缩谎言谣言和负面舆论的空间，帮助干部群众划清是非界限、澄清模糊认识，把网民情绪引导到健康理性的轨道上来。

学习思考题：

　　1. 简述新闻法治的内涵。

　　2. 新闻传播主体的权利、义务主要体现在哪些方面？

　　3. 如何保护新闻媒体和新闻工作者的合法权益？

　　4. 结合案例谈谈如何处理公民隐私权与公众知情权的矛盾关系。

　　5. 结合案例简述如何增强新媒体传播中的守法意识。

第十一章 新闻道德

新闻道德是一种职业道德，是在新闻传播职业活动中形成的一整套行为规范和道德准则。它来自新闻职业活动实践，反过来又影响和规范新闻职业活动。

第一节 新闻道德的内涵与特征

随着新闻事业产生和不断发展，新闻传播活动逐渐成为稳定的社会职业行为。为了规范新闻工作者的职业行为，调整其中涉及的各种社会关系，在长期新闻实践中，新闻道德逐渐产生并不断发展和完善起来。

一、新闻道德的内涵

道德和伦理有共通之处。汉语中，就目前所存文献而言，较早使用"道德"一词的是《周易·说卦传》："和顺于道德而理于义，穷理尽性以至于命"。"伦理"一词较早出现于《礼记·乐记》："凡音者，生于人心者也；乐者，通伦理者也。""道德"和"伦理"在英语中分别对应"morality"和"ethics"，源于拉丁文"mos"和"ethica"，都有品性品德、风俗习惯之意，指人们应当遵循的行为规范。

在国内外新闻传播理论研究和实践过程中，有"新闻道德""新闻伦理""媒介伦理"等不同提法，这里采用"新闻道德"的提法，包含对"新闻伦理""媒介伦理"的认识与理解。

新闻道德是新闻职业道德的简称，是指新闻工作者在新闻传播职业活动中形成的一系列行为规范和道德准则。在新闻传播活动中，新闻工作者基于相似的工作环境、工作要求，形成比较一致的职业态度、职业情感、职业技能和职业习惯，产生新闻工作者的共同道德要求，即新闻道德。

新闻道德的主体包括两个方面：个体主体，即新闻工作者个体；组织主体，即新闻媒体。对新闻工作者来说，需要遵守新闻职业道德；对新闻媒体来说，需要承担媒体社会责任。中华全国新闻工作者协会（简称"中国记协"）作为中国新闻工作者的行业组织，在制定新闻道德和职业伦理规范的同时，成立新闻道德委员会，对新闻媒体和新闻工作者进行新闻道德评价。从 2013 年试点起，至 2015 年，全国各省（自治区、直辖市）都建立起省一级新闻道德委员会。委员会聚焦有偿新闻、虚假报道、低俗之风、不良广告、新闻敲诈等新闻业突出问题，认真履行受理举报、调查研究、行风测评等职责，对提升新闻工作者新闻道德水平和推动新闻行业持续健康发展发挥有效监督和约束作用。

随着时代发展，现实生活中也出现一些非职业新闻活动者，传播新闻已非新闻工作者专利。可以说，手机在手，网罗天下，"人人都有麦克风"。在新的时代背景下，有必要在依法管理的同时，按照新闻工作者的职业道德要求，对非职业新闻活动者传播新闻的言行加以规范。

二、新闻道德的特征

在不同时代、不同社会、不同国家，新闻传播活动对新闻道德虽有不同要求，但也有一些共同特征。

（一）新闻道德受社会经济、政治、文化的制约

职业新闻工作者在不同社会环境中能做什么、不能做什么，应做什么、不应做什么，都受到经济制度、政治制度、文化传统等方面的制约。

第一，新闻道德的内容和形式最终取决于社会生产方式。有什么样的经济基础，就会有什么样的新闻道德。道德在本质上是主体间利益关系的反映。一方面，经济基础的性质决定道德体系的性质，建立在不同经济基础之上的新闻事业根据不同利益关系形成不同道德追求；另一方面，社会经济关系的变化带来道德取向的变化，即使在同一社会里，社会经济关系的某些变化也会为新闻道德注入新内容，推动它作出新调整。

第二，新闻道德与政治联系密切。政治制度直接影响新闻制度。在中国特色社会主义制度下，新闻事业在传播和发布新闻信息时显示的社会教育功能和舆论导向功能，决定其在社会生活中所处的特殊地位，因此，新闻道德具有更鲜明的意识形态属性。

第三，新闻道德深受社会文化传统影响。有什么样的社会文化传统、文化现实环境和文化价值追求，就会有什么样的新闻道德。哲学、宗教等形成的文化传统，从深层次的文化价值观念上影响新闻道德的理想追求和基本道德

信念。

（二）新闻道德有具体的约束范围和对象

根据新闻道德约束的范围和对象，可以按不同标准将新闻道德进行分类。

按地域分，有国际通行的新闻道德，也有不同国家和地区的新闻道德。国际通行的新闻道德，是指面向全球范围新闻工作者制定的新闻道德规范。比如，1954年联合国经济及社会理事会草拟的《国际新闻道德规约》，由联合国大会颁发，各会员国新闻工作者协会参照执行；1954年国际新闻记者联合会第二次代表大会通过《记者行为原则宣言》，确定记者职业活动多项标准。除了国际通行的新闻道德，世界各国各地区几乎都有针对本国本地区新闻工作者的道德规范。比如，1963年英国新闻记者学会制定《英国报人道德规则》，1964年加拿大法人报人协会制定《报业廉政章程》。

按媒介分，对应于各种媒介形态，新闻道德要求更加具体。这指的是，针对报纸、广播、电视、网络等不同媒介形态新闻传播行为的不同特点，新闻传播活动有相应的道德规范。比如，1999年中国报业协会制定《中国报业自律公约》。

按群体分，不同群体的新闻工作者需要恪守各具特点的新闻道德。比如，根据记者、编辑、评论员、主持人等的采编播行为，专门制定各自新闻道德规范，适应不同的工作特征。

此外，不少新闻媒体内部都会制定自己的新闻道德规范。一个新闻媒体就是一个相对独立的新闻道德实体，具有自己的媒体文化、相对独立与统一的道德追求和价值取向。为了把这种媒体内部的精神观念和价值追求落到实处，形成制度保障，制定本媒体道德规范成为一些媒体的基本做法。

（三）新闻道德是动态发展与相对稳定的统一

新闻道德是历史的、动态的。不管哪个层面、哪个范围的新闻传播活动，都处在不断变动中，人们对于新闻与道德的认知也在不断变化。新闻业的演变会产生新的新闻传播现象和新闻传播活动，也必然会产生新的新闻道德问题，这就需要有适应新情况的道德规范。在网络新闻传播还没有出现的时候，不可能有关于网络新闻传播的道德规范，而网络一旦出现，制定网络新闻传播规范就十分紧迫。

尽管新闻道德会随着历史演进而变化，随着环境变化而变动，但有一些道德观念及其相应规范是基本稳定的。比如，新闻追求真实的观念，就是新闻传播规律的内在要求，也是人们对新闻传播的要求。由此而形成的真实诚信的新闻道德规范，对新闻职业来说就是刚性规范，甚至可以说，只要新闻职业存在，不管它在哪个社会、哪个时代，真实诚信都是原则性道德要求。

三、新闻道德的作用

当新闻传播活动发展到一定程度，特别是随着信息社会来临，新闻道德的作用便愈发显现出来。

（一）新闻道德有助于引领和规范新闻媒体传播真实信息

传播信息是新闻的基本功能，也是新闻媒体的主要职责。新闻媒体只有恪守新闻道德，传播真实准确的信息，才能全面真实客观地展现世界上发生的事情，让人们真切了解自己所处环境，从而作出科学判断。

随着社会发展，人类活动空间越来越大，但有限的时空依然阻隔着人们的感官范围，限制着人们的认知程度。因此，人们对周围环境的了解受益于新闻媒体，也更加依赖新闻媒体，媒介化生存已成为人们基本生存方式的组成部分。新闻媒体及其新闻工作者缺乏道德约束的新闻传播活动，如编造虚假新闻、传播谣言谬论等，往往误导人们对环境和事件的认识与判断，给社会带来很大危害。

（二）新闻道德有助于提升新闻工作者自身形象

三百六十行，行行有规矩。只要入了新闻这一行，就要恪守新闻道德，践行新闻业一致认同、必须遵循的价值观和工作原则，这是从事新闻工作的基本要求，是塑造新闻人自身形象的重要条件。道德修养是个人素养的组成部分，强化新闻道德意识、践行新闻道德规范有利于新闻工作者更好地适应新闻工作。严守新闻道德，有助于塑造良好形象，提升公众信任度，扩大社会影响力，使新闻工作者更有责任感、尊严感、荣誉感，使新闻界有更高美誉度和凝聚力。

同时，新闻道德对新闻工作者具有保护和激励作用，能有效平衡与维系新闻传播活动中新闻工作者与信息源、采访对象、受众等的利益关系，由此激发新闻工作者的热情与勇气，使其成为维护社会公共利益的主体，完成自身的神圣使命。

（三）新闻道德有助于增强新闻行业公信力

在长期新闻实践中形成的新闻道德，可以为新闻媒体和新闻业积累较强公信力，从而有效提升新闻舆论的传播力、引导力和影响力。

对新闻业来说，影响其发展壮大的因素有很多，包括经济、政治、文化、社会、生态、技术等，其中，道德因素关乎新闻业的生死存亡。新闻工作者的道德素质、价值观念、理想追求等，直接影响新闻媒体和整个行业在社会上的形象和面貌。新闻道德水平的高低，制约着公众能否相信和接受新闻报道传递的信息。要使新闻业保持健康发展，遵循新闻道德规范采集和传播新闻是最基本的要求。

（四）新闻道德有助于提高社会整体道德水平

从道德建设的角度来说，新闻道德受社会道德制约，又影响社会道德发展。一方面，新闻工作者作为社会成员，担负一定的社会道德责任，其道德素质由社会道德环境决定。另一方面，新闻道德又反作用于社会道德。新闻道德对于社会道德的建设有特殊意义，在公民道德观念的改变和公民道德文化的建设等方面可以发挥积极的示范和引导作用。新闻工作是特殊职业，新闻工作者有特殊社会影响力，对社会道德的推广与倡导具有特殊价值。我国新闻工作者担负着弘扬社会主义核心价值观的重大责任，不仅通过新闻报道弘扬正能量，影响人们的道德观念和价值取向，而且通过抓好自身职业道德建设，身体力行地维护社会主义核心价值观。

新闻传播活动是人类社会系统的一个重要子系统，与社会公众的生产生活有天然密切联系。随着整个社会与新闻传播业不断发展，这种关系越来越紧密。新闻活动对整个社会的作用与影响也越来越大，特别是新闻传播的内容与形式、质量与水平、追求与取向，都会深刻影响人们的态度与观念。新闻传播恪守新闻道德，能够推动社会良性运行和发展，维护社会公众根本利益，促进社会的全面进步。

第二节　新闻道德的发展

正如其他道德一样，新闻道德也是人类社会发展的产物。随着新闻传播活动的演变，特别是职业新闻传播活动的发展，新闻道德逐渐由不自觉走向自觉并不断提出更高要求。

一、新闻道德的历史变迁

道德伴随人类社会发展而变迁。国无德不兴，人无德不立。中国古代典籍

《管子》中就论说"国有四维"（礼义廉耻），"四维不张，国乃灭亡"。德国哲学家康德说过："有两样东西，人们越是经常持久地对之凝神思索，它们就越是使内心充满常新而日增的惊奇和敬畏：我头上的星空和我心中的道德律。"① 不同职业出现后，相关职业道德也应运而生。

新闻道德起源于人类的新闻传播活动。在职业新闻传播活动出现前，还没有新闻道德规范，只是按照一般的社会规则、道德规范来调整新闻传播活动中的伦理道德关系。随着新闻传播活动与职业新闻工作者的出现，新闻工作者与新闻源、报道对象、接受者之间形成各种关系，并逐渐产生调整利益关系的原则和规范，以此指导并有效帮助解决问题。在这样的背景下，新闻道德应运而生。

新闻道德主要以行为规范的形式表现出来，新闻道德规范一经产生便随着历史发展而不断变化更新。世界上许多国家和地区的媒体组织或记者协会都根据本国和本地区的实际情况，制定新闻工作者道德规范，以此作为约束和评价新闻工作者在职业活动中道德行为的基本准则。瑞典被认为是世界上较早制定新闻道德规范的国家。1766 年瑞典议会通过《报业自由法案》；1874 年瑞典政治家俱乐部成立后制定职业守则，对报业行为进行规范。美国的新闻道德规范在西方新闻界具有一定影响力。20 世纪初期，密苏里大学新闻学院院长沃尔特·威廉订立《报人守则》。1923 年，美国报纸主编人协会通过该协会伦理标准委员会起草的《报业信条》。1983 年该协会的一项调查显示，全美有将近三分之二的报社制定成文的伦理规约。其他国家也纷纷制定新闻道德规范。比如，1946 年日本新闻协会制定《新闻伦理纲领》，1958 年又制定专门的《广告伦理纲领》；1966 年法国全国新闻记者联合会修订公布道德信条；1957 年意大利全国报业新闻评议会宣布 10 条职业道德自律信条。

第二次世界大战后，国际交往频繁，国际合作加强，出现一些区域性、国际性的新闻组织，通过制定自律信条，规范组织成员的职业道德行为。据联合国教科文组织下属国际交流问题研究委员会编撰的报告《多种声音 一个世界》提供的材料，早在 1926 年华盛顿举行的第一次泛美报界会议就通过新闻人员道德守则，这被认为是较早的国际性新闻道德准则。1950 年在纽约举行的泛美报界会议上，这个守则被重申，并作为美洲报业协会的信条。1954 年，国

---

① ［德］康德：《实践理性批判》，邓晓芒译，杨祖陶校，人民出版社 2003 年版，第 220 页。

际新闻记者联合会研究新闻工作者的职业道德问题，并在法国波尔多通过《记者行为原则宣言》。该宣言指出，尊重真理及尊重公众获得知识的权利是新闻记者的首要责任。为履行这一责任，新闻记者要维护两项原则，即忠实收集和发表新闻的自由、公正评论与批评的权利。宣言还宣布，抄袭、剽窃、中伤、污蔑、诽谤和缺乏根据的指控，以及接受贿赂而发表消息或删除事实等行为，是"严重的职业罪恶"。1954 年，联合国大会颁发《国际新闻道德规约》，主要内容包括：不歪曲或隐瞒事实；不挟私攻讦、诽谤、抄袭，不把谣言当事实，若有报道不确而损人名誉者，应立即更正；不因为满足读者好奇心而揭私人隐私；报道一个国家的状况，若要达到公正的程度，须先对这个国家有充分的认识；等等。1971 年，欧共体六国新闻从业人员的工会在慕尼黑通过一项新闻人员的义务和权利宣言。1973 年，在联合国教科文组织的一次会议上，国际新闻记者联合会提出一项有关职业道德守则的草案。历史证明，在新闻道德标准上取得共识，对于加强地区之间、国家之间的新闻交流与合作起到积极作用。

在我国，随着近代报刊业的发展，新闻道德规范逐渐成形。1919 年，徐宝璜在《新闻学》中专门列出"访员应守之金科玉律"，可以说是中国新闻道德规范的雏形。后来，范长江在华东新闻讲习班开学典礼上指出，人民新闻工作者要有四个信条：消息绝对真实，才能取得人民的信任；思想要正确，才能明白地看问题，指导现实；建立群众观点，各阶层的通讯员作为报纸在群众中的基础；建立自我批评，勇于公开地接受批评。[①] 新中国成立后，社会主义新闻事业得到迅猛发展，新闻工作者的职业道德建设受到重视，内容日益丰富，体系更加完善。

总之，世界各国在不同历史阶段，根据各自的政治制度和文化背景，制定新闻道德规范，对新闻职业行为和新闻媒体责任进行道德评价。新闻业的发展变化使得媒介形态越来越多，相关职业道德规范需要根据新闻业的发展不断丰富和更新。随着整个社会和人们道德认识水平不断提高，新闻道德规范与时俱进，不断变化和发展。

二、我国新闻道德规范

我国新闻业是党的事业重要组成部分，这就从根本上决定我国新闻工作者

---

① 《范长江新闻文集》（下），沈谱编，新华出版社 2001 年版，第 1115 页。

不仅是职业化、专业化的新闻工作者，还担负着为党和政府开展新闻宣传、舆论引导等工作的重要职责。按照我国实际情况，新闻工作者的新闻道德规范主要由新闻职业道德规范、党的新闻宣传工作纪律，以及新闻工作者所在单位的规范、新闻媒体的组织规范等组成。

1981 年，中央新闻宣传管理部门和一些新闻单位一起制定《记者守则》（试行草案），这是我国社会主义新闻事业第一个成文的新闻职业道德规范条例，共有 10 条，从各方面对新闻道德进行规范。随着新闻事业不断发展和新闻队伍不断壮大，提高新闻队伍职业道德素质、加强新闻职业道德教育的任务越来越重。1991 年，中国记协通过《中国新闻工作者职业道德准则》，这是我国新闻事业发展史上第一个系统的新闻职业道德规范条例。后来，这个条例又在 1994 年、1997 年、2009 年和 2019 年进行修订，已经成为我国新闻媒体和新闻工作者加强职业道德建设的重要自律性行为规范，鲜明体现中国社会主义新闻事业的特色。

除《中国新闻工作者职业道德准则》外，2005 年，中共中央宣传部、国家新闻出版总署和国家广播电影电视总局联合制定《关于新闻采编人员从业管理的规定（试行）》，其中实名制、亮证制、回避制、任期轮换制等制度对广大新闻采编人员的职业行为作出明确规定。《中国新闻工作者职业道德准则》和《关于新闻采编人员从业管理的规定（试行）》对规范新闻工作者的职业道德，促进新闻工作者做到知行统一、见贤思齐、严格自律，形成知荣辱、讲正气、树新风、促和谐的文明风尚发挥导向作用。

拓展资源

《中国新闻工作者职业道德准则》（2019 年修订）

根据 2019 年新修订的《中国新闻工作者职业道德准则》（以下简称《准则》），新闻工作者职业道德包括全心全意为人民服务、坚持正确舆论导向、坚持新闻真实性原则、发扬优良作风、坚持改进创新、遵守法律纪律、对外展示良好形象等七个方面的内容。为便于理解《准则》要义，可把握七个关键点。

（一）服务人民

为人民服务是社会主义新闻事业的根本宗旨，是新闻工作者必须遵守的政治要求和道德准则，是新闻媒体和新闻工作者具有公信力、取得人民群众信任的前提。《准则》要求新闻工作者忠于党、忠于祖国、忠于人民，坚持用习近平新时代中国特色社会主义思想武装头脑。

坚持以人民为中心的工作导向。党和政府联系人民群众的方式很多，其中最经常、最广泛的方式是通过新闻媒体和人民群众保持紧密联系。新闻工作为人民，就要切实保障人民群众的知情权、参与权、表达权、监督权。一方面，积极宣传党和政府的重大决策部署，及时传播国内外各领域的信息，满足人民群众日益增长的新闻信息需求；另一方面，通过新闻报道积极反映人民群众的正确意见和呼声，批评侵害人民利益的现象和行为，依法维护人民群众的正当权益。

在新闻报道中，要把人民群众作为报道主体和服务对象。多宣传基层群众的先进典型，多挖掘群众身边的具体事例，多反映平凡人物的工作生活，多运用群众的生动语言，使新闻报道为人民群众喜闻乐见。新闻工作者要不断增进同人民群众的深厚感情，关注群众所思所想所盼，时刻把群众的柴米油盐、安危冷暖放在心上，从思想感情上和人民群众融合到一起，自觉地从人民群众丰富多彩的生活中寻找新闻线索，用人民群众奋发向上的进取精神激励新闻工作，努力成为受人民群众欢迎的新闻工作者。

（二）导向正确

导向引领方向，新闻工作坚持正确舆论导向，就要坚持团结稳定鼓劲、正面宣传为主，不断巩固和壮大积极健康向上的主流思想舆论。

当今世界正经历百年未有之大变局，我国正处于实现中华民族伟大复兴关键时期。新闻工作者要以经济建设为中心，服从服务于改革发展稳定大局不动摇，为实现"两个一百年"奋斗目标和中华民族伟大复兴的中国梦营造良好舆论氛围。《准则》要求新闻工作者宣传科学理论，传播先进文化，滋养美好心灵，弘扬社会正气，增强社会责任感，严守道德伦理底线，坚决抵制低俗、庸俗、媚俗的内容。

在导向问题上，《准则》着重对舆论监督和突发事件报道提出要求。在舆论监督方面，坚持科学监督、准确监督、依法监督、建设性监督。在突发事件报道方面，坚持导向正确、及时准确、公开透明，全面客观报道事件动态及处置进程，推动事件妥善处理，维护社会稳定和人心安定。

（三）报道真实

真实是新闻的生命，《准则》要求新闻工作者坚持深入调查研究，报道做到真实、准确、全面、客观。

对事实，要注重核实新闻来源，确保新闻要素及情节准确。根据事实来描述事实，不夸大、不缩小、不歪曲，禁止虚构或制造新闻。摘转其他媒体的报道要把好事实关，不刊播违背科学精神、伦理道德、生活常识的内容。刊播失实报道要勇于承担责任，及时更正致歉，消除不良影响。针对互联网上信息鱼龙混杂的情况，《准则》还专门指出要一体管理，网上网下坚持一个标准，统一导向要求和管理要求。

（四）作风优良

《准则》要求新闻工作者树立正确的世界观、人生观、价值观，加强品德修养，抵制不良风气，接受社会监督。

一方面，《准则》强调学习和实践相结合。新闻工作者需养成学习习惯，不断提高政治、理论和业务等方面的素质。特别是随着媒介形态和舆论生态的变化，要通过学习掌握融合技能，力争成为全媒型、专家型新闻人才。同时注重实践，实事求是，坚持走基层、转作风、改文风，练就过硬脚力、眼力、脑力、笔力，真正从实际出发，深入了解社情民意，增进与群众的感情。

另一方面，《准则》强调廉洁自律。坚决反对和抵制各种有偿新闻和有偿不闻行为，不利用职业之便谋取不正当利益，不利用新闻报道发泄私愤，不以任何名义索取、接受采访报道对象或利害关系人的财物或其他利益。同时，严格执行新闻报道与经营活动分开的规定，不以新闻报道形式做任何广告性质的宣传，编辑记者不得从事创收等经营性活动。

（五）改进创新

创新对新闻工作来说尤为重要。《准则》对此专列一条，并根据新形势提出新要求，倡导新闻工作者遵循新闻传播规律和新兴媒体发展规律，创新理念、内容、体裁、形式、方法、手段、业态等，做到体现时代性、把握规律性、富于创造性。

针对新闻传播日益呈现分众化、差异化趋势，新闻工作者需要深入研究不同传播对象的接受习惯和信息需求，主动设置议题，善于因势利导，不断提高传播力、引导力、影响力、公信力。根据新形势的变化，2019 年修订的《准则》还要求新闻工作者强化互联网思维，顺应全媒体发展要求，积极探索网络信息生产和传播的特点规律，善于运用网络新技术新应用，提高网上正面宣传和网络舆论引导水平。同时，要认真研究传播艺术，采用受众听得懂、易接受的方式，增强新闻报道的亲和力、吸引力和感染力。

（六）遵守法纪

《准则》要求新闻工作者增强法治观念，遵守宪法和法律法规，遵守党的新闻工作纪律，维护国家利益和安全，保守国家秘密。

维护国家安全是第一位的，《准则》对此提出明确要求。新闻工作者需严格遵守和正确宣传国家的各项政治制度和政策，比如要处理好民族和宗教问题，正确宣传民族区域自治制度、各民族平等团结和宗教信仰自由政策，维护国家主权和社会稳定。

在采编过程中，新闻工作者需保护好采访对象。维护采访报道对象的合法权益，尊重采访报道对象的正当要求，不揭露个人隐私，不诽谤他人，尤其要维护未成年人、妇女、老年人和残疾人等特殊人群的合法权益。报道案件时要注意维护司法公正，不干预依法进行的司法审判活动，在法庭判决前不做定性、定罪的报道和评论。涉外报道需遵守我国涉外法律、对外政策和加入的国际条约。一般情况下，新闻采访要出示合法有效的新闻记者证。

《准则》提出，新闻工作者需增强版权意识。尊重和保护新闻媒体作品版权，反对抄袭和剽窃，严禁歪曲原意、断章取义等不当摘转行为。

（七）展示形象

新闻工作者的形象关系到国家形象，《准则》要求新闻工作者努力培养世界眼光和国际视野，积极搭建中国与世界交流沟通的桥梁，展示真实、立体、全面的中国。由于新闻工作会涉及国际交往问题，新闻工作者需要维护祖国尊严和国家利益，维护中国新闻工作者的形象。

讲故事是国际传播的重要举措，《准则》对此提出具体要求。讲故事的主题在于生动诠释中国道路、中国理论、中国制度、中国文化，讲故事的内容包括讲好中国的故事、中国共产党的故事、中国特色社会主义的故事、中国人民的故事，目的是让世界更好地读懂中国。新闻工作者也是文化传播的使者，可以通过对外报道和国际交流积极传播中华民族的优秀文化，增进世界各国人民对中华文化的了解。

《准则》明确要求，新闻工作者在国际交往过程中需尊重各国主权、民族传统、宗教信仰和文化多样性，报道各国经济社会发展变化和优秀民族文化。同时，加强与各国媒体和国际（区域）新闻组织的交流合作，增进了解，加深友谊，为推动人类命运共同体建设多做工作。

第三节　新闻道德与媒体社会责任

新闻道德和媒体社会责任是紧密相联的。为加强对媒体的监督，我国建立了媒体社会责任报告机制，产生了良好的社会效果。

一、新闻道德和媒体社会责任的关系

道德和责任是紧密联系在一起的，任何道德规范都是相应责任的体现。如果没有相应责任要求，道德规范就形同虚设，作用难以发挥；如果责任不明确，就意味着规范约束力不够，可操作性不强，实际效果也不会好。从这个意义上说，新闻道德规范反映新闻媒体及其新闻工作者应当承担的社会责任。

媒体社会责任是新闻工作者个体责任的集中表现。新闻媒体是进行精神文化生产的社会组织，它向社会提供的不是普通产品，而是拥有社会影响力的精神产品。这就决定新闻媒体必须承担不同于一般社会组织和机构的更大社会责任。新闻媒体所承担的社会责任，往往是通过新闻工作者来具体表现的。新闻工作者是职业人，但不是一般的职业人，而是时时刻刻向整个社会、向所有大众提供有社会影响力的精神产品的职业人。因此，对新闻媒体及其新闻工作者来说，新闻传播行为具有不可推卸、不可逃避的社会责任，而明确了媒体社会责任有助于新闻工作者更好地履行个体责任和恪守新闻道德规范。

社会主义新闻事业的一个鲜明特点在于，它是社会主义事业的重要组成部分，而不是与社会主义事业无关的个人事业，更不是个人或某个小团体牟取私利的工具。新闻事业对党、对国家、对人民负有重大责任，新闻媒体要守责、尽责、负责，勇于抵制和反对一切利用手中掌握的权力为个人或小团体牟取私利的错误行为，时刻牢记自己所承担的光荣使命和肩负重任，要真实地反映实际，客观地报道真相，把强烈的社会责任感落实到新闻工作的各个环节中。中国特色社会主义进入新时代，新闻媒体要引领广大新闻工作者做党的政策主张的传播者、时代风云的记录者、社会进步的推动者、公平正义的守望者。

二、媒体社会责任的内涵及制度保障

社会责任是社会上任何行业和个人都必须履行的责任。新闻业是生产精神文化产品的行业，对社会有序健康发展负有其他行业不可替代的责任。新闻媒体作为新闻业的组织主体，理应履行崇高的社会责任。

（一）媒体社会责任的内涵

人类新闻传播发展史上，对媒体社会责任的认识是不断推进的。在西方，社会责任理论的核心思想首先由美国哈钦斯委员会在 1947 年提出，之后施拉姆的《报刊的四种理论》使其成为一种报刊理论。它是继报刊自由主义理论之后出现的，是对报刊自由主义理论的修正与革新。报刊自由主义理论发端于约翰·弥尔顿的《论出版自由》，核心观念是"观点的自由市场"，在 18 世纪的英国发展起来。社会责任理论产生于 20 世纪的美国，当时奉行亚当·斯密的经济自由主义思想，美国的报业逐渐形成所有权高度集中和几乎"一城一报"的局面，所谓"观点的自由市场"的状况不复存在。为了争夺销售市场，媒介集团肆意违背真实性原则，以色情、凶杀、抢劫、丑闻等低俗化新闻吸引读者，产生深刻的社会问题。社会责任理论应运而生，提出报刊要对新闻事件做如实、快速、正确而完整的报道，报刊要成为公正公开的讨论场所，阐明社会目标及价值标准，引导社会形成良好的价值观念。此后的几十年中，美国新闻界一直在探讨社会责任理论中的"责任"问题，并对此有不同的理解。特别是在全球化和互联网的大环境中，如何重塑社会责任仍然是新闻工作者和传媒研究者关注的重要问题。

我国对媒体社会责任的认识和西方的社会责任理论不同。在我国，媒体社会责任的内涵主要包括两个方面：在思想观念上，强调对党负责、对人民负责；在新闻实践中，强调始终把社会效益放在首位、把社会效果作为评判标尺。对我国新闻媒体来说，增强社会责任意识有特殊而重要的意义。这种社会责任源自马克思主义新闻观，继承了党的新闻工作优良传统，契合我国新闻事业发展实践，是党和人民对新闻媒体的基本要求。新闻媒体及其新闻工作者掌握着传播资源，行使着党和人民所赋予的新闻报道权和舆论监督权，直接引导舆论、影响社会，承担重要的社会责任是职责所在。

（二）媒体社会责任报告制度

长期以来，我国新闻媒体传播党的政策主张、记录时代风云、推动社会进步、守望公平正义，彰显强烈责任意识，发挥积极社会作用。在看到成绩的同时，也要清醒看到，近些年来，少数媒体社会责任意识淡漠甚至无视社会责任意识的情况依然存在，有的片面追求经济利益而忽视社会效益，有的不顾公序良俗而渲染炒作极端个案，有的无视法律法规和新闻道德规范，败坏了新闻媒体声誉，损害了新闻工作者形象。

拓展资源

发布社会责任报告的媒体名单

从 2014 年起，我国开始探索建立媒体社会责任报告制度，推动各级各类媒体自觉主动履行社会责任。这项工作由中国记协组织开展，选择部分媒体每年定期公开发布上一年度履行社会责任的情况。首批确定 11 家试点媒体，于 2014 年 6 月发布上一年度社会责任报告。此后，每年增加和调整一些媒体。2019 年 5 月，2018 年度媒体社会责任报告对外发布，媒体增至 46 家，近半数媒体同期发布 H5、音视频等多媒体版报告。这些媒体社会责任报告的发布，强化各级各类媒体的社会责任意识，提升新闻舆论工作公信力，促进我国新闻事业健康发展。

按照我国目前媒体社会责任报告制度的要求，媒体社会责任主要包括履行正确引导责任、提供服务责任、人文关怀责任、繁荣发展文化责任、遵守职业规范责任、履行合法经营责任、安全刊播责任、保障新闻工作者权益责任等。这里着重介绍履行正确引导责任和繁荣发展文化责任两个重要方面。

以正确的舆论引导人，是我国新闻媒体必须承担的社会责任。国内社会各种思想多元多样多变，世界范围不同文明交流交融交锋，信息传播方式发生深刻变革。在这样错综复杂的形势下，做好舆论引导工作责任重、难度大，不仅需要增强引导意识，而且要提高引导水平，遵循新闻传播规律，讲究引导方式方法，确保舆论引导取得良好效果。

新闻与文化联系紧密，新闻作品是精神文化产品，不仅满足人们的信息需求，而且能够弘扬社会主义核心价值观，激励人们向上向善，对于繁荣文化发展具有不可替代的引领和推动作用。正如古人所说，"文以载道"。新闻媒体要大力弘扬中华优秀传统文化，广泛传播积极向上、高雅健康的社会主义先进文化，用笔触记录英雄模范的先进事迹和身边的好人好事，用镜头展现蕴藏于社会中的精神伟力，在全社会激发和凝聚正能量，这是媒体社会责任的重要方面。

三、新闻道德失范的表现及原因

新闻道德失范，主要是指新闻工作者作出违背新闻道德规范的行为。只有认清这些行为，并分析其产生的原因，才能惩恶扬善，更好地遵守和维护新闻道德。

（一）新闻道德失范的表现

新闻道德失范的表现主要有以下几种：

1. 有偿新闻与有偿不闻

有偿新闻是指新闻工作者向采访对象获取不当利益进行新闻报道，一般表现为某些企业单位、经营者为了宣传产品或服务而想方设法以新闻报道的形式做广告，给予记者或编辑以利益输送，或是当事者贿赂新闻工作者作出歪曲事实的报道。有偿不闻主要是指新闻工作者接受新闻报道对象掩盖丑行发放的"封口费"，从而不刊发揭露真相的批评性报道。无论是有偿新闻，还是有偿不闻，本质上都是个别新闻工作者将国家和社会赋予的权利作为个人和团体的私有商品进行交易。2008 年 7 月，河北一家煤矿发生特大炸药燃烧事故，多家媒体工作人员前往采访。为隐瞒事故，当地政府个别人指使矿主出钱，向部分媒体人员支付"封口费"。经核实，8 家单位 10 名工作人员收受"封口费"。国家和地方新闻出版管理部门对此严肃查处，9 人被判刑，1 人被主管机关纪检部门作出处理。他们全都留下新闻从业不良记录，终身不得从事新闻采编工作。

2. 虚假新闻

主要是指新闻工作者为了不正当目的而有意炮制不实新闻。这些新闻表现方式各有不同，有的子虚乌有、全盘造假，有的局部掺假、细节造假，有的通过移花接木或张冠李戴剽窃造假，也有的借技术手段造假，都严重违背新闻真实性原则。2008 年 4 月，中国新闻摄影学会在北京召开"维护新闻摄影真实性研讨会"。会上宣布，首届中国国际新闻摄影比赛（"华赛"）金奖作品《广场鸽接种禽流感疫苗》被认定为假照片，取消获奖资格。经调查，记者拍出照片后，看到画面左侧天空较空，就用软件把右侧鸽子复制到左边，认为只要不违背新闻事件整体的真实性，画面修饰无伤大雅。实际上，这种做法严重违背新闻真实性原则。

3. 滥用暗访偷拍

对于暗访偷拍，新闻界一直有争议。暗访偷拍属于隐性采访，是不得已而为之的非常规采访手段。当为社会公共利益通过公开采访无法获得真相的时候，适当采取隐性采访的方式是可以的，但不能滥用，不能侵犯隐私权。在新闻传播活动中，侵犯隐私权的具体情形有：媒体对涉及隐私的报道未尽到审核义务，在收集材料时未履行告知或通知义务，未采取必要安全措施致使信息流失或散布，等等。2015 年 1 月，一位著名歌手因病去世。南方一家报社三名记者为抢发独家新闻，扮成医护人员潜入太平间拍摄，引发有关新闻道德和媒体伦理的讨论。这种行径理应受到抨击，新闻报道不能以伤害他人为代价。记者作出的每一个职业行为，都必须严守法律法规，遵从社会公序良俗。

4. 煽情渲染

主要是指在新闻传播活动中，当事人或其家人不愿意公开，或在特定时刻不便公开，媒体和记者不考虑他们的感受，将其悲伤和痛苦以残酷的供人观赏的方式加以公开。这在一些有关灾难和讣闻报道中表现尤为明显。2013 年 4 月，美国波士顿马拉松比赛终点附近发生恐怖爆炸，造成 3 人死亡、逾百人受伤，其中有一名中国公民遇难。我驻美国大使馆发布声明，称按照遇难者家属的意愿，不公布受害者姓名，随时准备为家属提供任何帮助。国内不少媒体也应家属要求隐去人名，但有少数媒体擅自发表透露姓名的报道，并配发照片，从而使遇难者信息迅速公开，对遇难者家属造成伤害。虽然天灾人祸具有新闻价值，但新闻报道要把握好度，不能给当事人带来痛楚和心理伤害。在报道灾难和讣闻时，必须尊重当事人或其亲属的意见，避免使用煽情和刺激的图片及音视频产品。

（二）新闻道德失范的原因

新闻道德失范的原因，可以从个体、组织、社会、技术等方面加以分析。

1. 个体因素

主要是指新闻工作者自身的新闻道德意识不强，或受经济利益驱使作出违背新闻道德规范的行为。随着我国新闻事业快速发展，各类媒体为了更加及时、快捷、大量地获取新闻而扩充记者编辑队伍，但由于缺乏及时培训和严格管理，不少人并不十分了解新闻媒体基本操作规范，职业素养、职业精神和职业道德欠缺。有些新闻工作者对新闻道德规范或置若罔闻，或不加强学习；有些在采访中对自己要求不严，不顾他人感受，侵害他人隐私；更有甚者，受经济利益驱使，或一味追求轰动效应，或实行有偿新闻、有偿不闻。这些新闻道德失范的个体表现，会损害新闻工作者群体形象。

2. 组织因素

主要是指新闻媒体缺乏社会责任感，片面追求经济利益，对新闻工作者缺乏道德约束和监管。有的媒体为了追求卖点、吸引眼球，迎合受众猎奇和偷窥心理，鼓动新闻工作者采写刊播低俗内容，促使报纸发行量、广播收听率、电视收视率和网站点击率等迅速飙升，以损坏社会效益为代价获取不当经济利益；有的媒体管理存在明显漏洞，对违背新闻道德的文稿、图片和音视频产品不经严格把关就加以刊播，造成恶劣影响；有的媒体对新闻工作者违背新闻道德的行为惩戒不力，败坏整个媒体和新闻队伍的风气；也有的媒体对新闻工作者的教育培训不够，致使记者编辑自律意识不强。新闻媒体的定位与规则影响新闻工作者的行为和风范，缺乏社会责任感的新闻媒体很难培养出恪守新闻道德的新闻队伍。

3. 社会因素

主要是指社会大环境中的不良风气对新闻工作者产生不良影响。社会上存在的拜金主义、唯利是图、急功近利，以及缺乏诚信、善于作秀、贪污腐败等现象，都对新闻工作者造成负面影响。一些人受到各种利益的诱惑，自制力薄弱，新闻道德约束不力，在新闻传播活动中作出违背新闻道德的举动。社会道德制约新闻道德，只有加强社会道德建设，大力弘扬社会主义核心价值观，才能彰显社会良好风尚，为新闻道德建设提供良好环境。

4. 技术因素

主要是指随着摄影摄像、图片制作、音视频处理、信息传播、网络应用、人工智能等技术的发展，新闻道德面临新问题新挑战。比如，借用图片制作技术作为图片造假手段，有些新闻图片通过"换头"或复制影像的方式，达到混淆视听的目的。在网络时代，网络空间的匿名性、戏谑性、弥漫性等特征，容易使一些信息传播成为失范的非理性传播。社交媒体发展迅速，一些网民不是职业新闻人，实际上却在利用网络平台传播新闻和发表言论，往往忽略道德责任。随着机器人在新闻传播活动中扮演一定角色，人机对话也会带来新的道德问题，应跟踪技术，加强研究，趋利避害，有效规范。

学习思考题：

1. 简述新闻道德的内涵、特征和作用。

2. 我国新闻工作者的职业道德准则包括哪些内容？

3. 结合近年的媒体社会责任报告，谈谈你对媒体社会责任的认识。

4. 结合案例谈谈新媒体应如何履行社会责任。

5. 举例说明新闻道德失范的表现，并分析其原因。

第十二章　新闻人才与队伍

新闻事业发展的关键在于新闻人才与队伍。能否培养让党和人民满意的高素质新闻人才，能否建设坚持正确政治方向、舆论导向、新闻志向、工作取向的新闻队伍，关系到能否坚定新闻事业的社会主义方向，能否保证党和国家各项事业长远发展，能否在国际上赢得话语权。要全面提高新闻工作者的素质，努力为新闻事业发展提供强大人才保障。

第一节　新闻人才的内涵与价值

人才是实现民族振兴、赢得国际竞争主动的战略资源。新闻人才因其对国家和社会影响大，对政治素质和专业素质要求高，受到世界各国重视。只有不断提高新闻人才素质，才能促进我国社会主义新闻事业良好发展。

一、新闻人才的内涵

新闻人才是熟练掌握新闻专业知识和各项业务本领的新闻工作者，其含义和特征随着人类新闻传播活动的时空变迁而发生变化。

在不同时代，在新闻事业发展各阶段，新闻人才的必备素质与能力不尽相同。从铅与火、光与电到数与网，人类新闻传播活动的内容、渠道、载体、形式、手段等都在不断发展，新闻事业的变化天翻地覆，对新闻人才的需求与时俱进。在报业独大时期，文字表达能力是新闻人才最重要最基本的能力。随着摄影技术发展，图片在报刊上逐渐得到广泛应用，摄影记者和图片编辑应运而生，"图文并茂""两翼齐飞"成为新闻人才的重要发展方向。广播、电视的出现使新闻呈现方式更加多样，新闻媒体形态更加丰富，"广电人"成为新闻人才队伍的重要组成部分，声音佳、气质好的主播和主持人受到广泛关注。计算机与数字技术带来新媒体革命，新闻人才必须熟练操作电脑。到了互联网时代，新闻传播流程各环节发生前所未有的变化。深入推进媒体融合发展，对新闻人才的水平与能力又有更新更高要求。高水平的新闻人才不仅能处理文字、图片，还具备处理音视频、分析数据等多种能力，是报道领域的行家里手，善于在变幻的舆情中作出准确研判与稳妥应对。

在不同国家，因为意识形态、政治经济制度和文化传统等方面的差异，新闻人才所需品质和特征不尽相同。我国新闻事业对新闻人才的思想政治素质要求很高。新闻人才需学习和掌握马克思主义基本原理，全面领会和深刻把握中国特色社会主义理论体系，自觉运用马克思主义新闻观指导新闻工作。要了解中国经济社会发展的基本国情和具体实际，还要具有较深厚的文化功底和专业素养，不仅熟知中国传统文化、掌握中国语言文字，而且拥有较高外语水平，在对外讲述中国故事、传播中国声音的过程中发挥聪明才智。

信息技术迅猛发展，媒体融合深入推进。为适应新形势，新闻工作者需提高各方面能力，勤学习、多锻炼，努力成为全媒型、复合型、专家型人才。全媒型人才是能够熟练使用各种媒介、掌握各种媒介表达手段的新闻工作者，是既能为报纸写文字稿、拍照片，又能为新媒体制作音视频的多面手。复合型人才是精通新闻业务与理论、掌握多领域知识和多方面技能的新闻工作者。专家型人才是经过长期新闻实践，在某个领域成为专家的新闻工作者。只有努力培养全媒型、复合型、专家型人才，才能更好满足我国新闻业发展需要。

二、新闻人才的重要价值

当今世界，国家之间、行业之间的竞争归根结底都是人才竞争。新闻工作对国家与社会的特殊影响力愈发凸显，新闻人才的重要价值日益显现。

（一）业以才兴，新闻人才是新闻事业的重要保障

媒体竞争关键是人才竞争，媒体优势核心是人才优势。新闻媒体做大做强，需要人才、资金、技术等多方面的支撑，人才是其中最活跃、最能动的因素。"内容为王"始终是媒体生存根本，内容质量最终取决于新闻人才。新闻人才是优质报道内容的提供者。优秀的新闻工作者不仅报道现象，而且洞察本质，能撰写和制作思想深刻、生动鲜活的优质新闻作品，提升所在新闻媒体的

声誉。中外新闻史上有很多名记者，都提高了所在新闻媒体的知名度和公信力。比如，1935 年范长江以《大公报》旅行记者的身份开始中国西北之行，历时 10 个月，行程 6 000 余里，用大量旅行通讯真实记录西部人民的困苦生活，并以写实笔法公开、客观、充分地报道红军长征足迹。通讯陆续发表后，在全国引起强烈反响。后来汇编为

拓展资源

范长江的故事（视频）

《中国的西北角》一书，数月内连出七版，一时风行全国，提升了《大公报》影响力。

（二）政以才治，新闻人才是治国理政的重要资源

新闻工作者不仅是历史的记录者、观察者，而且是时代的参与者、建设者。新闻人才的政治素质、理论素养、业务水平、作风建设不仅影响新闻业态、舆论生态，还关系全社会的价值导向。实现"两个一百年"奋斗目标和中华民族伟大复兴的中国梦，是前无古人的伟大事业，迫切需要让党的主张成为时代最强音，凝聚民心、汇聚力量，为实现宏图伟业营造积极健康、向上向善的舆论环境。中国特色社会主义进入新时代，新闻舆论工作的任务发生新变化，要用习近平新时代中国特色社会主义思想统一认识，激发全社会团结奋进、攻坚克难的强大力量，调动各方面的积极性、主动性、创造性。这就要求新闻人才加强传播手段建设和创新，提高新闻舆论传播力、引导力、影响力、公信力，努力成为适应新时代新闻舆论工作的行家里手，更好地服务新时代、助力新征程。

（三）国以才立，新闻人才是国际传播的重要力量

放眼世界，大国角力不仅围绕经济、科技、军事等传统硬实力展开，而且聚焦话语权等软实力比拼。长期以来，国际话语权分配极不平衡，西方大国凭借话语霸权掌握议题走向，新兴国家和发展中国家处于话语弱势。经过改革开放和持续发展，中国不仅走出一条符合国情的发展道路，而且运用中华文化独特视角和当代中国价值理念思考世界，与世界互动，逐步形成中国话语，壮大中国声音，在国际社会产生重要影响。随着经济社会发展，中国已走近世界舞台中央，世界需要更多了解中国。但是，中国在世界上的形象在某些方面仍是"他塑"而非"自塑"，国际舆论场存在"西强我弱"的情况。因此，必须下大力气加强国际传播能力建设，增强国际话语权，这就需要大量具有国际视野和传播能力的新闻人才，打造融通中外的新概念、新范畴、新表述，对外讲好中国故事，传播好中国声音。

第二节　新闻人才培养

我国在加强新闻人才培养过程中，坚持德才兼备的基本原则，努力提高新

闻人才的政治素养、理论素养、业务素养、人文素养和道德素养。新闻教育担负着培养新闻后备人才的责任。

一、新闻人才的素养

素养，指的是素质与修养，从大的方面来说，可分为德与才两部分。对不同行业的人才培养来说，德才兼备都是原则要求。"德"和"才"都很重要，两者不可或缺。"德"是安身立命之基，"才"是成就事业之本。我国古代政治家、史学家、文学家司马光说："才者，德之资也；德者，才之帅也。"（《资治通鉴卷一·周纪一·威烈王二十三年》）用"德"统率"才"，才能保证"才"正确发挥；以"才"支撑"德"，才能为国家和人民作出更大贡献。对新闻人才来说，既要具备良好品德、遵守职业道德，又要掌握职业技能、拥有业务才能。

具体来讲，新闻人才的素养包括以下几方面。

（一）政治素养

新闻人才要有政治素养，主要是指新闻工作是一项政治性很强的工作，新闻工作者应具有高度政治责任感。新闻工作从表面上看，或许只是一种文字工作、播音工作、摄像工作。实际上，新闻工作者通过各种新闻手段，每天都在开展意识形态方面的工作。我们党始终强调要政治家办新闻媒体，就是要求社会主义新闻工作者像政治家那样观察、思考和分析问题，怀着强烈的政治意识从事新闻工作。

1. 提高政治站位

新闻工作者要有坚定政治方向和鲜明政治立场，具备较强的政治鉴别力和政治敏锐性。世界上每天都涌现大量新闻信息，报道什么，不报道什么，从什么角度报道，选择什么时机报道，首先要从政治上予以考虑。没有政治鉴别力，很难作出正确选择。特别是在事关政治方向和重大原则的问题上，更应自觉与党中央保持高度一致。任何时候都不能放松政治这根弦，善于从政治上思考、判断和处理问题，不断增强政治把关能力。

2. 树立大局观念

大局是人民的根本利益所在，是党和政府的工作中心，关系国家的长治久安。新闻工作者要自觉站在党和国家的大局上想问题、看问题，坚决贯彻落实中央决策部署，确保中央政令畅通，始终做到正确认识大局、自觉服从大局、坚决维护大局，为中央决策部署的贯彻实施鼓与呼。社会是复杂的，利益也是多样的，既有个人利益、眼前利益、局部利益，又有集体利益、长远利益、全局利益。只顾个人和眼前利益，忘了集体和长远利益，就会因小失大；只顾局部利益，忘了全局利益，就会"捡了芝麻，丢了西瓜"。新闻工作者要善于运用新闻传播手段，发挥导向作用，帮助人们认清并正确处理个人利益和集体利益、眼前利益和长远利益、局部利益和全局利益的关系。

3. 强化责任意识

我国社会主义新闻工作通过所掌握的新闻手段宣传党的主张和政策，出发点和落脚点都是为了人民的根本利益。新闻工作者的言论和行动，对党和人民负有严肃的政治责任，因此，应不断增强责任意识。在新时代，新闻工作要引导人们科学认识、正确把握我国发展历史方位和社会主要矛盾转化情况，把握好事物发展主流，着力反映我国经济社会发展中光明、积极、健康的内容，大力弘扬社会主义核心价值观，充分展现中华民族昂扬向上的精神风貌，凝聚全社会团结奋进、攻坚克难的强大力量。

（二）理论素养

新闻人才要有理论素养，主要是指新闻工作者要了解和掌握马克思主义理论，自觉运用马克思主义立场、观点、方法指导新闻工作。新闻工作者在报道新闻和发表评论的同时，也在传播一定的思想，反映一定的价值观念。只有学习和掌握马克思主义基本原理，全面领会和深刻把握中国特色社会主义理论体系，才能发挥好新闻工作成风化人的作用。

1. 理论素养是正确宣传马克思主义的需要

人们学习和掌握马克思主义的渠道有很多，新闻媒体是了解马克思主义特别是马克思主义中国化最新成果最便捷的渠道。通过各种生动活泼的形式，特别是从理论高度剖析实际问题，全面、准确地介绍当代中国马克思主义的时代背景、科学内涵、精神实质、实践要求，是新闻媒体的神圣职责。我们在报纸、杂志上经常能看到，许多卓有成效的理论宣传都能做到有针对性地运用理论研究回应现实生活中的重大问题，使人们能够直观了解理论，进而学会运用理论。新闻媒体要发挥这样的作用，就要求新闻工作者首先要学习理论、掌握理论，具有扎实的马克思主义理论功底。除了直接的理论宣传，新闻媒体经常寓观点于所报道的事实中，这是新闻媒体宣传马克思主义经常使用的方法。新闻媒体运用马克思主义立场、观点、方法分析形势，解释各种复杂的社会现象，引导人们正确认识和解决社会生活中存在的问题，从而对受众产生润物无声、潜移默化的影响，形成强大持久的影响力。新闻工作者如果没有科学理论作指导，就无法对复杂社会现象作出正确解释，更不可能说服受众、引导受众。

2. 理论素养是正确宣传和贯彻党的政策的需要

党的路线方针政策是党的理论与实践相结合的产物。只有理论上清醒，新闻工作者才能深刻理解党在现阶段为什么要制定这样的政策、制定政策的依据

拓展资源

《七问供给侧结构性改革——权威人士谈当前经济怎么看怎么干》

是什么，进而全面准确地宣传好党的政策。这就要求新闻工作者有扎实的理论功底，善于从理论的高度去理解政策、把握政策。比如，《人民日报》2016 年 1 月 4 日刊发长篇访谈文章，对 2015 年年底中央经济工作会议提出的"供给侧结构性改革"进行深入解读。这篇报道从政策含义、背景原因、重点任务、确保成效等七个方面，全面系统阐释"供给侧结构性改革"这一理论性较强的问题，帮助人们正确理解其内涵和实质。文中指出，要纠正和消除两种误解：一是这项改革意味着实行需求紧缩，二是搞新的"计划经济"。正因为记者在平时的经济报道中注意学习和掌握经济理论与经济政策，这篇访谈文章才能廓清迷雾，对普通群众理解改革起到正本清源的作用，对理论界、经济界等专业人士也发挥出统一思想、凝聚共识的作用，回应社会关切，有效引领舆论。

（三）业务素养

新闻人才要有较强的业务素养，主要是指新闻工作涉及的领域广泛，新闻工作者要熟练掌握、恰当运用各方面的知识，尤其对新闻专业知识和技能要了然于胸、运用自如、得心应手。

1. 业务素养包括各领域相关知识储备

虽然新闻媒体一般都会按不同领域划分经济、政治、文化、体育等不同业务部门，新闻工作者也会有相对固定的"条线""跑口"分工，但是实际工作往往会打破条块分割，特别是面临突发事件或重大活动时，往往不能局限于自己原先"分兵把口"的领域。所以，新闻工作者的知识面要宽，对政治、经济、文化、外交等领域的知识，了解和掌握得越丰富越好。要熟悉党和政府制

定的指导各方面工作的方针、政策和实施细则等，了解这些知识，才能对各行各业的情况作出正确分析和判断，从而进行全面准确报道。要学习宪法和其他法律知识，特别是要学习和了解新闻工作中涉及的法律法规。要通达各领域专业知识，比如，文化记者要了解文史知识，体育记者要了解赛事规则，科技记者要了解科学常识等。

新闻工作有"杂家"之说。杂家，指的就是新闻工作者的知识面要宽。新闻工作涉及的知识领域非常广泛，宏至浩瀚无边的宇宙，微到原子和粒子，从国内到国外，从经济基础到上层建筑，从社会变革到人际关系发展，从各行各业的兴起到各种产品的质量，只要是客观世界发生的新变动，都会纳入新闻报道反映的范围。新闻报道的时效性很强，如果没有知识积累，就会对事物发展的来龙去脉、现象本质一无所知，一旦事起仓促，就会感到茫无头绪，工作容易陷入被动，所作报道就会显得苍白无力、缺乏深度。因此，新闻工作者必须重视平日知识积累，尽最大努力广泛涉猎自然科学和社会科学的各种知识。

1948 年 11 月，毛泽东为新华社撰写的《中原我军占领南阳》是脍炙人口的新闻名篇，其中最为人称道的是那段介绍南阳的背景材料："南阳为古宛县，三国时曹操与张绣曾于此城发生争夺战。后汉光武帝刘秀，曾于此地起兵，发动反对王莽王朝的战争，创立了后汉王朝。民间所传二十八宿，即刘秀的二十八个主要干部，多是出生于南阳一带。"① 这段看似信手拈来的材料，点明南阳重要军事地位，凸显我军占领南阳的重大意义。倘若作者没有历史地理方面的知识积累，是绝对写不出来的。因此，新闻工作者平时要博览群书，广采博取，多学多记，既广泛涉猎各方面的知识，又要不断思考，提高联想力和洞察力，开阔新闻报道的视野和思路。

新闻工作也有"专家"之说。专家，指的就是在某些领域，新闻工作者经过长期新闻实践，积累了较强专业知识，并具备专业化思考和研究能力，从而成为专家型新闻人才，又称为研究型、学者型记者。有些记者在长期的新闻实践中，对一些专业知识越来越精通，逐渐从外行变为内行，就成为某些领域的专家。成为专家型记者不是一件容易的事，知识的积累是没有止境的，只有坚持不懈地刻苦学习，才能不断创作出优秀的新闻作品。

---

① 《毛泽东文集》第 5 卷，人民出版社 1996 年版，第 185 页。

2. 业务素养包括多方面新闻专业素质

新闻工作是一项业务性很强的工作，学习和掌握新闻基本理论、基本知识和基本技能是做好新闻工作的前提。

一是掌握新闻基本理论，特别是马克思主义新闻观，这是新闻工作者做好工作的思想武器。

二是熟悉新闻工作专业分工。新闻信息的采集、写作、编排、制作和播出等业务，在时效、内容和质量上都有很高要求，每个环节的状态直接影响新闻工作的质量和水平。

三是熟练掌握新闻采访、新闻写作、新闻编辑、新闻评论等基本业务本领。新闻采写和编辑能力，需要在实践中下大力气不断提高，以适应更高更新的工作要求。新闻评论是对新闻事实作出评析，是新闻工作者的立场观点、理论水平、政策水平、文字水平和实践经验的综合反映。

四是适应不同媒体的特殊要求。新闻媒体有报纸、杂志、广播、电视、通讯社、网络等多种形式，每种形式的媒体都有自己独特的业务素质要求。比如，广播电视媒体就要求工作者具有很强的时间观念、流畅的口头表达能力、丰富的音像知识、熟练的录音摄像技巧等，微博、微信、客户端等新媒体的工作者需要具备对文字、图片、音视频等进行综合处理的能力。

五是了解并掌握新传播技术。随着科学技术发展，一个称职的新闻工作者需要尽快掌握新技术手段，以适应新时期的新闻工作。比如，熟练使用无人机进行拍摄；在制作数据新闻产品时，提高对数据的挖掘能力；运用人工智能技术改进新闻生产流程，等等。

3. 业务素养经常表现为新闻工作能力

一般而言，素养是内在修养，能力是外在表现。新闻工作者只有把业务素养转化为能力，才能胜任采写、编辑、评论、摄影、摄像、音视频制作等工作。比如，有准确的新闻价值判断能力，善于从平凡的事物中发现闪光点；有独到的观察问题能力和缜密的逻辑分析能力，善于透过现象看到事物本质；掌握新闻业务的工作方法，善于运用灵活多样的采访技巧与采访对象打交道，有效引导对方倾吐心声；熟练掌握各种业务技能，能够熟练运用录音笔、照相机、摄像机等传播工具和社交媒体需要的新传播技术；能够制作文图、音视频等新闻作品，善于以最合适的形式传递信息、说明观点，完成报道任务。

（四）人文素养

新闻工作者是传播文化的使者，其人文素养尤为重要。人文素养主要包括一个人所具有的人文知识和人文精神。有着丰厚人文素养的人，兴趣广泛、心理健康、情趣高雅、谈吐文明，追求较高文化品位和精神品格。

1. 人文知识是人文素养的基础

人文知识指的是人文领域的基本知识，包括文学、历史、哲学、宗教、艺术等方面。这些知识是人文素养的基本要素，具有开阔视野、陶冶身心的作用。新闻工作者储备的人文知识，不但能够影响新闻报道的内容质量，而且可以通过语言、文字、图像等表达形式影响新闻传播的效果。比如，对古典文化有相当积累的新闻工作者，写出来的消息和评论往往有较高文化品位和审美情趣，容易打动受众，产生良好反响。

2. 人文精神是人文素养的灵魂

人文精神是人类为争取生存和维护尊严，以真善美的价值追求为核心，不断探索全面而自由发展的一种文化精神。它主要指人生态度、价值观念、思想情怀等构成的丰富的精神世界，表现为对作为个体的人的生命、权利、利益与价值的尊重，对人类赖以生存的自然环境和其他生物的关切，以及对不断发展进步的人类文明的敬畏等，其核心内容是对人类人生价值和生存意义的关怀。如果脱离了对"人"的关怀，就算具有丰富的人文知识，也不能说具备人文素养。具有人文精神的新闻工作者，在新闻报道中，会践行以人为本的理念，关心人、爱护人、尊重人，对个体命运、生命意义、社会公平等保持深切关注；在日常工作中，也会充满工作热情，散发人格魅力。

（五）道德素养

对新闻工作而言，道德素养十分重要。著名新闻记者范长江曾经说过，新闻工作是一种特殊的职业，影响很大。只有具备健全高尚的人格，才配做新闻记者，应当让人们一提起新闻记者就觉得真诚可敬。如果在人格上有严重缺陷，就不适合做新闻记者。

新闻工作者的道德素养包括：具备坚定的理想信念和政治立场，拥有崇高的历史使命感和强烈的社会责任感；践行社会主义核心价值观，遵守公民基本道德规范，具有良好的职业道德和严谨的工作作风；遵守国家法律，严守政治纪律和组织纪律；等等。新闻工作者肩负重大社会责任，在道德素养方面，理所当然需要严于律己、做好表率。

二、新闻人才的职业培训

新闻人才的职业培训，就是对新闻工作者进行的新闻知识与新闻技能的培训。世界各国都非常重视新闻人才的职业培训。比如，英国对新闻从业人员的选拔十分严格，想获得新闻职业资格，必须参加在职培训，并通过考试，合格者才能被录用。在我国，取得新闻从业资格，必须经过职业培训考核。

从培训的组织来看，有些新闻职业培训是由国家组织的，通过行业主管部门实施。新闻采编资格培训就是一项由国家主导的职业培训。自2003年8月开始，国家新闻出版管理部门负责对各新闻单位的新闻采编人员进行专业技能培训，考试合格获得证书，通过新闻采编从业资格认证的人员才能申领记者证。

有些新闻职业培训是由新闻媒体内部举办的。比如，刚从高校毕业的大学生到新闻媒体工作后，都要接受入职培训；在一些重大活动举办前，一些媒体也会对记者进行专题培训；为了适应H5、无人机、VR等新技术的运用，一些媒体对在职员工进行专门培训。

从培训的内容来看，对新闻人才的职业培训，一般包括基本素质培训、新闻知识培训和新闻技能培训。基本素质培训的目的，主要是提高新闻人才的政治素养、理论素养、人文素养和道德素养；新闻知识培训和新闻技能培训的目的，主要是提高新闻人才的业务素养。

新闻观是新闻职业培训的重点。在中国特色社会主义新时代做好新闻工作，要特别加强对马克思主义新闻观的培训。马克思主义新闻观是马克思主义世界观、方法论在新闻领域的集中体现，是做好新闻工作的专业理论基础。马克思主义新闻观对新闻事业的性质、任务和作用做了科学分析，对社会主义新闻事业应当坚持什么样的指导思想，在新闻工作实践中应当坚持什么样的基本观点、基本方针和基本原则等，都做了深刻理论阐述。我国的报纸、通讯社、广播、电视、网络等新闻媒体，直接或间接反映党和国家的政治立场、政治主张和政治观点。新闻工作者只有牢固树立马克思主义新闻观，才能全面把握和科学判断国内外形势的发展变化；只有坚持党性原则和正确舆论导向，才能在政治上自觉同党中央保持一致，在工作上自觉坚持为人民服务、为社会主义服务的基本方针，在组织上自觉坚持党对新闻事业的领导，牢牢把握新闻事业的社会主义方向。

三、新闻后备人才与新闻教育

我国新闻教育是培养新闻后备人才的重要途径，向社会输送大量新闻专业毕业生。培养适应新闻传播业发展需要的新闻后备人才，是新闻教育肩负的责任和使命。

（一）牢固树立马克思主义新闻观

新闻教育要坚持以马克思主义为指导，确立马克思主义新闻观教育的主体地位。不能照搬西方新闻传播学理论，要科学看待、明辨是非，吸收精华、剔除糟粕。

马克思主义新闻观要与中国国情相结合，根据我国新闻工作实际加以丰富和发展。马克思主义从来都不是封闭的，马克思主义新闻观也是随着新闻事业不断进步而发展创新的。随着信息传播技术发展，媒介形态和舆论生态发生变革，融合传播成为新趋势；随着中国特色社会主义进入新时代，新闻舆论工作面临新形势新任务，这些都对马克思主义新闻观的研究与教育提出新课题。

（二）培养新闻工作基本能力

新闻工作是一项应用性很强的工作，要求新闻工作者具备较强的调查研究能力、沟通交流能力、洞察应变能力、分析问题能力、文字表达能力、勇于创新能力，以及善用前沿技术能力等。这些能力都可以在新闻教育中得到系统学习、实践与提高。

1. 调查研究能力

辩证唯物主义认识论告诉我们，从实际出发，通过调查研究取得真实的第一手材料，才能正确认识世界，进而改造世界。深入实际、调查研究是新闻工作者认识客观实际的起点，也是完成一切新闻报道任务的基础。互联网时代，新闻工作者更需要加强实地调研，不能仅仅依靠网络找素材。在新闻教育过程中，教师要带领学生开展调查研究，尝试深入基层第一线，进而使新闻教育更接地气，让学生多跑、多问、多记、多思，这对以后的新闻工作大有裨益。

2. 沟通交流能力

新闻工作者的天职是及时、准确地把社会上新近发生的各种新闻信息报道给受众。因此，新闻工作者应具备较强的沟通交流能力，善于同各种不同类型的人物打交道，在沟通中了解，在交流中思考，对客观事物变动和新闻事件发展作出准确判断。新闻教育应设置实践类课程，帮助学生提高沟通交流能力。

3. 洞察应变能力

新闻工作者要能够迅速辨别生活中变动的信息，并准确判断信息所含新闻价值的大小，能够在事物动态发展的过程中作出有效调整。这就像沙里淘金，要善于从众多事实中洞察并捕捉有价值的新闻。西方媒体把这种新闻敏感称作"新闻鼻""第六感觉"，似乎这是人类天生就有的。其实，新闻敏感是通过后天培养和实践锻炼出来的，可以在新闻教育中加以引导和培养。

4. 分析问题能力

新闻工作者对帮助人们认识世界和改造世界有重要影响，所报道的新闻不仅要告知世界是怎样的，而且要引导人们发挥主观能动性，努力改造客观世界。因此，新闻工作者应努力做到深入了解实际情况，注意发现新情况和总结新经验，不断提高分析问题能力，在遇到复杂舆情时，就能在众声喧哗中作出准确分析，提出独到见解。

5. 文字表达能力

掌握和运用语言文字是新闻工作者的基本功。深厚的文字功底，是通过广泛学习文化知识积累的，也是长期从事写作训练打下的。新闻文风应是朴实的，准确、鲜明、生动是基本要求。新闻报道不能无病呻吟，空洞无物；观点要鲜明，遣词造句有分寸；描述事物要形象、通俗易懂，注意维护语言纯洁性，以情动人、以理服人，具有吸引力、感染力。这就需要新闻后备人才在学习期间进行专门锻炼提高。

6. 勇于创新能力

创新是民族进步的灵魂，是国家兴旺发达的不竭动力，也是新闻工作的内在要求。新闻报道常写常新，从内容到形式，从来没有雷同。新闻工作的这一特点，决定新闻工作者在创新方面有广阔空间。那些教条八股、陈词滥调和空话套话难以吸引广大受众，只有在内容、形式和手段上不断增强创新意识，提高创新能力，才能为人们奉献具有吸引力、亲和力的精神产品。在互联网时代，媒体格局发生巨变，新媒体充满活力，新闻工作更需要创新理念、内容、体裁、形式、方法、手段、业态、体制、机制等，适应分众化、差异化传播趋势，加快构建舆论引导新格局。

7. 善用前沿技术能力

随着科学技术进步和新闻事业发展，新闻工作者要适应时代要求，不断提高运用现代化传播技术的能力。熟练掌握电脑和互联网相关知识，学习对小程序、无人机乃至大数据、人工智能等新技术的应用技能，为未来更加得心应手地做好新闻工作打下良好基础。

第三节　新闻队伍建设

新闻队伍建设是新闻人才培养的拓展与延伸。加强新闻队伍建设是我国新闻事业发展的必然要求。时代大势的变动、世界格局的变化与媒介生态的变革，都对新闻队伍建设提出新的更高标准。

一、新闻人才与新闻队伍的关系

新闻人才主要指个体，新闻队伍主要指群体，两者的关系是相辅相成的。一方面，个体属于群体，新闻人才是新闻队伍群体中具有较高素质的个体；另一方面，群体需要个体，新闻队伍的建设离不开新闻人才的带动作用。

新闻队伍主要包括三个层面：新闻管理人员队伍、新闻从业人员队伍、新闻后备人员队伍。

新闻管理人员队伍主要包括新闻管理部门的领导者和新闻媒体的负责人、管理人员，这是新闻队伍建设的重点。新闻管理人员的队伍建设直接关系新闻事业的领导权和政治方向，必须坚持党管媒体原则，把增强"四个意识"、坚定"四个自信"、做到"两个维护"，熟悉新闻宣传工作、群众信任、作风过硬、富有改革创新精神的优秀干部选拔到领导岗位上来，确保新闻宣传工作的领导权牢牢掌握在忠于马克思主义、忠于党、忠于人民的人手里。注重从各个方面进行培养和锻炼，把新闻媒体的领导班子建设成为具有凝聚力和战斗力的领导班子，把新闻管理人员队伍建设成为科学管理、民主管理的优秀队伍。

新闻从业人员队伍主要包括具体从事新闻采编、校对、广告、发行、技术等工作的从业人员，这是新闻事业发展的基础，也是新闻队伍建设的主要方面。改革开放以来，我国新闻事业发展迅猛，要着眼于长远发展，培养和造就一支政治过硬、本领高强、求实创新、能打胜仗的新闻从业人员队伍，为新闻事业发展提供强有力的人才保

拓展资源

"四个一批"人才含义

障。我国十分重视培养高层次、具有战略眼光的领军式新闻人才。从 2003 年起，中央有关部门开始实施"四个一批"人才培养计划，其中提出培养一批坚持正确导向、深入反映生活、受到群众喜爱的名记者、名编辑、名主持人。通过他们的带动作用，提升新闻队伍整体素质。

新闻后备人员队伍主要是指高校新闻院系和其他新闻教育机构的学生，这是未来新闻工作者的重要来源。重视后备人员队伍建设，为大学生打好德、才两个方面的基础，明确努力方向，有助于新闻学子健康成长，尽快适应将来新闻工作的需要，成为合格的新闻工作者。2013 年，我国教育和新闻管理部门联合出台"卓越新闻传播人才教育培养计划"，主要任务是培养具有全媒体业务技能的应用型、复合型新闻传播人才，以及具有国际视野和跨文化传播能力的国际新闻传播人才。2018 年，又出台《关于提高高校新闻传播人才培养能力　实施卓越新闻传播人才教育培养计划 2.0 的意见》，提出培养造就一大批具有家国情怀、国际视野的高素质全媒化复合型专家型新闻传播后备人才。这将为我国新闻事业发展和人才梯队优化提供有力保障。

二、新闻队伍建设的基本要求

经过多年精心培育，我国新闻队伍的思想政治素质提高、业务能力增强，

拓展资源

《践行"四向四做"，做党和人民信赖的新闻工作者》

敬业奉献、遵守纪律、恪守职业道德已成为大多数新闻工作者的行动自觉。2016 年 11 月，习近平会见中国记协第九届理事会全体代表和中国新闻奖、长江韬奋奖获奖者代表时发表重要讲话，勉励广大新闻工作者积极努力践行"四向四做"，对新闻队伍建设提出

新要求。2017 年 4 月，中国记协新闻道德委员会向全国新闻工作者发出倡议书，号召广大新闻工作者以"四向四做"为职业标杆，忠诚担当、履职尽责，努力做党和人民信赖的新闻工作者。可以说，"四向四做"是新闻队伍建设的基本要求。

（一）坚持正确政治方向，做政治坚定的新闻工作者

坚持正确政治方向，做到政治坚定，就要坚决拥护中国共产党的领导，坚定中国特色社会主义道路自信、理论自信、制度自信、文化自信。在新闻工作中，必须增强政治意识、大局意识、核心意识、看齐意识。增强政治意识，就是要提高政治站位，在从事报道事实、剖析典型、揭示问题等新闻工作时，站

稳政治立场，坚持党的领导不动摇，贯彻党的理论和路线方针政策不含糊。增强大局意识，就是要在宣传报道中强化宏观和全局思维，着眼于党和国家的事业发展全局和长治久安，坚持全面系统地观察和分析新闻事实，防止"一叶障目，不见泰山"。增强核心意识，就是要把做到"两个维护"体现到日常新闻工作中，做到思想上高度认同、组织上自觉维护、政治上坚决捍卫、行动上始终跟随。增强看齐意识，就是要在新闻实践中，坚定不移向党中央看齐，同党中央保持高度一致。

（二）坚持正确舆论导向，做引领时代的新闻工作者

坚持正确舆论导向，做到引领时代，就要深入宣传党的理论和路线方针政策，深入宣传全国各族人民为实现"两个一百年"奋斗目标、实现中华民族伟大复兴中国梦进行的奋斗和取得的成就，弘扬主旋律，传播正能量。中国特色社会主义已进入新时代，社会主要矛盾由"人民日益增长的物质文化需要同落后的社会生产之间的矛盾"转化为"人民日益增长的美好生活需要和不平衡不充分的发展之间的矛盾"。不同利益群体在一些问题上有不同看法，思想观念、道德观念、价值观念呈多样化趋势。其中，有正确的，也有错误的；有合理的，也有部分合理或完全不合理的。怎样正确地加以引导，耐心地进行有说服力、有助于转化思想和统一思想的工作，都直接关系社会的稳定和发展。新闻工作者要在习近平新时代中国特色社会主义思想指引下，做好正面宣传、热点引导、舆论监督等各项工作，传播党的主张，反映人民心声，坚持正确舆论导向，提高舆论引导的能力和水平。

（三）坚持正确新闻志向，做业务精湛的新闻工作者

坚持正确新闻志向，做到业务精湛，就要提高业务水平，勇于改进创新，不断提高自我、完善自我。新闻工作者要科学把握、自觉遵循新闻传播规律，增强精品意识和创新意识。一方面，无论时代如何变迁，"内容为王"始终是做好新闻工作的根本所在。只有真正用心用情去写去编，才能让群众爱听爱看；只有源于生活、源于群众、源于实践的报道，才能真正打动人心。另一方面，如今受众的信息接受习惯和信息需求已发生深刻变化，那种居高临下、空洞无味、语言生硬、形式老套的新闻作品，即使内容再好，也无法吸引人，好的内容要通过生动形式和多样手段表现出来。这就需要新闻工作者紧跟形势发展，善于运用群众喜闻乐见的方式讲故事、讲道理，推出更多能够真正入耳入脑入心的精品力作。

（四）坚持正确工作取向，做作风优良的新闻工作者

坚持正确工作取向，做到作风优良，就要以人民为中心，心系人民、讴歌人民、服务人民，发扬职业精神、恪守职业道德，勤奋工作、甘于奉献。作风优良是加强新闻队伍建设、提高新闻人才综合素质的重要保障。老一辈新闻工作者秉持优良作风，留下了许多永载史册的佳话。表彰我国优秀新闻工作者的长江韬奋奖就是以著名新闻工作者范长江和邹韬奋的名字命名的。邹韬奋主编《生活周刊》时，不论编发稿件还是刊登广告，都坚持对读者负责。毛泽东曾经称赞说，邹韬奋先生的精神之所以感动人，就在于他热爱人民，真诚地为人民服务。新闻工作者不仅要向新闻界的前辈和先进学习，坚持以人民为中心的工作导向，真正做到俯下身、沉下心，察实情、说实话、动真情，努力推出有思想、有温度、有品质的作品，还要严格要求自己，加强道德修养，保持一身正气。新时代的新闻工作者应该做到克己奉公、遵纪守法、洁身自好，让党放心，让人民满意。

拓展资源

邹韬奋的故事（视频）

全国宣传思想战线开展增强"脚力、眼力、脑力、笔力"教育实践工作，这是加强新闻队伍建设的具体举措。信息技术迅猛发展，知识更新加速推进，媒体融合不断深入，新闻队伍面临新挑战。要适应新形势、展现新作为，就必须增强"四力"。增强脚力，就是要在路上了解国情社情，在基层体察民心民意，在现场开展调查研究；增强眼力，就是要善于观察，善于辨别，练就火眼金睛，透过现象看本质；增强脑力，就是要保持头脑清醒，全面研判分析，确保导向正确；增强笔力，就是要坚持守正创新，强化精品意识，丰富表达形式，驾驭各种载体。"四力"是紧密联系、相辅相成的有机整体，只有迈开脚步多下基层，观察分析辨清形势，开动脑筋思考问题，勤于动手创新表达，才能从整体上提升新闻工作者的素质能力，培养造就出无愧于时代的优秀新闻工作者。

学习思考题：

1. 什么是新闻人才？新闻人才和新闻队伍的关系如何？

2. 结合我国新闻工作的性质，简述提高新闻工作者政治素养的重要性。

3. 简述我国新闻工作者需具备的理论素养。

4. 结合个人实际，谈谈成为合格的新闻工作者，在学习阶段应掌握哪些业务知识。

5. 简述新闻队伍建设的基本要求。

阅读文献

■ 马克思：《评普鲁士最近的书报检查令》，《马克思恩格斯全集》第 1 卷，人民出版社 1995 年版。

■ 马克思：《好报刊和坏报刊》，《马克思恩格斯全集》第 1 卷，人民出版社 1995 年版。

■ 马克思、恩格斯：《"新莱茵报"审判案》，《马克思恩格斯全集》第 6 卷，人民出版社 1961 年版。

■ 恩格斯：《马克思和〈新莱茵报〉（1848—1849 年）》，《马克思恩格斯全集》第 28 卷，人民出版社 2018 年版。

■ 列宁：《怎么办?》，《列宁全集》第 6 卷，人民出版社 2013 年版。

■ 列宁：《党的组织和党的出版物》，《列宁全集》第 12 卷，人民出版社 2017 年版。

■ 毛泽东：《要政治家办报》，《毛泽东新闻工作文选》，新华出版社 2014 年版。

■ 毛泽东：《对晋绥日报编辑人员的谈话》，《毛泽东选集》第 4 卷，人民出版社 1991 年版。

■ 刘少奇：《对华北记者团的谈话》，《刘少奇选集》（上卷），人民出版社 1981 年版。

■ 刘少奇：《对新华社工作的第一次指示》，《中国共产党新闻工作文件汇编》（下），新华出版社 1980 年版。

■ 邓小平：《在西南区新闻工作会议上的报告》，《邓小平文选》第 1 卷，人民出版社 1994 年版。

■ 邓小平：《关于思想战线上的问题的谈话》，《邓小平文选》第 2 卷，人民出版社 1994 年版。

■ 江泽民：《在全国宣传思想工作会议上的讲话》，人民出版社 1994 年版。

■ 江泽民：《江泽民同志视察人民日报社时的讲话》，人民出版社 1996 年版。

■ 胡锦涛：《在全国宣传部长会议上的讲话》，《十五大以来重要文献选编》（下），人民出版社 2003 年版。

■ 胡锦涛：《在人民日报社考察工作时的讲话》，人民出版社 2008 年版。

■ 中共中央宣传部：《习近平总书记系列重要讲话读本（2016 年版）》，学习出版社、人民出版社 2016 年版。

■ 习近平：《决胜全面建成小康社会　夺取新时代中国特色社会主义伟大胜利——在中国共产党第十九次全国代表大会上的报告》，人民出版社 2017 年版。

■《习近平谈治国理政》（第二卷），外文出版社 2017 年版。

■《习近平谈治国理政》（第一卷），外文出版社 2018 年版。

■《习近平新闻思想讲义（2018 年版）》，人民出版社、学习出版社 2018 年版。

■ 中共中央宣传部：《习近平新时代中国特色社会主义思想学习纲要》，学习出版社、人民出版社 2019 年版。

■ 陆定一：《我们对于新闻学的基本观点》，《陆定一文集》（上卷），人民出版社 1992 年版。

■ 方汉奇：《中国新闻事业通史》（第一、二、三卷），中国人民大学出版社 1992、1996、1999 年版。

■《实践中的马克思主义新闻观——新闻报道经典案例评析》，高等教育出版社 2015 年版。

人名译名对照表

[美]	彼得·阿内特	Peter Arnett
[美]	卡斯珀·约斯特	Casper Yost
[美]	鲁伯特·默多克	Rupert Murdoch
[美]	罗伯特·梅纳德·哈钦斯	Robert Maynard Hutchins
[德]	托比亚斯·朴瑟	Tobias Peucer
[美]	托马斯·杰弗逊	Thomas Jefferson
[美]	沃尔特·威廉	Walter Williams
[英]	约翰·密尔	John Mill
[英]	约翰·弥尔顿	John Milton
[英]	约翰·辛普森	John Simpson
[英]	詹姆斯·卡伦	James Curran

第一版后记

《新闻学概论》教材是马克思主义理论研究和建设工程重点教材。在编写过程中，得到了马克思主义理论研究和建设工程咨询委员会的指导，得到了中央有关部门和有关专家学者的帮助和支持。同时，广泛听取了高校新闻学概论课程教师和学生的意见和建议。

本教材由首席专家何梓华主持编写。参加教材写作和修改的有：成美、邓长荪、吴高福、刘洁、郑保卫、刘九洲、丁柏铨、雷跃捷、张昆、丰纯高、刘卫东、孙玮、何梓华。自始至终参加讨论和修改工作的有：徐心华、尹韵公、刘祖禹、文有仁、林枫。张磊主持了工程办公室组织的审改工作。参加审改工作的还有：杨金海、葛洪泽、吴信训、曾凡光、刘瑞生、李亚彬、张剑、颜晓峰、杨磊、王卫权、王心富、邵文辉、何成、宋凌云、冯静、沈传亮、于晓宁、刘仁胜、刘娜、田哲、李军等。

2009 年 9 月

第二版后记

组织全面修订马克思主义理论研究和建设工程重点教材，是推动习近平新时代中国特色社会主义思想和党的十九大精神进教材、进课堂、进头脑的重要举措。《新闻学概论》（第二版）是在第一版教材基础上修订而成的。在教材修订过程中，得到了马克思主义理论研究和建设工程咨询委员会的指导，得到了中央有关部门和有关专家学者的帮助和支持。同时，也广泛听取了高校专业课程教师和学生的意见和建议。

教材修订课题组由明立志、高晓虹、王润泽、季为民任首席专家，明立志主持修订，皮树义、刘光牛、张洪忠、丁丁、张垒作为主要成员参加修订，向征作为学术助手做了辅助性工作。何成主持了工程办公室组织的审改定稿工作。田岩、冯静、吴学锐、王昆、王勇、曹守亮、张文君、徐立恒等参加审改。参加集中审阅并提出修改意见的有（以姓氏笔画为序）：丁柏铨、支庭荣、尹韵公、李彬、李本乾、李亚彬、余清楚、沈爱国、张涛甫、陈开和、陈昌凤、陈信凌、林如鹏、郑保卫、胡正荣、卿志军、唐绪军、曹焕荣、辜晓进、程曼丽、童兵、谢宗贵、强月新、雷跃捷等。

2020 年 6 月

读者意见反馈

为收集对教材的意见建议,进一步完善教材编写并做好服务工作,读者可将对本教材的意见建议通过如下渠道反馈至我社。

咨询电话　400-810-0598

读者服务邮箱　gjdzfwb@pub.hep.cn

通信地址　北京市朝阳区惠新东街 4 号富盛大厦 1 座
　　　　　高等教育出版社总编辑办公室

邮政编码　100029

防伪查询说明

用户购书后刮开封底防伪涂层,使用手机微信等软件扫描二维码,会跳转至防伪查询网页,获得所购图书详细信息。

防伪客服电话　(010)58582300